Le Guide Gastinne Renette du Dressage Amateur

DANS LA MÊME COLLECTION

Le bréviaire du chasseur de Gastinne Renette
Le Gastinne Renette des fusils de chasse
Le guide Gastinne Renette des armes de poing
L'examen du permis de chasser de Gastinne Renette

Gérard Desjeux

Le Guide Gastinne Renette du Dressage Amateur

Essai sur l'éducation et l'assouplissement des chiens

Garnier
8, rue Garancière,
Paris

Reportage photo de J. Bachellerie

Maquette Atelier Danièle Aires

ISBN 2-7370-0171-4

A mon fils Bruno Desjeux
et bien sûr, à nos deux amies :
Trialer Rigolette, du Vieux Donjon
Trialer Sissi des Grands Vaux de Sauldre

BRINON-SUR-SAULDRE, LE 31 MARS 1985.

TABLE DES MATIÈRES

L'auteur, le président de Gastinne Renette et leurs chiens.

Préface de Patrick Lallour

Président de Gastinne Renette

Avoir un chien donne le sens des responsabilités à son propriétaire. Or, quand celui-ci fait l'acquisition d'une arme, il doit, pour s'en servir à bon escient, être avant toute chose, responsabilisé.

Il était donc naturel que Gastinne Renette, dans un certain nombre d'ouvrages, se préoccupe de ses clients et amis acquéreurs d'armes de poing, de fusils de chasse, de carabines, d'arcs, ou tout simplement de colliers ou de laisses, en permettant à chacun d'obtenir une meilleure connaissance de ce qu'il envisage ou vient d'acheter. Le chien est, pour beaucoup, le compagnon de tous les jours. Il était également normal d'aborder ce sujet.

Ce livre s'adresse au dresseur amateur. Mais pourquoi amateur plutôt que professionnel ? Tout d'abord parce que dresser votre chien n'est pas votre seule et unique occupation. Ensuite, parce qu'il s'agit d'une introduction à une meilleure communication et compréhension mutuelle avec votre compagnon à quatre pattes. Enfin, parce qu'il s'agit plus d'éducation du maître et de son pupille, que d'un carnet de bord enseignant la haute école. C'est facile à comprendre : vous possédez une automobile, un permis de conduire, vous connaissez bien toutes les rues de Paris. Pensez-vous vraiment que cela soit suffisant pour être un bon chauffeur de taxi professionnel ? Personnellement, j'en doute. Conduire est une occupation, avoir un taxi une profession. C'est toute la différence, et elle est importante.

Pour cette raison, Gérard Desjeux, psychologue de métier, simple amateur et président du Spaniel Club Français, a fait appel à François-Michel Pelletier, vice-président de l'Association des dresseurs professionnels et pratiquant son art de père en fils, pour que, par quelques remarques ou annotations, vous puissiez avoir une idée de l'un et l'autre mondes. Car ce sont réellement deux approches et deux environnements différents. Il faut d'ores et déjà vous en convaincre. Si, pour le moment, vous n'aviez retenu que cela, nous aurions fait ensemble un bon bout de chemin.

Je voudrais maintenant vous parler un peu des relations entre le chien et son maître. Vous avez peut-être entendu parler de Konrad Lorenz, cet éthologiste autrichien qui a publié une étude sur ce sujet, dès 1952. Un psychiatre de New York, Boris Levinson, a repris ses travaux en 1960 et constaté que la présence d'un chien dans son cabinet avait pour effet, entre autres, de libérer ses clients, leur permettant d'en venir plus facilement aux confidences. A l'Université de Pennsylvanie, des mesures pratiquées en laboratoire, sur des sujets volontaires, il est vrai, ont montré que le rythme cardiaque des hommes ou des femmes tendait à s'abaisser lorsqu'ils se trouvaient en présence d'un chien. Enfin, des études faites sur des personnes âgées ou malades ont permis de prouver que lorsqu'elles devenaient propriétaires d'un chien, le nombre de leurs contacts quotidiens augmentait, le goût des responsabilités qu'elles avaient perdu revenait, le nombre de leurs visites chez le médecin diminuait.

De son côté, Michael McCulloch, un psychologue des environs de Portland, Oregon (USA), pense que l'animal domestique est « un stimulateur de l'envie de mener une vie normale, et surtout responsable ». Il prétend qu'il « nous aide à oublier nos misères ». Bien au-delà de cette prise de conscience, notre communication non verbale constituée par nos gestes et attitudes à l'égard des animaux tend à améliorer nos rapports de tous les jours avec nos semblables. Et pourtant, le chien devient souvent la projection de nous-mêmes, notre identification, et ce n'est pas toujours la partie la plus positive de cette relation homme-animal. « Vous avez vu comme il est agressif », dit le premier homme à béret et moustache fine en montrant son berger allemand. « J'ai été le premier à l'exposition d'Orléans », nous raconte un autre en se redressant fièrement comme si c'était lui l'animal primé. « Je ne perds jamais aucun gibier », répète le troisième. Quand ce n'est pas un quatrième qui écrit à la revue de son club : « Je suis un pauvre setter brimé... ». Les éleveurs amateurs le savent bien. Avoir un élevage est parfois, pas toujours, une compensation des échecs familiaux ou professionnels. Avec des chiens champions, des étalons recommandés, des récompenses de lots d'élevage, on tente de rétablir l'équilibre avec l'environnement extérieur. Le moindre revers est alors ressenti comme une injure personnelle. Et que dire de celui qui n'ose ni faire confirmer son chien, ni le montrer en exposition, ni, s'il s'agit d'un chien de chasse, l'amener dans une épreuve de chasse pratique, de peur que l'on ne découvre que le merveilleux compagnon dont il a une haute opinion n'est, après tout, qu'un brave toutou qui mérite toute son affection, certes, mais sans pouvoir prétendre à une couronne de lauriers comme son maître le souhaiterait.

En lisant ces lignes, vous souriez. Vous vous dites : « Je n'aime pas les pertes de temps, ni le côté artificiel de ce genre de réunions ». Est-ce la vraie raison ?

Bien sûr, en achetant un chiot vous n'avez pas réfléchi à tout cela. Vous cherchiez un compagnon pour vos randonnées, un gardien pour votre logis, un camarade pour vos enfants, ou un de ces merveilleux retrievers qui font l'orgueil de leur maître. L'intérêt d'un chien, pour beaucoup, bien qu'exprimé inconsciemment, est qu'on peut le façonner à son image. Il a grandi, maintenant. Vous le sifflez, il vient. Il se couche à vos pieds quand vous travaillez à votre bureau. Il s'assied quand vous lui tendez un morceau de biscuit. Mais, comment avez-vous fait pour parvenir à ce point de dressage ? Vous me répondrez que c'est venu à la longue, machinalement, après avoir vu un bout de film à la télévision ou observé un voisin qui faisait faire le beau à son chien. Et puis, le vôtre a vieilli, il est devenu plus sage, vous pensez plus à lui, il occupe une place importante dans votre vie, vous vous comprenez l'un l'autre sans rien dire. Vous vous levez, il vous suit. Ou alors, il sait, comme vous, qu'il s'agit d'une fausse sortie et ne bouge pas, ouvre à peine un œil.

Un soir, au printemps, votre chien se couche, se tétanise, monte au paradis en vous lèchant une dernière fois la main. C'est le meilleur des cas. Il y a aussi malheureusement la dernière visite au vétérinaire, le chien que l'on tient dans ses bras, la piqûre qui endort, les larmes, les souvenirs, le vide affreux.

Mais la vie continue, vous allez en avoir un autre. C'est en pensant à vous, ou à tout nouvel acquéreur de chien, que ce manuel a été composé. Il s'agit d'une suite d'exercices destinés à votre réflexion d'abord, à votre éducation ensuite, à celle de votre nouveau condisciple enfin.

C'est une des nombreuses manières de devenir responsable.

PATRICK LALLOUR
Président de Gastinne Renette

François-Michel Pelletier conduisant un springer, CH.T. PATRICK of SHEBA dit « Pagaille » (Propriétaire J. Bachellerie).

PRÉFACE DE FRANÇOIS-MICHEL PELLETIER

Vice-président des dresseurs professionnels

Connaître son chien, évaluer son intelligence et ses capacités, apprécier celles des autres, accepter d'évoluer et de se remettre en cause périodiquement sont les qualités que j'apprécie chez le dresseur amateur. Il doit avant tout apprendre à conduire son chien et à faire équipe avec lui.

Vous voyez, j'ai commencé en parlant de vous plutôt que de votre compagnon. Nous y reviendrons, mais je voulais tout de suite situer le but de cet ouvrage. Les premiers exercices concernent l'éducation du maître et la compréhension de son élève dans le cadre de son environnement, en fonction de son utilisation. Ensuite vous passerez à des exercices de base d'assouplissement. Il s'agit donc plus de formation commune pour vous deux que de dressage proprement dit. Et pourtant, si vous parvenez à en assimiler l'essentiel, vous aurez accompli un travail qui vous placera parmi les meilleurs amateurs.

Ce livre établit le début d'un dialogue entre amateurs et professionnels. Ce n'est pas un dictionnaire ni un traité savant. Ce que nous avons voulu dire c'est : « Si vous faites comme cela, vous arriverez à tel résultat. Si vous faites autrement, vous parviendrez à tel autre ». Vous, vous avez un « truc » que vous tenez du grand-père. Il n'est pas plus mauvais qu'un autre tout simplement parce que vous maîtrisez parfaitement la méthode que vous utilisez. Pour le voisin, il en va différemment. Il fallait donc trouver un système simple, mais commun à tous, c'est-à-dire assimilable par le plus grand nombre. C'est ce que nous avons tenté de faire avec Gérard Desjeux, en vous livrant nos réflexions.

Et puis, il y a un avantage essentiel à ce genre de communication. Je vais tenter de l'expliquer par ce qui suit.

On m'appelle pour me confier un chien. Je rencontre le propriétaire et avec lui je commence à discuter de mon futur sujet. D'où vient le chien, quelles sont ses origines, que souhaite-t-il en faire, quel genre de chasse pratique-t-il, dans quel terrain, dans quelles conditions ? Pendant que nous conversons, je regarde le chien, j'essaye de l'évaluer en fonction de son maître d'abord, du résultat escompté ensuite. Très vite vient la demande suivante : « combien de temps vous faut-il ? » et le « je souhaite (quand ce n'est pas je veux) un rapport hermétique ». Je continue à regarder le chien. Il a la queue entre les jambes, vient de faire sur la botte de son maître, tire sur la laisse pour l'arracher des mains du conducteur.

A ce stade, je ne suis pas très enthousiaste.

— Il a déjà chassé ?

— Je l'ai déjà sorti et j'ai commencé un début de dressage. Pour qu'il se couche, je m'allonge dessus de tout mon poids, pour le faire nager, je l'emmène dans l'eau glacée. Cela lui fouette les sangs. Pour le rapport, j'ai mis un collier de force et j'ai serré. Aucun résultat. Je lui ai alors mordu l'oreille, il a paru surpris. Maintenant, quand il me voit, il se montre hésitant et craintif, alors que l'on m'avait dit qu'il avait d'excellentes origines. Je suis déçu et c'est la raison pour laquelle je vous l'amène.

J'ai condensé ici en un seul dialogue bon nombre de propos qui m'ont déjà été tenus. Je voulais montrer que, pour réussir dans le dressage, plusieurs choses sont essentielles. Tout d'abord, savoir comment faire, ensuite, avoir du temps, enfin, avoir une approche positive. Cela vous paraît évident ? Tant mieux. Vous êtes prêt pour les pages qui suivent. Nous allons pouvoir converser ensemble.

FRANÇOIS-MICHEL PELLETIER
Vice-président
de l'Association des Dresseurs Professionnels

INTRODUCTION

Éducation et assouplissement des chiens au travail

Cette méthode est destinée à tous les propriétaires de chiens quels qu'ils soient, puisque, si la chasse et le dressage qui s'y rapporte sont traités en détail, un certain nombre d'exercices peuvent correspondre à l'éducation et à l'assouplissement de chiens de compagnie, de garde ou de défense.

Bien que fragmenté, l'exposé qui suit vise à l'unité et à la cohérence. Tous les exercices comportent une référence à la mise en place d'un « mur » constitué par le dresseur lui-même, et qui sert d'obstacle, de par sa position, aux élans ou passions incontrôlés du chien. Il s'agit d'abord de canaliser l'énergie de notre élève et, comme dans une voie d'eau artificielle, il y a une ou des écluses à franchir.

De par votre position physique en dressage, l'éducateur que vous êtes représente pour votre élève une suite d'obstacles artificiels qu'il ne franchira qu'à l'ordre et uniquement quand vous l'aurez décidé. La ***méthode du mur*** porte notamment sur la marche en laisse, le « up », l'arrêt, le rapport.

Le dressage amateur peut par la suite être complété par un professionnel. Ce ne sera faisable que dans la mesure où vous aurez commis le moins de fautes d'éducation possible. Rassurez-vous, on en fait toujours, mais il faut savoir pourquoi.

Pour ces raisons, j'ai indiqué ce que vous pouviez faire, ce que vous ne deviez pas faire, ainsi que les résultats du bon et du mauvais dressage : « Si vous faites comme ceci, vous obtiendrez tel résultat, sinon, tel autre », dit François-Michel Pelletier.

La liste des conseils n'en est pas exhaustive.

Pour être sûr que cet essai soit aussi complet que possible, vous trouverez à chaque fin d'exercice un commentaire du dresseur professionnel. Il vous indiquera ce qu'il pense, ce qu'il attend de vous, ce qu'il vaut mieux faire ou ne pas faire, et pourquoi il faut agir de telle ou telle manière. Pour qu'un chien vous comprenne, il doit d'abord vous connaître. Tout cela vous paraît évident. Mais combien de chiens ont un maître ? C'est sur ce merveilleux braque que vous laissez au chenil depuis l'âge de deux mois, en compagnie d'un chien sénile ou pire encore, tout seul, que vous comptez vous faire la main au dressage ? Si c'est le cas, c'est fichu d'avance. Mais non, vous avez tout prévu. Votre chien ira chez le meilleur dresseur, comme toujours, vous allez simplement le mettre à votre main, et alors, à la chasse les copains vont en être à la fois épatés et jaloux. C'est bien ce que vous voulez, au fond. En introduction, j'aimerais vous raconter trois histoires.

Un de mes excellents amis avait fait l'acquisition d'un magnifique épagneul breton. Les parents avaient des papiers, des récompenses, des succès en championnat de travail, et le dresseur professionnel en avait fait une merveille. Nous partons à la chasse et, le premier carré de fougère attaqué en marchant devant nous, l'élite des élites disparaît dans un galop d'enfer. Le dresseur avait poussé la conscience professionnelle jusqu'à remettre au propriétaire le sifflet avec lequel il conduisait le chien, en lui expliquant comment s'en servir. Mon ami s'en saisit, siffle, siffle à tue-tête. Rien. La randonnée continue pendant un quart d'heure. De temps à autres, au loin, le brave toutou marque l'arrêt, fait voler, puis part sous l'aile. La déception se lisait sur le visage de mon ami, puis la colère, contre le chien d'abord, contre le dresseur ensuite, contre l'éleveur enfin. C'étaient tous des arnaqueurs. C'était son premier achat, et il avait mis un soin méticuleux à choisir son compagnon parmi bien d'autres. A un moment donné, l'animal passe à quinze mètres de moi, la langue pendante, donnant enfin un peu de la bande.

— Comment s'appelle ton chien ?

— Bison futé mais on le nomme Bis.

J'appelle Bison en lui disant « Bis, viens ». Il vire de bord et vient me retrouver dans la position accroupie où je m'étais mis machinalement. Je le fais asseoir, allume une pipe et commence à le caresser. Je le rends ensuite à son propriétaire en lui recommandant de ranger définitivement son sifflet. C'était une première adaptation au dressage amateur : ***Il ne faut faire que ce que l'on sait faire***.

L'autre histoire concerne une petite chienne, un peu fox-terrier, un peu tout, que j'avais reçue pour mes six ans. Je regardais mon grand-père dresser ses griffons korthal dans la cour de la maison et je m'étais mis en tête de faire rapporter des bouchons de bouteille à mon amie. Je lançais l'objet dans la cuisine et elle me le rapportait fièrement. Nous faisions cela à longueur de journée et c'était notre distraction à tous les deux. Un jour, j'ai atttapé la rougeole et j'ai dû rester au lit. Mouche, dite Moumouche, m'attendait tristement dans sa pièce. Au bout de quelques jours, elle était si triste qu'un soir, la cuisinière lui lance un beau bouchon de liège puis, lasse de lui faire rapporter, le lui laisse pour la nuit. Le lendemain, on a retrouvé Mouche morte dans son panier. Elle avait avalé le bouchon. Moralité : ***Ne laissez jamais à un autre le droit de « bricoler » votre chien***. C'est vous le dresseur pas le voisin ou la voisine.

Voici une histoire dont l'issue est plus heureuse. Un matin, je roulais sur une route nationale très fréquentée. En sens inverse arrive une petite voiture conduite par une femme. Pour une raison inconnue, le véhicule fait un tonneau et se retourne. Je bloque les freins, descends en courant de ma Torpédo, traverse la route au milieu de nombreux camions et hurle : « Coupez le contact ». Je m'approche, extirpe la jeune femme par la vitre arrière et machinalement me retourne. De l'autre côté de la chaussée, la porte de mon automobile était restée ouverte et mon vieil ami, un des excellents cockers de mon épouse, Tr O.K. du Vieux Donjon, attendait tranquillement assis sur le siège avant, sans bouger, en espérant que je revienne. Je n'avais donné aucun ordre, mais son dressage parfait lui avait sauvé la vie. Conclusion : ***Un chien est bien dressé quand il fait ce qu'il faut quand il doit le faire***.

Pour nous, l'éducation comporte trois étapes. Notre pupille doit passer de l'état de nature à un comportement artificiel avant de devenir complètement naturel. Ces trois étapes successives sont liées, même si les progrès sont discontinus, et pas nécessairement homogènes. On tient sa fourchette dans la main gauche, son couteau dans la main droite. L'état de nature est de les prendre avec n'importe quelle main. Le comportement artificiel est d'être gêné et peu habitué à ces usages. Le naturel est d'oublier qu'un jour on l'a appris et de faire tout cela naturellement, comme si, de naissance, on le savait.

Donc rappelez-vous : il faut faire ce que l'on sait faire, le chien ne doit connaître qu'un seul maître, il est dressé quand il fait ce qu'il faut, quand il doit le faire. C'est la base de l'éducation et de l'assouplissement des chiens.

GERARD DESJEUX
Président du Spaniel Club Français

EXERCICE N° 1

Notions de psychologie humaine et animale. Quelques exercices de réflexion. Commentaires.

Vous voudriez bien en être déjà au rapport. C'est votre préoccupation et c'est une des raisons pour lesquelles vous avez acheté ce livre. Entre amis à la chasse, la fierté des maîtres est en effet, d'avoir un chien qui va chercher un faisan aux yeux de tous et le ramène tranquillement au pied de l'abri de battue.

Mais vous savez maintenant, par les pages qui précèdent, que le temps est un facteur important dans l'apprentissage. Armez-vous donc de patience. Vous allez en avoir besoin. Et puis, les notions de psychologie que vous allez lire vous seront sans doute utiles dans la vie de tous les jours. Il faut d'abord s'évaluer soi-même convenablement avant d'évaluer les autres. Il faut comprendre les motivations des gens et des chiens qui nous entourent avant de les classer dans la catégorie des bons ou des mauvais. Enfin, ces exercices de réflexion constituent un premier pas vers le contrôle de nos passions.

Tout d'abord, comment communique-t-on avec les autres ? Le message que nous souhaitons transmettre utilise, pour être complet, trois axes, dont certains sont plus porteurs que d'autres suivant les motivations ou les habitudes de chacun. Il s'agit du ***corpus***, du ***logos***, et de l'***animus***, que l'on représente habituellement ainsi :

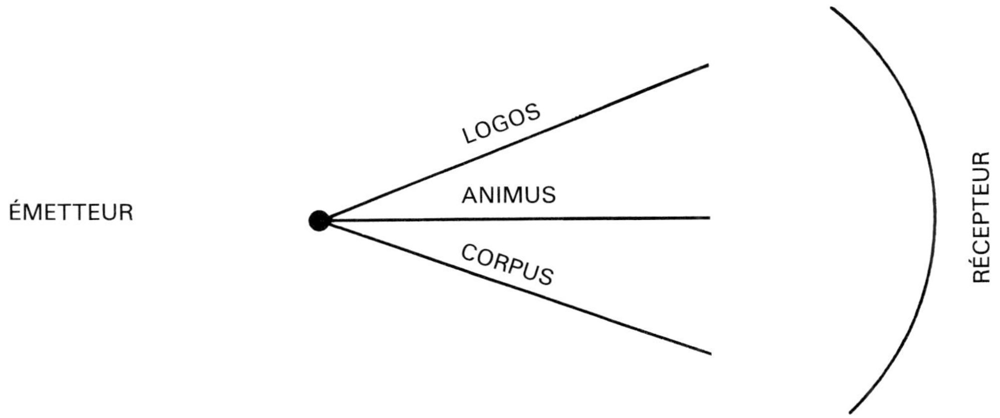

◄ *« Reviens, je t'aime ». Dans le cas présent l'axe de l'*animus *est moins fort que le* corpus.

Le corpus, c'est le langage terre à terre. C'est la matière ou l'argent, la pâtée du chien par exemple.

Le logos, c'est la raison, le raisonnement, le parce que. Exemple : le chien doit le faire parce que c'est bien.

L'animus, c'est l'axe du milieu, celui du cœur, du sentiment. Exemple : « Reviens, je t'aime ».
A votre avis, quel est l'axe qui sera le plus porteur vers votre interlocuteur ?

Le plus faible sera le logos. On ne convainc personne, on ne convainc que soi-même, et encore. Les « parce que », les « par conséquent », sont utiles pour compléter le message et lui donner sa forme analytique. Si je vous dis « lisez ce livre parce que cela vous instruira », vous pouvez me croire, c'est une bonne raison. Mais est-ce vraiment suffisant ?

L'axe moyen est le corpus. Vous, vous ne croyez que ce que vous voyez. Vous avez les pieds sur terre. Attention, cependant, à force de le croire, de ne pas développer des raisonnements au ras de vos pieds. Cela arrive plus souvent que l'on ne pense.
« En lisant ce livre, vous économiserez l'argent d'un dressage. Au lieu de payer un professionnel, vous aurez juste mis le prix du livre sur la table ». C'est assez convaincant, mais pas encore assez entraînant.

L'axe fort est l'animus. C'est celui avec lequel on attrape les mouches. C'est le miel. « Vous me feriez vraiment plaisir en lisant ce manuel. Et puis, j'aimerais plus tard vous rencontrer en ami pour en parler avec vous ». Je sollicite votre aide, je me projette moi-même, j'essaie de m'inscrire dans votre univers. Vous serez beaucoup plus sensible à ce genre de propos, qui n'est pas un raisonnement, qu'à tout autre.

Il convient donc de jouer des trois axes avec discernement, en dosant leur emploi quand vous éduquerez votre chien. Il sera sensible au corpus, beaucoup à l'animus, un peu au logos par souci de réalisme. J'ajoute cependant que le chien a souvent les motivations de son maître après un certain temps de vie commune. Il ne s'agit pas de faire de l'anthropomorphisme, c'est-à-dire d'imaginer que ce qui est bon pour vous est bon pour lui, mais de garder tout de même cette dernière notion en mémoire.

Maintenant que nous savons communiquer, essayons d'étudier un peu le comportement. Vous voulez dresser votre chien. Très bien, mais pourquoi ?

Dans un modèle de base du comportement on trouve les éléments suivants :

1. Le stimulus C'est ce que l'on peut appeler la cause de ce comportement. C'est elle qui va fixer le but. Vous rentrez chez vous et le jeune cocker que vous venez d'acheter a fait dans le salon. Vous ne souhaitez pas qu'il recommence et c'est bien normal. Vous décidez de lui apprendre à faire dans le jardin plutôt que dans la maison.

2. Le besoin Le stimulus a créé le motif d'agir. Il crée une certaine tension, un sentiment d'inconfort. Votre épouse n'est pas très contente, la moquette neuve est tachée. Un conseil au passage, ramassez ce que vous pouvez avec une cuillère et mettez ensuite généreusement de l'eau Perrier sur le tapis. La tache prise à temps disparaîtra complètement. Laissez l'eau agir, puis frottez avec un chiffon sec.

3. Le but C'est celui que la cause et le besoin vous ont fixé. Il faut absolument habituer l'animal à ne plus recommencer. Je vais donc l'éduquer à faire ses saletés ailleurs, ou à tel endroit, ou dehors.

Comprendre le comportement des gens ou des animaux domestiques nous permet de réfléchir et surtout de contenir nos passions.

Voici deux exemples :

Un de vos clients vient de perdre son chef comptable dans un accident de voiture. Il appelle votre cabinet de conseil en recrutement pour vous demander de tenter de lui en trouver un autre aussi rapidement que possible. Comme la place est vacante, il vous joint quand il en est au stade du besoin, c'est-à-dire de la tension et de l'inconfort. Vous lui répondez que vous êtes très occupé et que vous n'avez pas le temps. Ne vous étonnez pas si vous le trouvez un peu agressif.

Autre exemple : vous marchez sur la patte d'un chien. Il tente de vous mordre (c'est très rare qu'un chien morde son maître, et c'est donc plutôt un chien qui n'est pas à vous). Le stimulus est créé par le fait que vous lui marchez sur la patte, son besoin est de faire cesser la douleur, son but, que vous retiriez votre pied.

LA PERSONNE OU LE CHIEN

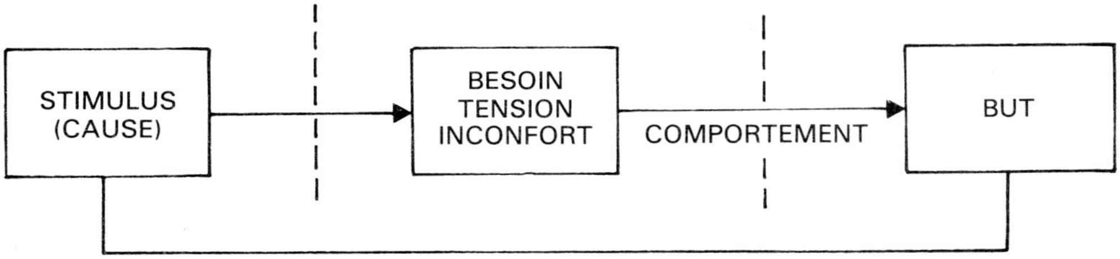

Un modèle simple de comportement.

A propos de chiens qui mordent, j'en profite pour vous indiquer que tout se passe, en général, très vite. Nos réflexes sont la plupart du temps moins rapides que ceux de l'animal. J'en veux pour preuve deux histoires.

La première concerne un berger allemand. Je me trouvais un soir, il y a une vingtaine d'années, avenue de Lowendal à Paris. A un feu de signalisation, j'aperçois dans les clous mais allongé par terre, un de ces chiens si sympathiques qui avait dû être blessé et que les voitures ne découvraient que tardivement quand le feu était au vert. J'arrête mon véhicule et descends avec l'intention de mettre l'animal sur le trottoir. Je m'approche, tente de le prendre par le collier et me fais mordre gravement à la main en un quart de seconde. C'est une erreur que je n'ai jamais refaite depuis. Le comportement de l'animal était parfaitement compréhensible mais je n'avais écouté que mon bon cœur sans réfléchir.

La deuxième histoire concerne un setter anglais que j'avais depuis longtemps et qui m'adorait. Nous étions en battue et une jeune femme charmante, Roselyne Duchêne, se trouvait avec moi. Elle me gênait pour tirer et je lui fais signe de se rapprocher. Elle le fait et mon vieil ami qui suivait la traque avec intérêt, assis sans laisse, lui saute au visage et la mord au nez. L'affaire s'est passée si rapidement, que, si je n'avais pas vu les gouttes de sang qui commençaient à perler, je n'aurais jamais imaginé ce qui c'était passé. Par chance, ce n'était pas trop grave et ce beau visage est redevenu en peu de temps tel qu'il était.

Donc prudence, avec les chiens. En règle générale, ***ne tentez jamais de caresser un chien que vous ne connaissez pas.*** Trop de gens l'oublient et c'est ainsi que se produisent les accidents.
Venons en maintenant à un autre aspect du comportement. Quand je ne peux pas atteindre le but que je me suis fixé, je développe en moi un sentiment de ***frustration***. Je veux acheter un gâteau chez le pâtissier, la porte de la boutique est fermée. Je me sens frustré. Mon sloughi souhaite courir et se dépenser pendant des kilomètres tous les jours. Je l'enferme dans mon trois pièces en ville et ne lui permets de ne sortir que le dimanche pendant un quart d'heure. Il va développer une sacrée frustration. Quel va être le résultat ? Trois sont possibles, avec des variantes :

1. L'agressivité Vous vous en seriez douté. On me refuse l'ouverture de la boutique, on ne veut pas que le chien coure. Je me mets en colère. J'injurie le pâtissier. De son côté, mon sloughi mord, tout ce qui bouge.

2. La fixation C'est l'obsédé sexuel, le boulimique, celui qui imagine un énorme éclair au chocolat, des douzaines de choux à la crème, tout tourne autour de cette frustration. C'est le chien qui prend la fuite éperdument dès que l'on ouvre la porte. Il court, il court, appelle, appelle pas.

3. La régression Je retombe en enfance. Je m'habille avec des culottes courtes, je me mets un bavoir, je salive, je zézaye. Le chien, lui, se remet à faire partout et surtout dans la chambre à coucher si on le laisse rentrer. Il n'a plus faim. Il boude et n'obéit plus à rien.

Mais la porte du pâtissier s'ouvre : ma frustration s'envole. Elle peut laisser quelques traces mais je devrais rapidement perdre ou de mon agressivité, de ma fixation ou de mon comportement régressif. Vous avez sans doute noté ce genre de réaction au cours d'une réunion canine. Je sors de l'exposition avec un chien mal classé : les juges sont des gérontocrates, on en veut à mon chien, à moi surtout. Si l'on vous disait : « Mais non, il y a erreur, c'est vous le plus beau », comme le monde redeviendrait charmant. Mais ne vous consolez pas pour autant. C'est un autre qui va faire la tête.

Le langage que j'emploie ici est celui de la psychologie et non de la psychiatrie. C'est celui de l'amateur comparé au professionnel. Laissez-moi donc vous donner un aperçu de la manière dont raisonnerait un psychiatre. Il vous parlerait de névroses et de psychose. On vous a enfermé dans une cage. Vous y êtes bien et vous commencez à vous y habituer. La faim commence à venir quand, soudain, on vous passe un plat appétissant. Vous tentez de le prendre mais vous recevez une petite décharge électrique. Très bien, vous attendez. Mais la faim revient. Après tout, vous devriez arriver à prendre votre repas sans trop souffrir. Vous faites un nouvel essai. Nouvelle décharge mais un peu plus forte cette fois-ci. Vous faites d'heure en heure de nouveaux essais mais chaque fois la tension électrique augmente. Vous finissez par vous mettre dans un coin de votre prison et vous rêvez de mets tels qu'on n'en trouve que chez Luculus. Vous êtes passé par une succession de petites névroses croissantes pour atteindre à la psychose. Si on ouvre la porte de la cage, il vous faudra, à ce stade et selon toute probabilité, aller consulter si vous en êtes encore capable, car, contrairement aux exemples précédents, vous êtes sans doute devenu un cas pathologique.

Une dernière précision sur un terme très en faveur dans le public de nos jours. On nous dit souvent, par exemple, que le cocker est un caractériel. C'est un terme qui n'existe pas en psychologie. D'ailleurs, qu'est-ce qu'un caractériel ? C'est un individu ou un chien qui ont un bon niveau d'intelligence mais des comportements anormaux. Je ne retiens en faveur du chien que ce qui a trait à l'intelligence. Pour

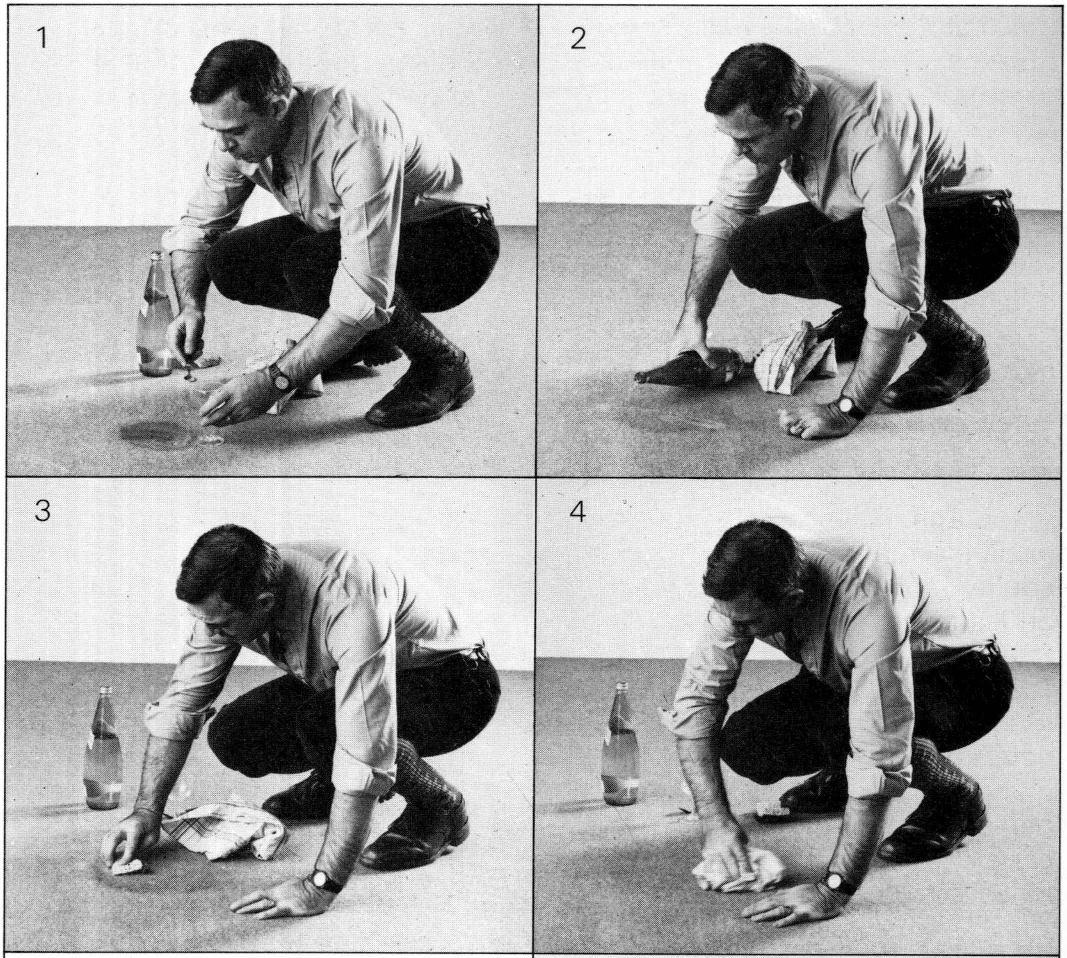

1. *J'enlève le ''pipi'' à l'aide d'une cuillère et d'un verre.*
2. *Je verse du Perrier.*
3. *Je frotte avec une petite éponge sèche.*
4. *Je sèche avec un torchon.*
5. *La tache a disparu.*

Nettoyage d'une tache faite par un chien.

l'autre proposition, étant donné que nous façonnons la conduite de l'animal domestique, nous sommes peut-être à l'origine de ses côtés bizarres. Je m'empresse d'ajouter que je n'ai jamais vu vraiment de caractériels parmi tous les cockers que j'ai pu rencontrer. Si tel n'est pas votre cas, réfléchissez et essayez de vous rappeler les circonstances et l'environnement dans lesquels vous avez pu observer un comportement anormal. Souvenez-vous du maître et voyez par vous-même.

Et maintenant quelques principes d'apprentissage. On peut rapidement distinguer les ***facteurs individuels*** c'est-à-dire concernant l'homme ou le chien, des ***facteurs relatifs*** aux conditions dans lesquelles a lieu la formation.

FACTEURS INDIVIDUELS DE FORMATION :

L'âge. C'est peut-être celui qu'il faut considérer en premier. Habituellement, et quel que soit le système d'apprentissage, les adultes jeunes apprennent mieux et plus vite que les sujets très jeunes ou les sujets âgés. Il est donc inutile de contraindre un chiot de deux mois à des exercices de dressage sous peine de le dégoûter à jamais. C'est une erreur qui est pourtant souvent commise par les amateurs. Avez-vous déjà vu un fermier tirer sur son blé en herbe pour le faire pousser ? Il y a un temps pour tout. A noter que la courbe de vitesse d'apprentissage en fonction de l'âge est parallèle à celle du développement de l'intelligence. Il y a bien sûr des exceptions mais, passé un certain âge, il n'y a plus ni apprentissage, ni développement de l'intelligence.

Un chien se dresse agréablement entre huit et dix-huit mois. Vers deux ans et demi, trois ans, il devrait être parfaitement au point. Par la suite, vous pourrez le perfectionner et lui-même acquerra de plus en plus de maturité. Quand le chien est devenu « routiné », il apprend de moins en moins et son intelligence tend à ne plus se développer.

L'intelligence. De ce qui vient d'être dit, il découle tout naturellement que d'une manière générale, la vitesse d'apprentissage est proportionnelle à l'intelligence du chien. D'ailleurs, en psychologie animale, on considère que la vitesse d'apprentissage donne une mesure de l'intelligence.

La motivation et la participation. Pour qu'il y ait un bon apprentissage, il faut une motivation située dans la moyenne. Une motivation trop forte ou trop faible donne un apprentissage plus lent. Il faut donc, au départ, motiver convenablement le chien, mais sans excès. Si votre chien n'a pas mangé pendant trois jours et que vous essayez de le dresser en lui promettant une bonne gamelle, il risque de ne pas faire de progrès du tout. Pourtant, il est plus facile de ramener un chien qui a une forte motivation à une bonne moyenne, que d'essayer de motiver un chien à motivation faible. En ce sens, l'anxiété peut être un frein sauf si on arrive à la canaliser, donc à la diminuer passablement.

L'expérience préliminaire. C'est un système qui est utilisé pour améliorer l'apprentissage. Si je sais rapporter une chaussure, je dois pouvoir, après conditionnement, apprendre à rapporter un lapin. Ce n'est pas tout à fait pareil en poids, dimension, équilibrage mais j'ai l'avantage de connaître une partie des modalités de préhension et en tout cas la finalité de l'exercice.

FACTEURS RELATIFS AUX CONDITIONS DE LA FORMATION.

Les facteurs temporo-spatiaux. L'apprentissage peut se faire de deux manières : l'apprentissage concentré, c'est-à-dire dont les essais sont répétés immédiatement les uns après les autres dans le temps, l'apprentissage distribué, dont les essais sont séparés par des périodes de repos. Mais la question se pose alors de savoir quelle est la répartition optimale des périodes de travail et de repos. Tout dépend de l'aptitude du chien à comprendre et de la tâche à effectuer. L'apprentissage distribué donne en général de meilleurs résultats et surtout plus durables.

Récompense. Le bon apprentissage comprend au départ, une motivation, à l'arrivée, une récompense. Celle-ci peut être constituée par un morceau de biscuit ou de viande que l'animal reçoit après chaque demande correctement exécutée. C'est ce que l'on appelle le ***renforcement.*** Certains sont positifs, et c'est la récompense à la réponse correcte, d'autres sont négatifs, et c'est la punition pour réponse fausse à la demande d'exercice de dressage. Le bon dosage de ces deux renforcements a une extrême importance dans l'éducation du sujet. Normalement, la récompense doit toujours être plus importante que la punition sinon vous créerez un conditionnement négatif.

L'inhibition et l'extinction. Tout comportement appris, surtout si l'apprentissage est à ses débuts, peut être atteint par modification du milieu même faible. Vous avez habitué un chien à revenir au sifflet. Chaque fois qu'il le fait, vous lui donnez un morceau de viande. Vous êtes en début d'apprentissage et vous oubliez d'en donner trois ou quatre fois. Votre chien finira par ne plus revenir parce que l'automatisme n'aura pas été créé et parce qu'il aura oublié pourquoi il revenait. Vous venez de créer une inhibition qui ralentira l'apprentissage.

Vous aurez à retravailler à nouveau pour remettre le chien sur la bonne voie.

Dans tout apprentissage, on rencontre trois stades : la motivation, la variabilité, la sélection ou apprentissage de la réponse correcte à la demande.

La motivation. Comme nous l'avons vu, elle découle du besoin, déclenche le comportement et le dirige vers un but. Si le chien a faim, il deviendra actif et recherchera de la nourriture. La faim crée le besoin de manger qui déclenche un comportement de recherche pour aller vers un but, l'endroit où se trouve la nourriture.

La variabilité. Le comportement du sujet soutenu par la motivation consiste à chercher par essais et erreurs à atteindre le but. D'où l'aide utile et appropriée du dresseur.

La sélection ou apprentissage de la réponse correcte. Ce sont par exemple les premiers pas que le chien fera vers vous lorsqu'il apprendra le rappel. Il apprend à revenir.

La représentation graphique de ces trois stades est la courbe d'apprentissage. En voici différentes formes :

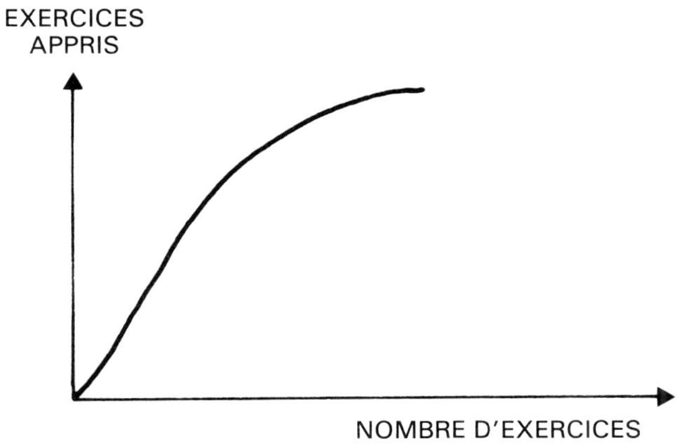

FIGURE 1

La figure 1 montre une courbe classique en S. Au début, peu d'apprentissage, puis accélération de l'assimilation, enfin, plafonnement au niveau de capacité de développement du sujet.

Quand un chien a déjà vécu en famille et a eu le temps de se sociabiliser, on pourra trouver une courbe du genre de celle ci-après.

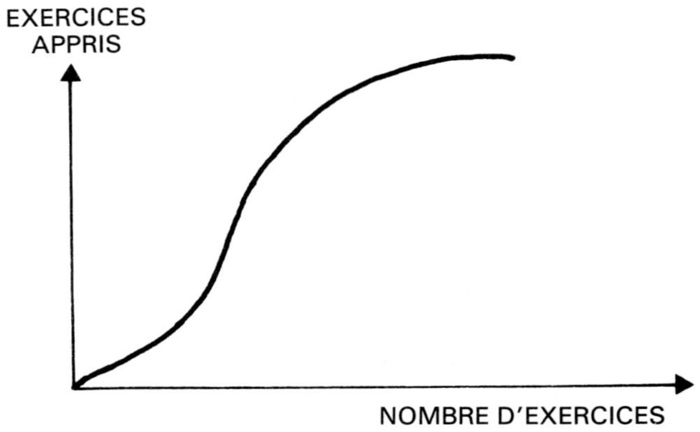

FIGURE 2

Cette courbe correspond à la deuxième partie de la courbe en S. Elle est très importante à connaître pour le dresseur amateur. S'il manque l'éducation de son chien, il faudra repartir chez le professionnel à la courbe de la figure 1, avec une première partie très longue.

Enfin, on constate souvent une courbe type figure 3, c'est-à-dire avec des paliers. Ceux-ci correspondent à une transition entre deux niveaux d'apprentissage. Le chien a appris à s'asseoir, puis apprend à revenir, puis à rapporter, etc.

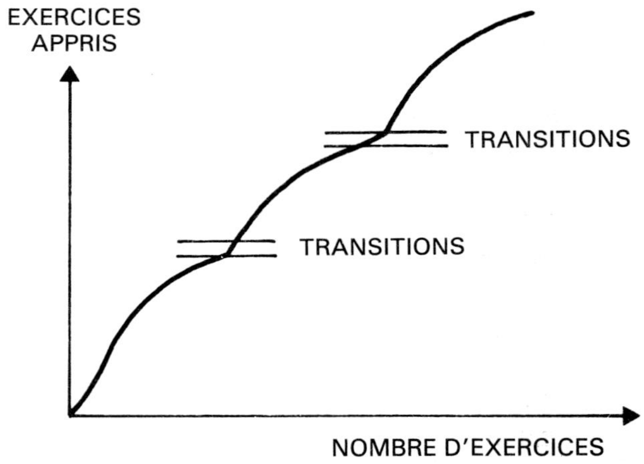

FIGURE 3

Pour en terminer avec l'apprentissage, voici quelques théories succinctement résumées et dont aucune n'est complètement satisfaisante.

Théorie de la continuité de Guthrie

Dans ce système, le rôle de la motivation et de la récompense est minimisé. La première va déterminer le déclenchement des mouvements que le chien associe au signal, au geste, à la voix, au sifflet, mais elle ne contrôle pas la direction de l'apprentissage. La seconde, la récompense, fixe seulement la fin de l'exercice.

Théorie du renforcement de Hull

Dans cette théorie, le renforcement prend une place centrale. Pour Hull, l'apprentissage est la formation mécanique d'habitudes classées et ordonnées. Il s'agit donc de procéder par récompense et punition.

Théorie de l'orientation de Tolman

Pour les deux personnages précédents, l'apprentissage s'opère mécaniquement : il se réduit à une liaison entre le stimulus et la réponse. Avec la théorie de Tolman, on oriente le chien vers un certain résultat, donc un but. Par conséquent, celui-ci va plus ou moins consciemment formuler une hypothèse. La vérification de celle-ci est l'apprentissage. Exemple : chaque fois que je sors dans le parc et que je vais dans tel fourré, je risque de trouver un lapin. Donc maintenant, quand je vais faire un tour, j'irai voir à tout hasard dans ce fourré ; par la suite et par extension, dans les autres fourrés qui lui ressemblent.

Il existe d'autres théories de l'apprentissage, dont celle de Köhler qui étudie le comportement des singes supérieurs. Je ne suis pas sûr qu'elle s'applique au chien, car elle suppose une certaine intuition dont je ne pense pas que celui-ci soit suffisamment pourvu, même si vous-même avez observé des initiatives étonnantes chez certains chiens très intelligents. Dans bien des cas, il s'agit plus de routine que d'intuition. Cela ne veut pas dire qu'ils en soient dépourvus. Elle est simplement moins importante que chez le singe supérieur.

Pour terminer ce court exposé sur l'apprentissage, je vais encore vous raconter une histoire. Je me trouvais à une exposition nationale d'élevage dans un grand parc, et, trouvant le temps long, j'inscris un jeune cocker, Tanguy des Grands Vaux de Sauldre, qui était encore au dressage, à un Test d'Aptitude Naturel, examen qui se déroulait non loin de là. Devant nous, il y avait à droite une bande d'herbe assez large au bout de laquelle les organisateurs avaient placé une cage avec un faisan et à gauche une longée de fougères épaisses. Je défais la laisse, marche pendant cinquante mètres, et vois alors mon débutant explorer systématiquement le côté fourré, délaissant ainsi la partie où l'on avait placé les faisans. Que fallait-il en penser ? Avait-il des qualités naturelles de chien de chasse ? Était-il conditionné par son début de dressage ? Je ne saurais vous répondre. Il a fallu le mener vers l'oiseau emprisonné pour qu'il commence à s'y intéresser. Par la suite, il est devenu bon chasseur et je m'interroge encore sur sa motivation et son comportement de ce jour-là. Je pense qu'il avait compris que les faisans se trouvent rarement à découvert.

Quelques exercices de réflexion

TRAVAIL PRATIQUE N° 1

Je viens d'avoir vingt ans et cette année mon école donne, comme tous les ans, un bal de printemps. Mes amis organisateurs m'ont demandé comme à mes condisciples de venir accompagné d'une personne du sexe opposé et j'ai donc proposé à Caroline de sortir avec moi le 19 mars. Je lui indique que je passerai la prendre vers vingt heures chez elle et elle me saute au cou en me disant : « Comme c'est gentil d'avoir pensé à moi ». Bref, j'ai planté le décor, j'ai l'actrice. Maintenant, il va falloir que cette soirée soit un succès.

Mes parents me donnent de l'argent de poche, mais ce ne serait pas mal d'aller chercher Caroline en voiture. Je pourrais en louer une pour la soirée. Je connais quelqu'un qui fait des prix. Il me faut aussi une tenue adéquate, pas trop ostentatoire, plutôt bon chic, bon genre, et mes jeans tiennent tout seul tellement ils sont sales. A propos, je pourrais me parfumer. A elle, je ferais un cadeau et une fois installée dans la voiture, elle trouverait un petit flacon de parfum sur ses genoux. Oui mais, il va falloir que je fasse quelques économies et que je me trouve un travail du soir. Justement, je connais un restaurant où l'on cherche un plongeur. Je me fais engager. C'est un peu pénible après les cours, mais après tout c'est pour Caroline. Au fond, je vais louer un smoking. Ce sera encore mieux.

La veille de la grande sortie, je vais chez le coiffeur. J'y laisse un peu de mes gains, mais qu'importe. A cinq heures du soir, le 19 mars, je vais louer une auto, à six heures, j'ai le smoking, à huit heures, je sonne à la porte de Caroline. Une fois, rien. Deux fois, toujours pas de réponse. A la troisième fois, la porte s'ouvre enfin. C'est le père de Caroline que j'ai devant moi, très détendu et souriant. D'une main il tient son journal, de l'autre sa pipe.

— Je viens chercher Caroline,

— Caroline ? Mais elle est sortie.

Et la porte se referme tranquillement. Quels vont être mon attitude et mon comportement ?

Puisque vous avez lu ce qui précède, vous avez sûrement la réponse. Eh bien, ne croyez pas cela. Quand je fais faire cet exercice, je n'obtiens que très rarement une solution convenable. En effet, comme vous l'avez compris, une fois la porte fermée, ce qui va dominer c'est une extrême frustration.

Vous allez être agressif : « La prochaine fois que je la vois, je lui casse la gueule ». Imaginatif et actif : « Je m'en fiche, je vais m'en chercher une autre ». C'est assez égocentrique mais après tout, c'est le « moi » qui compte. Régressif : « Je prends les rênes de mon fiacre et je crie hue dada ». Là, vous devenez un peu piqué, si vous me suivez encore. Obsédé par une fixation qui grandit : « toutes les femmes sont des salopes, je me paye la prochaine que je rencontre ».

Enfin, vous pouvez rentrer chez vous en pleurant, vous mettre dans votre lit en chien de fusil dans la position du fœtus et crier : « maman ». C'est là encore un bon exemple de régression.

Si vous étiez le grand psychologue que vous êtes devenu maintenant, vous auriez pu vous comporter différemment. Vous avez réagi avec passion, sans vous contrôler. La seule chose à faire, et cela va vous paraître évident, c'est de vous poser la question suivante : « Lequel de nous deux s'est trompé ? » Cela vous paraît après coup évident et enfantin. Tant mieux. Si vous êtes capable de vous asseoir sur le couvercle d'une marmite d'eau bouillante sans difficultés, vous êtes vraiment parfait. Mais un conseil : dans ce cas, laissez un peu libre cours à vos passions et vos sentiments. En communiquant avec les autres, vous avez dû oublier certains principes.

Maintenant que vous avez compris, tentez de penser à votre chien. Vous mettez votre chapeau de chasse, sortez la voiture, sifflez votre animal pour qu'il monte. Vous avez l'intention de faire une visite à votre notaire. Votre springer vous a entendu mais, pensant gagner du temps puisqu'il voit votre couvre-chef, il commence à battre les buissons du parc. L'un de vous deux a dû se tromper. Essayez d'y réfléchir avant de lui administrer la raclée mémorable dont vous rêvez en vous époumonant. Vous gagnerez du temps dans le dressage.

TRAVAIL PRATIQUE N° 2

Je suis en Afrique. Sorti de ma case pour fumer une cigarette, j'emprunte un chemin qui m'entraîne vers la brousse voisine. Je porte un casque colonial, une chemisette et un short, mais bien sûr, pas d'armes. Je ne pars pas à la chasse et j'ai simplement besoin de me détendre un peu les jambes tout en rêvassant.

Perdu dans mes pensées, je m'enfonce à couvert. Le chemin tourne à droite. Je continue. Passé le premier détour, je me trouve nez à nez avec un lion. C'est une vraie surprise pour tous les deux, peut-être une aubaine pour le carnivore. Il faut que je me sauve de là en vitesse. Prendre la fuite, il n'en est pas question, le lion me rattraperait en deux enjambées. Trouver un gourdin pour l'assommer, autant continuer mes rêveries. Non, il ne me reste qu'une seule arme, celle qui a sauvé sainte Blandine autrefois : la prière.

Je lève la tête vers le ciel, joins les mains, et murmure :

— Seigneur, inspirez à ce lion des sentiments chrétiens.

Le sauveur entend ma prière malgré mes claquements de dents. A l'instant même, le lion tombe à genoux et dit dans un demi hurlement : « Bénissez Seigneur le bon repas que je vais prendre ».

C'est un problème de communication et de compréhension. Rappelez-vous. Ce genre de « distorsion » du message a dû déjà vous arriver. J'aurais pu vous raconter cette histoire différemment.

Une femme téléphone au vétérinaire et lui demande un rendez-vous pour son pointer :

— Madame, je ne peux pas, tous mes rendez-vous sont pris.

— Cela ne fait rien, dit la dame, j'habite à cinq minutes, ce ne sera pas long.

Vous ne me direz pas que ce genre de ce quiproquo ne vous est jamais arrivé. Vous tuez un lapin. Vous criez « apporte » à votre chien. Il se met consciencieusement en route et vous ramène votre chapeau que vous aviez laissé sur un banc. Il n'y a pas de quoi vous mettre en colère. Si vous voulez que le message passe il faut qu'il soit clair, simple et surtout compréhensible. Il faut qu'il indique très clairement vos motivations et votre but. Si dans le cas du lion j'avais dit : « Seigneur, faites que ce lion ne me mange pas », j'indiquais clairement ce que je voulais. Dans l'autre cas, je ne devais pas m'étonner que le lion ait des motivations différentes des miennes. Vous devez donc vous poser comme question : « Quelles sont ses motivations ? » On connaît tous le cas de la guerre de 1870 et de la dépêche mal interprétée. Si Napoléon III s'était posé cette question en pensant à Bismarck, une guerre n'aurait pas éclaté. C'est quand même un sujet de réflexion, vous ne trouvez pas ?

Commentaires du dresseur professionnel

1. Quand on veut faire passer un message, tout doit être cohérent : l'attitude, le maintien, les gestes, la parole, le coup de sifflet conventionnel. Par exemple : vous criez à votre chien « allez » pour qu'il batte le terrain un peu plus loin de vous et devant. Vous vous cachez en même temps derrière un arbre en tournant le dos à la direction qu'il prend pour quêter. Si le chien vous connaît un peu, il y a de fortes chances pour qu'il vienne voir ce qui se passe et que vous le retrouviez dans vos jambes. S'il ne le fait pas, c'est qu'il n'est même pas au début de son dressage. Il faudra que vous fassiez connaissance un peu mieux si vous voulez progresser.

2. Le chien doit travailler pour l'amour de son maître et non pour l'amour de son ventre. Cela change complètement les rapports entre les deux membres de l'équipe que forment à la chasse le maître et son chien.

EXERCICE N° 2

L'évolution du chien à travers les âges. Exercices de compréhension de l'animal. Commentaires.

Je me suis souvent demandé pourquoi, quand on traitait d'un sujet, il fallait remonter à la préhistoire pour comprendre comment les choses se passent aujourd'hui. Je pense maintenant l'avoir compris.

S'agissant du chien, au cours des siècles se dessine un comportement des maîtres et de leurs compagnons. Le type de dressage évoluera donc selon l'utilisation du chien.

Vous avez acheté un superbe épagneul français. Pour quoi faire ? Probablement pour chasser. Vous allez donc avoir besoin de connaître la manière dont il doit normalement se comporter dans la vie de tous les jours, puis sur le terrain, en action cynégétique avec vous. Vous conviendrez aisément que son comportement sera sans doute différent de celui d'un chien de garde, sauf pour un certain nombre d'habitudes communes héritées génétiquement de ses grands ancêtres. C'est donc un des points à connaître.

L'autre aspect consiste à apprendre comment on utilise habituellement l'épagneul français d'une part depuis qu'il existe, d'autre part de nos jours, un peu différemment d'il y a quelques siècles, le mode de chasse ayant évolué.

Les recherches faites par Epstein ont établi que l'ancêtre de tous les chiens est le ***Canis lupus pallipes***, le loup, et plus particulièrement celui des Indes. On le trouve entre quinze et sept mille ans avant notre ère. Nos ancêtres en tuaient pour se nourrir mais, comme ils ne pouvaient manger toute la viande en une fois, ils la laissaient au bord de leur campement et d'autres loups venaient la manger. C'est ainsi que peu à peu ceux-ci prirent l'habitude de suivre les hommes et devinrent pour certains des animaux domestiques. Ce que nous indique là Epstein n'est pas une certitude mais une bonne probabilité.

Dans les pays tempérés, on ne connaissait pas le chien à cette époque. Un des premiers à apparaître dans ces régions est un chien que nous trouvons maintenant en Australie : le dingo. Il a encore les oreilles dressées du chien primitif, alors que peu à peu, par mutations, certains chiens comme le cocker, une variété de spaniels, vont avoir des oreilles de plus en plus tombantes. De siècle en siècle, les chiens gagnent toutes les régions du globe. On trouvera des lévriers au Moyen-Orient, des molosses en Chine et au Tibet, des chiens proches du chacal et du loup en Egypte, des chiens de garde, de berger, de chasse dans l'Empire romain qui couvre alors la Gaule. Dans les premiers siècles après Jésus-Christ, on commence donc à distinguer les chiens en fonction de leur utilisation, et ils prennent alors la forme et l'allure de leur utilité.

A la fin du Ve siècle de notre ère, après une période de flottement pendant laquelle le chien est considéré comme un animal satanique (un loup-garou, un chien serpent, etc.), le roi des Francs édicte un règlement relatif aux chiens domestiques. Tout y est inclus, de l'utilisation à la garde en passant par l'abattage en cas de rage. Cependant, l'Église n'aime pas les chiens. Elle interdit aux ecclésiastiques d'en posséder, de peur que la chasse ne divertisse une partie de leur temps, qui doit être exclusivement consacré au service religieux. Les seigneurs, qui avaient l'habitude d'aller à la messe avec leurs compagnons, furent exclus des édifices, mais ils firent ouvrir les portes pour pouvoir rester à l'extérieur tout en assistant à l'office. A la longue, on finit par instituer une bénédiction annuelle des chiens le jour de la Saint-Hubert.

Au début du XIe siècle, on commence déjà à distinguer les différentes catégories de chiens de chasse suivantes :

— les braques, qui recherchaient le gibier,
— les limiers, qui lançaient les cerfs,
— les chiens de meute, qui poursuivaient les grands animaux,
— les lévriers, qui couraient le lièvre et parfois le chevreuil,
— les molosses, qui servaient à la capture des bisons,
— les chiens de terrier, qui débusquaient les castors.

A partir du moment où l'on faisait cette sorte de classement, il convenait d'élever différemment chaque sorte de chien et surtout de faire évoluer les races en fonction de l'usage recherché. Il fallait décrire la reproduction, les croisements, la disposition des chenils, l'alimentation et les modes de dressage. Un orfèvre en la matière fut Gaston Phœbus, comte de Foix et de Béarn qui possédait plus de mille chiens de différentes races et qui mit toutes ses observations par écrit dans un traité appelé ***Miroir de Phœbus***. Au siècle suivant, Guillaume Tardif et surtout, au XVIe siècle, Jacques du Fouilloux, prennent la relève. Gaston Phœbus insiste sur le chien ***couchant*** ou chien d'Oysel, c'est-à-dire celui avec lequel on chasse au filet devant soi. Du Fouilloux s'intéresse de très près au chien ***courant*** et voici déjà, en matière de chiens de chasse modernes, une bonne différenciation. A noter ce que l'on trouve dans tous les livres : le chien de filet est le ***cane da rete*** qui a donné plus tard le nom de « chien d'arrêt » par déformation.

Les Anglais, au XVIe siècle, prennent de l'avance sur nous. Ils en sont presque à la distinction par races : ils distinguent les lévriers (greyhounds), les terriers, les slowhounds, qui sont des chiens de marais, les spaniels et enfin les setters, qui servent à chasser la perdrix.

Du coup, les Français commencent à importer leurs chiens d'Angleterre, habitude qui se perpétue de nos jours pour certains, tant la réputation des Anglais est grande en matière d'élevage et de dressage. Elle n'est pas usurpée, mais une des motivations des acheteurs de chien à l'étranger tient sans doute au principe que la femme qui passe sur le trottoir d'en face est plus belle que celle que l'on a au bras. Je n'en jurerais pas, mais vous n'êtes pas obligé de me croire.

Au XIXe siècle, les Anglais façonnent et fixent les setters, les pointers, les retrievers, les springers et les cockers. Ils leur donnent à chacun un nom correspondant à la fonction qu'ils en attendent.

Pour simplifier, disons que le sett***er*** est un couch***eur***-fix***eur***, le point***er*** un montr***eur***-arrêt***eur***, le retriev***er*** un retrouv***eur***-rapport***eur***, le spring***er*** un lev***eur***-bondiss***eur***, le cock***er*** ou wood-cock***er*** un chass***eur*** de bécasses. Attention, c'est une définition très liminaire d'une part, limitative d'autre part. Le clumber, par exemple, qui est une variété de spaniels, n'a pas de fonction en *-eur*. C'est le nom d'un château en Angleterre. De même que le spring***er*** est appelé ainsi parce qu'il était souvent dressé à chasser par bonds courts et successifs, mais l'acception moderne est à la définition donnée plus haut.

Quant aux spaniels ou aux épagneuls, qui viendraient d'« espagnol », on s'interroge de plus en plus de nos jours sur l'origine réelle de leur nom. On dit que cette dénomination viendrait en fait d'un vieux verbe français inconnu dans bien des dictionnaires de l'époque : ***s'espagner*** ou ***s'espanir*** qui voulait dire « se coucher ». On disait aussi ***s'espargner***, semble-t-il. Ce que l'on sait avec certitude, c'est qu'il s'agit d'un chien couchant et que ce sont les Anglais qui ont fixé en grande partie la race.

Nous arrivons à la première exposition internationale en 1865 et à la fondation du Kennel Club en Angleterre en 1873. Il devenait urgent de mettre au point les standards des races, c'est-à-dire leur type et leur morphologie, ainsi que les règlements des expositions. En 1874, cette association ouvre un livre des origines (le Stud Book) et, en 1882, les Français fondent la Société Centrale Canine, qui en 1885 ouvre un Livre des origines françaises équivalent au Stud Book et que l'on appelle le LOF.

Un chien couchant, la setter anglais Ula.

Les races avaient augmenté et il fallait les classer. Voici la désignation rapide des différents groupes.

Premier groupe

Il s'agit du beauceron, du briard, du berger Picard, du chien pyrénéen, du berger allemand, du chien de berger belge, du berger d'Écosse, du berger hongrois, du welsh corgi, du bobtail, du bouvier des Flandres, du shetland, du border Collie et du bearded Collie.
Leur utilisation. Chiens de bergers.

Deuxième groupe

On y trouve le doberman, les dogues, le mâtin napolitain, le mastiff, le bullmastiff, le boxer, le bulldog anglais, le schnauzer, le pinscher, le saint-bernard, le chien de Terre-Neuve, le leonberg, les chiens nordiques, le rottweiler.
Leur utilisation. Chiens de défense et assistance diverse.

Troisième groupe

On y rassemble les fox-terriers, l'airedale, le terrier d'Écosse, le jagd terrier et autres.
Leur utilisation. Chiens de terrier.

Quatrième groupe

On n'y rencontre que les teckels.

Leur utilisation. Entre autres, chiens de sang, c'est-à-dire chargés de retrouver un animal blessé en le suivant à la trace.

Cinquième et sixième groupes

On y a regroupé le porcelaine, le bruno du Jura, les chiens courants suisses, le griffon vendéen, le beagle, le beagle harrier, le harrier, le basset artésien normand, le chien d'Artois, le chien de Saint-Hubert, le fauve de Bretagne, le bleu de Gascogne, le gascon saintongeois et ariégeois, le basset hound, le griffon nivernais, l'anglo-français de petite vénerie, le chien d'ordre.

Leur utilisation. Chiens de petite et grande vénerie.

La petite vénerie concerne la courre du lapin ou du lièvre, la grande vénerie celle du cerf ou du sanglier, par exemple.

Septième groupe

On y trouve le braque d'Auvergne, le braque français, le braque Saint-Germain, le braque allemand, le braque hongrois, le braque de Weimar, l'épagneul breton, l'épagneul de Munster et du Langhaar, l'épagneul français, l'épagneul picard, le bleu de Picardie, l'épagneul de Pont-Audemer, le griffon d'arrêt à poil dur (korthals), le drahthaar.

Leur utilisation. La chasse devant soi au chien d'arrêt. A noter que j'aurais pu mettre le huitième groupe avec le septième, mais je ne l'ai pas fait parce que certains chiens anglais (8e groupe), par opposition aux chiens continentaux (7e groupe), ont des utilisations un peu plus spécialisées ou différentes.

Huitième groupe

C'est celui du pointer, du setter anglais, du setter irlandais (red setter), du setter gordon, des retrievers (labradors, chesapeaks), des spaniels (springer anglais, welsh springer, cocker anglais et américain, field spaniel, sussex, irish water spaniel, clumber).

Leur utilisation. Les pointers et les setters sont utilisés pour la chasse au chien d'arrêt devant soi. Les retrievers sont chargés de retrouver et rapporter le gibier. Les spaniels broussaillent en terrain mi-fourré, mi-découvert mais n'arrêtent pas. Ils sont souvent également utilisés comme retrievers à terre ou à eau.

Neuvième groupe

On y a rassemblé le caniche, le chow-chow, le dalmatien, le bouledogue français, le bichon, le petit chien Lion, l'épagneul papillon, le king charles, le cavalier king charles, les griffons bruxellois, belge, brabançon, le spitz, le schnauzer, le pinscher, le schipperk, le terrier

du Yorkshire, les chiens du Tibet, le Chihuahua, des chiens exotiques, le boston terrier, le carlin.
Leur utilisation. Ce sont en général des chiens de compagnie. Certains avaient autrefois une utilité différente de celle qu'ils ont maintenant. C'est le cas du caniche, un excellent chien de chasse aux canards, du terrier du Yorkshire, du dalmatien, etc.

Dixième groupe

On y retrouve le greyhound, le whippet, le sloughi, le lévrier d'Afrique, le lévrier d'Asie, les afgans et les persans, le barzoï, le petit lévrier italien, les lévriers d'Irlande et d'Écosse (irish wolfhound et deerhound).
Leur utilisation. Le courre du lièvre, les courses.

Cette liste n'est pas exhaustive et elle est contestable dans le détail. Mais il est nécessaire d'avoir une vue d'ensemble de l'état de nos races en France et de leur utilisation sommaire avant de clore cette première partie de l'exercice. L'essentiel est de se souvenir que ***les chiens que l'on utilise de telle manière doivent avoir telle morphologie adaptée***. Le lévrier et le cocker n'ont pas la même morphologie, et d'ailleurs on ne les utilise pas à des fins identiques. C'est la raison pour laquelle les clubs de races ont pour mission essentielle de veiller à la conservation du type et de la morphologie. Ils entraînent leurs adhérents à respecter les fonctions pour lesquelles chaque type canin a été développé et fixé. Et ce n'est pas simple.

ÉTUDIONS DONC MAINTENANT UN PEU
LA MORPHOLOGIE DU CHIEN :

En fonction du corps

La plupart des chiens sont médiolignes, c'est-à-dire que la taille au garrot est égale à la longueur du corps. Si le corps est plus long, il est dit longiligne. S'il est plus court, il est dit bréviligne.

En fonction de la tête

Les chiens qui ont des lignes de front et chanfrein parallèles avec un stop, c'est-à-dire une cassure entre les deux peu marquée, sont dits rectilignes. C'est le cas des setters ou des braques par exemple. Les lévriers n'ont pas de stop. Ils ont le front arrondi et un chanfrein abaissé dans son prolongement. Ces chiens sont dits convexilignes. Ceux qui ont un crâne bombé, un stop très prononcé et une face refoulée comme le bouledogue sont appelés concavilignes.

En fonction de la hauteur

Les chiens de taille moyenne comme le springer sont dits eumétriques, les grands sont dits hypermétriques, les petits, elliptométriques.

Certains ont essayé de réunir ces trois caractéristiques, pour tenter une classification (à peu près logique, avec des variantes) des différentes races en fonction de ces trois éléments :

Les lupoïdes

Ils sont brévilignes, rectilignes, eumétriques. C'est le cas du spitz, par exemple.

Les braccoïdes

Ils sont médiolignes, concavilignes, eumétriques comme les braques et certains autres chiens de chasse, plus contestables.

Les molossoïdes

Ils sont brévilignes, concavilignes, mais éventuellement eumétriques comme le boxer, hypermétriques comme le saint-bernard, elliptométriques comme le bouledogue.

Les graioïdes

Ils sont longilignes, convexilignes mais parfois eumétriques comme le sloughi, hypermétriques comme le barzoï, elliptométriques comme le petit lévrier italien.

Vous vous rendez compte de tout ce qu'il y a d'artificiel et parfois de peu cohérent dans ce genre de classification, mais maintenant, grâce à ces énumérations, vous connaissez le groupe d'utilisation de votre compagnon et la morphologie adaptée à celle-ci. Vous connaîtrez donc ainsi le comportement disons ***standard*** de votre animal.

Il nous faut encore aller plus loin et parcourir rapidement la physiologie du chien et ses fonctions sensorielles. Ce qui vient en premier, bien sûr, c'est l'odorat. Un chien a en moyenne deux cent mille cellules olfactives par centimètre carré, quelquefois plus chez certains chiens de chasse. Un pointer ou un labrador ont un nez extraordinaire. En grandissant, l'odorat se développe et l'animal reconnaît sans peine un grand nombre d'odeurs : celle de son maître d'abord, celle des animaux ensuite. Cette deuxième identification arrive au bout d'un certain nombre de mois, variable suivant les individus. On dit alors en parlant d'un chien de chasse qu'il est ***déclaré***. On s'en aperçoit le jour où votre setter arrête un perdreau. Avec votre cocker, c'est moins évident. Vous le voyez qui donne un coup de nez, parfois un petit jappement, pas plus, et il bourre à la

ronce pour sortir un lapin. Vérifiez simplement que l'un et l'autre ne font pas qu'imiter leur aîné, si vous êtes sorti avec deux chiens. Nous reviendrons là-dessus dans un autre exercice.

Quand vous vous déplacez d'un mètre, vous perdez quatre milliardième de votre odeur sudorifique. C'est très peu, mais un chien n'aura aucune peine à retrouver votre piste, même si vous êtes déjà très éloigné de lui. A la chasse, cependant, un certain nombre de facteurs peuvent gêner votre auxiliaire dans sa quête : la pluie lave les odeurs, encore qu'à la chasse à courre on ait bon temps quand il y a la goutte aux branches. C'est surtout la grande chaleur ou la sécheresse qui suppriment les émanations.

Chasser dans un champ de lavande gêne également la quête, mais vous verrez que par routine, à la longue, votre ami va s'habituer à démêler les voies. Enfin, un chien qui a été piqué à la truffe par une guêpe ou un frelon aura bien entendu de la peine à sentir. Le cas de la piqûre de vipère est un peu particulier. On dit que, quand un chien a été piqué à la tête, il perd son nez. J'ai pu vérifier sur des griffons korthals qu'il n'en était rien.

Tr. Perette de l'Erica en action.

Enfin, deux facteurs aident au travail du nez : ***une forte motivation pour la chasse, un attachement sans faille au maître***. Cela prouve qu'en développant ces deux éléments, on développe la finesse de l'odorat d'un chien.

La vue est moins développée que l'odorat. Il faut dire qu'elle n'a pas chez notre animal la même priorité. Pourtant, le chien a un avantage sur l'homme : bien qu'on prétende que la plupart des chiens sont myopes, les études montrent qu'ils voient les mouvements de beaucoup plus loin que l'homme. Aussi leur myopie n'a-t-elle que peu d'importance, et puis, encore une fois, la routine supplée à leur vue médiocre. En voici deux exemples. Quand j'ai un chien qui m'est sorti de la main sur un lièvre et que je l'aperçois croisant et recroisant la piste sans conviction, j'agite mon bras droit tendu. Il est inutile de l'appeler à cette distance, ou alors il faut user du sifflet. Le chien me repère très bien et peut revenir rapidement vers moi des cent ou cent cinquante mètres où il se trouvait. Autre cas : en battue, des faisans passent au-dessus de grands chênes. J'en tue un tardivement qui tombe à soixante ou quatre-vingts mètres. Si j'envoie mon chien

le chercher, je suis sûr qu'il ira exactement à la distance voulue. Il est probable que, dans un rayon de deux ou trois mètres autour de la pièce de gibier, il commencera à utiliser fortement son nez. C'est un problème de routine. Toujours en battue, je manque un oiseau. Un labrador de six-huit ans bien dressé ne bougera pas de sa position assise. Il ne l'a pas vu tomber. Mon ami, Robert Milliat, qui pourtant ratait fort peu, disait même à sa chienne springer : « Lise, he's gone away » (Lise, il est parti). Cette merveilleuse auxiliaire comprenait parfaitement. C'est tout juste si elle ne hochait pas la tête de mépris !

L'ouïe du chien a une plage de fréquence beaucoup plus étendue que celle de l'homme. Pour le chien, les sons sont audibles de 16 000 à 40 000 hertz, pour les humains de 16 000 à 20 000 hz. C'est une des raisons pour lesquelles un chien perçoit l'arrivée d'un voleur ou de son maître bien avant tout le monde.

Le fait d'avoir des oreilles droites comme le berger allemand devrait permettre de mieux entendre les sons, d'autant plus que celui-ci peut les orienter dans le sens voulu. A dire vrai, rien n'est moins sûr. Nous connaissons tous des chiens aux oreilles tombantes dont l'ouïe est très fine. On peut simplement avancer que, peut-être, ils ont à faire un effort supplémentaire de localisation. A ce sujet, on trouve dans le commerce des sifflets à ultra-sons. Ils sont fondés sur le principe que le chien entendra votre appel sans gêner votre voisin. Je n'y vois pas d'inconvénient, mais évitez ce genre d'ustensile à la chasse. D'abord parce qu'il n'est pas sûr que le gibier ne l'entende pas aussi bien que le chien, ensuite parce que votre motivation première est souvent de faire croire que votre chien est parfaitement dressé avec un rappel qui ne nécessite que peu de bruit. C'est un mensonge, et en matière de dressage ce n'est pas acceptable. Rabelais disait : « Science sans conscience n'est que ruine de l'âme. » Il est utile en dressage d'éviter les supercheries. D'ailleurs, en concours de chasse pratique, on vous interdira cet instrument. Enfin, ceux qui s'en servent à la chasse ont souvent très vite mal à la tête. J'ignore s'il s'agit d'une maladie psychosomatique due à la tricherie ou d'une réalité, mais le résultat est le même. Le dressage d'un chien implique d'abord de la part du maître une réelle ***humilité.***

Le toucher est une forme de contact privilégié entre votre élève et vous. Les chiens sont friands de caresses et de récompenses. Ils aiment moins les punitions ou les coups, qu'il faut donc éviter le plus possible, encore que certains chiens soient très durs au mal, surtout s'ils savent qu'ils méritent le coup de laisse qu'ils reçoivent. Au passage, j'ai parlé d'***un*** coup et d'une laisse plutôt que d'un fouet. Enfin, vous noterez que, dans la punition, je n'ai pas mentionné de contact avec la main. Si vous n'avez rien, utilisez un journal ou un magazine roulé que vous tenez en main. Evitez les tapes et les coups de pied. C'est inutile et mesquin. Vous mériteriez d'être mordus ; et pourtant le chien ne le fait pas.

Etudions rapidement la psychologie du chien. Nous avons vu que l'on déterminait l'intelligence d'un animal en fonction de sa capacité et de sa vitesse d'apprentissage. Le chien adulte a l'intelligence d'un enfant de trois ans. Elle est égale à celle du cheval dont on a dit pendant des générations qu'il avait de la mémoire, mais qu'il était bête. Vous savez maintenant comment évaluer le niveau d'intelligence d'un chien. Une chose est certaine : on ne juge pas celle d'un chien dans sa niche. Il faut le voir à l'extérieur, au travail. L'apport de l'homme dans le développement de l'intelligence d'un chien existe dès qu'il ouvre l'œil, c'est-à-dire douze à quinze jours après sa naissance. L'intelligence de votre chien aura d'autant plus de chances de se développer que vous l'aurez fréquenté assidûment pendant ses premières semaines et surtout dans la troisième semaine qui suit la naissance, période essentielle de sociabilisation.

Pour comprendre, il faut, associée à l'intelligence, une bonne mémoire. Un chien très évolué est capable de reconnaître et comprendre cent mots ou de les associer dans les tests à cinquante objets. On avait dressé un teckel a reconnaître des poupées. Elles étaient dans une pièce et chacune portait un nom. Quand on lui disait « va chercher Philippe », il y allait et le rapportait sans hésitation. Il en était de même pour les quarante-neuf autres jouets, de formes différentes, bien sûr. De manière plus limitative, j'ai vu à l'élevage des springers de Saighton dans l'île d'Anglesey, chez Talbot Radcliff, un chien rapporter sept apportables dans l'ordre où ils avaient été tirés et lancés. On m'a dit que ce n'était pas exceptionnel et qu'un labrador en avait rapporté jusqu'à dix-sept dans l'ordre. Peut-être. L'intérêt est que, si un chien rapporte le gibier dans l'ordre où vous l'avez tué à votre abri de battue, vous êtes pratiquement sûr de ne perdre aucune pièce.

L'instinct, ou plutôt les instincts du chien, qui remontent pour l'essentiel à ses origines, ont été enrichis et complétés par l'apport des générations plus proches au cours de leur apprentissage. Une lignée de cockers qui abandonne la chasse pendant quelques générations aura de la peine à s'y remettre. En remontant plus loin, vous verrez un chien tourner en rond, chercher une place pour se coucher, gratter l'emplacement puis se lover à l'endroit choisi. Il retrouve l'instinct primitif de la couche. Il court après une balle, et c'est l'instinct de préhension qui resurgit. Inversement, évitez les saillies naturelles dans certaines races, et les chiens ne sauront plus se placer sur les femelles. Regardez-les, ils se mettent en biais sur le dos de la chienne au lieu d'attaquer d'arrière en avant. Par contre, à la naissance, la mère coupe le cordon ombilical, mange le placenta et offre ses mamelles d'instinct.

Le sens de la hiérarchie, hérité du loup, joue un grand rôle dans la vie canine. Si vous avez plusieurs chiens, le mâle, un des plus âgés, devient le chef de meute. Par éducation et transfert, c'est vous qui devenez le roi de la bande. Si votre épouse tente, en présence d'un de vos chiens, de vous donner un coup de rouleau à pâtisserie, elle a des chances de se faire mordre. A la suite de ce conseil, je suis sûr que vous allez toujours avoir un chien à vos côtés, pour le cas où... Quoi qu'il en soit, évitez de réprimander le chef de meute en présence des autres. Les chiens sont très sensibles aux intonations et tout le monde comprendra que le vieux dur à cuire n'est pas si chef que cela. Vous allez créer des désordres et même ralentir l'apprentissage des autres qui s'efforçaient d'imiter leur idole. Vous, en règle générale, vous resterez à la tête du groupe parce que vous avez une position verticale qui fait peur, alors qu'eux marchent à quatre pattes. Evitez donc de faire comme eux et surtout ne vous mettez pas dans cette position. Vous pourriez vous faire mordre. Par contre, dès que possible, le chiot doit être conditionné à la discipline. Il faut lui apprendre à être propre, à ne pas monter sur les fauteuils, à se coucher par terre en voiture, etc. Nous en parlerons plus avant.

L'agressivité, enfin, est l'apanage d'un certain nombre de chiens et l'on dit alors qu'ils sont méchants ou encore caractériels. Nous avons vu ce qu'il faut penser de ce dernier terme. Pour le reste, vous savez maintenant qu'il s'agit d'une réaction à la frustration (faim, peur, sexe, manque d'espace) et que, comme vous avez domestiqué l'animal, vous êtes responsable de cette frustration soit directement (il vit trop souvent enfermé), soit parce qu'il vous imite. Par exemple, vous n'aimez pas les agents de police. En voiture, chaque fois que vous en croiserez un, le chien aboiera et montrera les dents. Ne faites pas l'étonné, c'est de votre faute.

Exercices de compréhension de l'animal

TRAVAIL PRATIQUE N° 1

Vous rendez visite à des amis. Ils ont un braque allemand. Vous garez votre voiture, prenez votre tout nouveau fox-terrier en laisse, sonnez à la porte. Elle s'ouvre, le fox passe devant vous en tirant sur son attache. Le braque surgit. Observez bien leur attitude. Le braque est chez lui. Il voit rentrer un intrus inconnu. Les deux chiens vont se faire face ; le braque aura la mâchoire à hauteur du garrot du fox. C'est sa manière de dire : « Je suis maître chez moi et si tu bouges je te saisis à l'échine. » Ce langage, pour qui connaît les chiens, est sans équivoque. Le chef saisit le subordonné à cet endroit pour lui montrer sa domination. Mais le fox ne l'entend pas de cette manière. Il est brave, ne recule pas. Lui, l'homme des bois, le spécialiste du sanglier au ferme, n'a pas peur d'un clébar d'appartement. Méfiez-vous, le braque va y laisser une oreille. C'est pratiquement sûr. Vous, de votre côté, vous aurez perdu un ami. Personnellement, je vous garantis que je vous filerais un grand coup de pied où je pense. Vous ne l'auriez pas volé. Vous souriez ? Rappelez-vous bien : ce genre d'erreur ne vous est-il jamais arrivé ?

Quelles conclusions peut-on tirer de cette histoire ?

1. Indépendamment de ce qui va suivre, rappellez-vous qu'un chef chez les chiens fait valoir sa domination en saisissant son subordonné à l'échine. Quand vous ne serez pas content de votre chien ou quand vous voudrez lui montrer que vous n'êtes pas là pour rire, prenez-le avec votre main à cet endroit sans trop serrer. Il comprendra très vite qu'il doit obéir.

2. Quand on va chez des amis, on laisse son chien dans la voiture aussi longtemps qu'il n'a pas été invité à en descendre. C'est d'autant plus utile qu'avec un nouveau compagnon vous risquez dans les deux minutes de voir votre fox faire le tour du salon en urinant sur tous les meubles pour marquer son territoire. Les experts confirmateurs qui reçoivent chez eux des chiens mal éduqués en savent quelque chose.

3. Vous avez eu l'autorisation de faire descendre votre chien de voiture. Gardez-le en laisse, à moins que l'on ne vous invite à le détacher. Vous pourrez ainsi le récupérer plus vite en cas d'incident.

4. Ne caressez pas le chien de la maison sans y avoir été invité. Vous risquez de vous faire mordre (rarement) et vous créez un sentiment de jalousie chez votre compagnon. Caressez plutôt les

Visite chez des amis. L'English cocker Tr. OK du vieux Donjon attend sagement dans la voiture, porte ouverte. Il n'a pas reçu l'ordre de descendre.

deux à la fois et pas trop longtemps, si vous y tenez vraiment. Si vous continuez, vous verrez que le vôtre va se mettre à grogner. Vous ne me croyez pas ? Essayez et vous m'en direz des nouvelles.

TRAVAIL PRATIQUE N° 2

Vous venez d'acquérir un caniche. C'est un chien de compagnie mais qui peut encore avoir le goût de la chasse. Vous l'avez acheté pour avoir un ami qui ne fasse pas trop peur à vos visiteurs comme l'aurait fait un chien de grande taille. Votre jardin n'est pas clôturé et vous avez par endroits des massifs de fleurs.

1. Une des premières choses à faire est de lui montrer les limites de son domaine en le promenant en laisse. Laissez-le arroser les arbres d'angles, cela prouve qu'il a compris. Faites l'exercice, en laisse, le matin et le soir, deux fois par jour. Au bout de trois ou quatre jours, vous verrez qu'il aura parfaitement compris.

2. Vous le laissez aller sans laisse et il court dans les massifs de fleurs. Raccrochez-le, prenez-le par l'échine avec la main gauche, votre laisse étant tenue par la droite et dites : « NON ». Recommencez aussi souvent que nécessaire et, en très peu de jours, il aura compris. Si ce n'est pas le cas, posez-vous des questions sur vos capacités de dresseur.

3. Les jeunes chiens et parfois des plus vieux aiment beaucoup jouer avec des fleurs qu'ils ont coupées. Même principe que pour le paragraphe 2. Vous conserverez vos pétunias.

Si vous réussissez bien ces deux exercices, vous êtes déjà bien avancé sur la voie du dressage amateur.

Commentaires du dresseur professionnel

1. J'ai un avantage sur vous. Je vis avec des chiens tous les jours. Les chiens que l'on m'amène s'insèrent donc dans un milieu et un environnement que je connais.

2. Je juge d'un chien au naturel. Il est campé, assis, il court, il saute, il donne un coup de nez, il croise et recroise la piste d'un mulot. Tout cela me donne une évaluation du développement de l'intelligence et de l'état d'apprentissage du chien.

3. Après quelques temps de liberté, je regarde l'état général du chien. Sa ligne de dos, son port de tête, celui de sa queue, son empâtement ou sa maigreur. Je vais donc savoir s'il peut faire un chien de chasse.

4. Accompagné du maître, je le lâche dans une pâture et tout en marchant j'essaie d'appréhender l'allure, la vitesse, l'étendue de la quête pour déterminer s'il fera un chien de concours de chasse pratique et à quel niveau.

5. Mes premières impressions sont souvent les bonnes, mais je les vérifie au cours du dressage.

6. Quand je vois un chien inconnu venir vers moi, je le regarde bien en face et prends une attitude non équivoque. S'il est un peu dressé, je claque dans mes doigts en disant « up ». Le chien, en général, s'arrête et comprend qu'il a affaire à plus fort que lui.

7. En aucun cas je ne me mets à quatre pattes. C'est dangereux et ce n'est pas une attitude de dresseur.

8. Enfin, contrairement à Gérard Desjeux, je ne conseille pas d'apprendre à un chien de rapporter les pièces de gibier dans l'ordre de chute. Il doit savoir repérer les démontés pour les rechercher en premier. Ainsi vous êtes sûr de ne pas perdre de gibier.

EXERCICE N° 3

Choix d'un chien.
Évaluation du dresseur amateur.
Évaluation du chien.
Éxercices d'évaluation.
Commentaires.

Cet exercice est entièrement consacré à l'évaluation de soi-même d'abord, à celle du chien ensuite. Il s'agit de créer une habitude chez le dresseur amateur. Il doit tout d'abord se connaître, ensuite évaluer ses capacités d'éducateur, évaluer les possibilités de son chien, enfin savoir évaluer une situation donnée sur le terrain, c'est-à-dire chaque fois qu'il travaille avec son élève. A ce sujet, quand un chien sort en liberté, ***c'est pour travailler***. La détente que vous lui accordez fait partie du travail, même si vous ne le regardez pas. A titre d'exemple, j'avais confié un jeune chien n'ayant jamais chassé à François-Michel Pelletier. C'était un cocker blanc et orange appelé Tanguy des Grands Vaux de Sauldre, déjà cité. Au lieu de le laisser au chenil, en dehors des heures de travail, cet excellent dresseur permettait à mon chien de se promener dans la cour de temps à autres pour essayer de lui donner plus de sens des responsabilités et plus d'esprit d'entreprise. Quand il me l'a rendu, une fois dressé, j'ai trouvé un chien gai et plein d'allant. La détente mesurée avait sans doute été la partie la plus bénéfique du dressage. Mais, attention, évaluez-vous. Vous allez me dire que vous avez essayé avec un jeune setter irlandais et que chaque fois que vous ouvriez la porte de son toit il partait dans des courses folles à plusieurs centaines de mètres de chez vous. Compte tenu de la circulation routière, vous n'aviez plus osé recommencer. Ou bien vous allez me dire : « Cela n'a pas marché. Chaque fois que j'ai voulu que mon chien se détende, il m'est resté dans les jambes. » Ou bien encore : « Si je défais la laisse de mon chien, je ne peux plus le récupérer. Il faudrait d'abord que je lui enseigne le rappel. » Si vous en êtes là, tant mieux. C'est pour vous que j'écris ce livre. Mais comment vous évaluez-vous après les exemples donnés et ces quelques remarques ? Par ailleurs, le chien que vous voulez acheter est-il celui qui vous convient ? Avez-vous des chances de réussir le début de dressage que je vous demande ?

Pour le savoir, nous allons passer en revue quelques chiens de chasse pour que vous les connaissiez et que vous puissiez préciser vos idées. Ensuite, vous allez remplir une grille d'évaluation de vous-même très honnêtement, de manière à ce que vous sachiez exactement ce que vous valez comme dresseur. Enfin, nous ferons une liste d'évaluation du chien que vous avez acheté pour qu'avant tout dressage vous ayez une bonne connaissance de son comportement futur et surtout pour que vous preniez l'habitude de bien l'observer. ***En dressage, il faut beaucoup plus réfléchir qu'agir***. Ce que nous devons faire, c'est canaliser la nature, pour amener notre ami au stade d'utilisation que nous souhaitons. Évaluer le but et le niveau du dressage que l'on souhaite est également une bonne partie de l'opération.

Le pointer

Vous êtes un chasseur de plaine, vous aimez tirer le perdreau devant vous et vous souhaitez bloquer les compagnies qui piètent hors de portée de fusil ou s'envolent dès que vous attaquez un chaume. Un de vos amis vous a proposé un pointer et lui, grand

Un pointer : Tr. Taïs de l'Erica.

utilisateur de cette race, en a un merveilleux qui lui permet de revenir le soir avec une carnassière bien remplie. Vous allez vous laisser tenter. Je ne vous en empêche pas, mais, à votre place, je ne ferais pas mon premier essai sur ce roi des chiens d'arrêt.

Il a été conçu et mis au point par les Anglais aux alentours du XVIIIe siècle. Il est probablement issu du perdiguiero, introduit en Angleterre pour devenir le braque anglais, ou bien, comme certains le pensent, il descend tout simplement de notre bon braque français, du braque de Navarre, avec des croisements de lévriers. On a donc recherché avant tout, compte tenu des origines et du mode d'utilisation, le nez et la vitesse. C'est un montreur, un arrêteur. Il quête nez au vent sur de grands espaces en recherchant l'émanation directe. Il chasse à distance et son rôle est de bloquer la compagnie qui se défile. Si vous étiez anglais, c'est la seule chose que vous demanderiez à votre auxiliaire. Les Français, eux, les dressent également au rapport. Regardez bien la quête. Elle est ample, croisée avec des diagonales très droites, presque géométriques. Il croise et recroise en montant au vent. Les retours sont très justes, c'est-à-dire que le bout des diagonales n'est pas arrondi comme chez le setter par exemple. Il est assez sensible, parfois nerveux, mais là encore tout dépend du maître. Il lui faut beaucoup d'exercice et beaucoup de liant avec son conducteur. C'est sans doute la partie la plus importante du dressage. Autrement dit, on recherchera l'entreprise tout en restant au contact, et par conséquent un rappel fignolé. A noter que ce chien est parfois sensible à la fatigue. Il n'aime ni le froid ni l'humidité. Bien sûr, ce n'est pas un broussailleur. Regardez donc votre terrain de chasse habituel, votre fréquence de sorties en plaine, le mode d'activité cynégétique que vous pratiquez.

Les setters

C'est un chien d'arrêt qui a gardé l'habitude de ses origines, à savoir être capable de se coucher sous le filet tout en bloquant les oiseaux. On distingue plusieurs races :

Le setter anglais. Dans ses origines, on retrouve au départ l'épagneul (le chien d'Oysel) et le lévrier. Depuis, la race s'est assez bien fixée grâce à Edward Laverak et à son successeur, moins connu du grand public et pourtant célèbre à l'époque, Sir Purcel Llewelyn. Compte tenu du temps écoulé et des différents croisements extérieurs, il est probablement impropre de nos jours d'appeler son setter anglais un laverack, d'autant que le modèle que l'on nous propose actuellement me paraît considérablement allégé par rapport aux anciens setters. C'est un chien que l'on utilise en plaine mais aussi dans des bruyères, des paquets de joncs, des terrains variés et notamment pour chasser la bécasse. C'est un galopeur, très souple, avec de longues foulées, une quête assez ample mais avec des retours plus arrondis que le pointer. Il est robuste avec des articulations solides et des muscles à la fois forts et souples. Il chasse avec la tête moins haute que le pointer et surtout coule très près du sol après l'arrêt. Vous pouvez bien sûr le dresser au rapport à terre et à l'eau, mais ce n'est pas sa spécialité. Il a un nez assez long et fera donc un acolyte parfait pour la chasse devant soi au perdreau ou au faisan. Dans les marais, il bloque la bécassine grâce à son odorat très fin. Il est doux, affectueux, bien élevé, et pourtant beaucoup de chasseurs le trouvent dur à tenir parce qu'ils ne le laissent pas chasser à distance convenable. Pour chasser avec un setter anglais, il faut beaucoup de confiance en soi et une bonne capacité de délégation. Admettez une bonne fois pour toute que ce chien, comme beaucoup, a besoin d'un bon rayon d'action pour être efficace.

Le setter gordon. Il doit son nom à Alexander Duke of Gordon, qui créa ce chien en Écosse au début du XIXe siècle. Il est costaud, plus grand et plus massif que le setter anglais. Il n'a pas la même vitesse que celui-ci, mais il est normalement plus résistant et a une cadence de travail plus soutenue et plus consciencieuse. On dit qu'il se dresse facilement. Je n'en suis pas si sûr. Le problème que vous risquez de rencontrer est de faire qu'il chasse à allure convenable. Il a parfois tendance, mais cela ne concerne que quelques sujets, à se montrer un peu lourd. Je vous indique cette légère réserve uniquement pour que vous y pensiez. N'allez pas dire ensuite que les setters gordon chassent sans conviction, ce serait absolument faux.

Le setter irlandais. C'est un merveilleux chasseur, mais qui a besoin de beaucoup d'exercice. Comme il est très beau et qu'il a beaucoup d'allure, certains particuliers ont préféré en faire un chien de compagnie. C'est dommage, car c'est un chasseur brillant, rapide, grand galopeur, détecteur de paysage. Il arrête, rapporte, mais a besoin de beaucoup d'exercice. Si vous vous amusez à ne le promener qu'en laisse au bois de Boulogne le dimanche, vous n'en viendrez jamais à bout. J'en ai connu qui, dans ces conditions, sitôt arrivés sur le terrain de chasse, quittaient leur maître pour galoper à l'horizon. Ne le battez pas. Il est fier, très nerveux et assez sensible. Il est excellent sur tout le gibier à plumes, ne craint pas l'eau et, bien mis, fait un très bon bécassier. Votre problème sera de canaliser son énergie et de vous servir de ses qualités naturelles d'ardeur et d'initiative, pour faire que ce chien vous fasse lever beaucoup de gibier à portée. Plus encore que le rappel, je crois qu'il faudrait vous occuper du « up » ou du « down ». Je vais un peu vite à cette notion, car elle sera développée plus loin. C'est la position qui fixe un chien dans une immobilité absolue. Elle a pour avantage, par rapport au simple rappel, de pouvoir faire reprendre la quête exactement à l'endroit où elle a été interrompue et de vous laisser le temps d'arriver près du chien. Notez qu'avec un bon rappel on peut également remettre le chien à l'endroit où on le souhaite, mais j'ai voulu indiquer ce que je ferais si j'avais un animal aussi fantastique.

Les braques

Les origines sont toujours incertaines et plusieurs pays revendiquent la paternité du nom. On a prétendu que ce nom venait de Braco, un chien italien. En France, on préfère dire que c'est une évolution du mot ***brachet*** qui voulait dire « chien couchant » au Moyen Age, devenu « braquet » puis « braque » par la suite. Un fait est certain, c'est que, comme en langage cycliste, il utilise un bon braquet quand il chasse.

Le braque allemand. Il a pour origine le braque français et j'aurais pu commencer par ce dernier. Mais le braque allemand est aujourd'hui plus répandu en France que le braque français et jouit d'une réputation qui n'est pas usurpée. En Allemagne, on l'appelle le Kurzhaar parce qu'il a le poil court. C'est un chien harmonieux, énergique et bien charpenté. A une époque, pour améliorer son nez et sa vitesse, on a d'ailleurs introduit du sang de pointer dans cette race. Il chasse malgré tout, de nos jours, beaucoup plus près du maître, avec un nez, bien entendu, moins long que le pointer. Outre-Rhin, on le dresse à tout : chien d'arrêt, chien de sang (1), retriever. En France, il chasse devant vous et son rôle est d'arrêter pour débusquer, puis de vous permettre de faire voler. Bien sûr, on le dresse également au rapport. Ce n'est pas un chien très facile, mais il ne faut pas se montrer trop dur avec lui malgré tout. Il encaisse bien, et son dressage doit surtout mettre en jeu sa passion de la chasse et son attachement pour son maître. La coercition, sous quelque forme que ce soit, n'ajoutera pas grand-chose. C'est vrai d'ailleurs pour tous les chiens. Même si parfois vous pensez devoir employer la manière forte, méfiez-vous, vous risquez de l'endurcir au mal et le professionnel à qui vous le confierez perdra un temps fou à refaire ce que vous aurez défait.

Le braque d'Auvergne. C'est un chien sans doute plus facile à mettre pour vous que le braque allemand. Il est tout aussi endurant, mais son allure est peut-être en général un peu moins rapide. Il est sans doute plus malléable. Je vous parle toujours de dressage amateur. Comme son voisin, il est infatigable, rustique, polyvalent, amical et fidèle.

1. Appelé aussi ***chien de rouge,*** chargé de retrouver le grand gibier blessé.

Une braque allemande : Tora.

Le braque français. C'est un chien d'arrêt calme et qui fait son travail avec intelligence. Il se routine très vite à son maître. Certains trouveront que c'est un défaut pour les concours de chasse pratique, mais nous n'en sommes pas là, et puis il ne s'agit que d'une tendance. Il est habitué à trouver du gibier en pays pauvre et de ce fait passera rarement un lièvre. Il chasse en plaine et au bois avec beaucoup d'efficacité. C'est un chien dont vous devriez développer les qualités naturelles assez facilement si vous vous y prenez bien.

Les griffons

Ce sont des chiens à poil long mais très dur avec une bourre épaisse. Ils ne craignent ni l'eau, ni les ronces, ni le froid. Ils ont un nez assez court, mais tout à fait convenable pour la chasse devant soi en solitaire ou avec une paire d'amis. On distingue le draathar que l'on utilise comme chien d'arrêt, chien de sang ou retriever, et qui de ce fait, suivant ses origines, est parfois dur à tenir, et le griffon korthal, du nom d'un banquier hollandais. Ce dernier chien a été très prisé en France dans la région du Touquet où Albert Cuvelier à Merlimont, a connu des succès importants au début du siècle avec cette espèce. En Sologne, le docteur Edouard Desjeux, mon grand-père, a beaucoup contribué à fixer la race en travaillant en équipe avec son ami Cuvelier. Le griffon d'arrêt à poil dur korthal est un chien plein d'énergie, assez rapide, au nez sélectif et surtout avec

Un griffon Korthal, la trialer Riga.

une capacité de quête variable. En plaine, laissez-lui un peu de champ ; au bois, il chassera sous le fusil. Il est dur au mal et supporte sans broncher les corrections, mais allez-y doucement. Son attachement pour vous est tel qu'il s'ouvrirait le cœur pour vous le donner. D'après mon expérience, les chiennes de cette race sont plus faciles à tenir que les mâles, mais j'ai connu de ces derniers qui chassaient merveilleusement bien. Il faut néanmoins tout leur apprendre et tout vérifier progressivement. Un point qui n'a rien à voir avec le dressage : comme ces chiens vont très facilement à l'eau, ils sont souvent sujet au catarrhe. N'oubliez pas de vérifier et de les soigner dès qu'ils se secouent la tête de manière saccadée et répétée.

Les épagneuls

J'ai déjà donné les origines du nom. Je citerai en plus la phrase exacte de Gaston Phœbus dont nous avons déjà parlé. Les épagneuls sont « Espainholz pour que cette nature vient d'Espainhs ». J'ai également trouvé dans un livre récent un verbe qui s'ajoute à ceux que j'ai cités : ***s'esplanir,*** qui veut dire « s'aplatir ». Quoi qu'il en soit, ce sont donc d'anciens chiens couchants, pas de doute là-dessus, et ce sont des chiens polyvalents, tenaces et adaptables à tous les genres de chasse.

L'épagneul breton. C'était à l'origine un chien régional. Son efficacité, sa robustesse et sa petite taille font qu'on le rencontre sur tout le territoire. Ce succès est dû à un Français, Gaston Pouchain, président du Club pendant des années et qui a énormément contribué à la popularité de ce chien. Il est broussailleur, ardent, très fin de nez, infatigable. On dit qu'il se dresse facilement. C'est bien possible. Mais méfiez-vous de ceux qui vous disent que les chiens sont faciles à éduquer. C'est comme les enfants. Il y a de bons moments et d'autres plus difficiles. J'ai eu un épagneul breton, un dénommé Ruffaut dit Rouffach, que j'empruntais à mon père dans mes débuts. Il avait de l'avant, de la vitesse, de l'entreprise, mais une tête de cochon. Mon grand-père m'avait donné une idée de dressage pour le ralentir un peu. Après quelques temps de détente, je lui passais la patte avant droite dans le collier. Cela le ralentissait tout en le punissant un peu. Au bout de quelques séances de ce manège où il se fichait par terre, il était tellement malin qu'il arrivait à courir aussi vite sur trois pattes que sur quatre. J'en conclus qu'avec certains chiens le système est éventé, mais je vous l'indique quand même à tout hasard. Quand il s'est assagi avec l'âge, j'ai pu enfin chasser avec lui et il n'avait pas son pareil pour longer les haies, se mettre à l'arrêt et me faire tuer un vieux coq.

L'épagneul français. C'est un chien calme, consciencieux, souple et méthodique. Il chasse le nez modérément haut mais toujours avec une foulée régulière. Son arrêt est ferme, sa tenue en main très agréable. Les quelques épagneuls français avec lesquels j'ai chassé m'ont paru toujours très complets et faciles à tenir.

L'épagneul picard. C'est un chien originaire de la vallée de la Somme. La région et le terrain étant variés, il est habitué à de nombreux modes de chasse. Son comportement et son caractère sont assez proches de ceux de l'épagneul français, à la différence près qu'il est peut-être plus athlétique et plus puissant. Sa spécialité est bien sûr le marais, mais on peut aussi l'utiliser en plaine et au bois sans aucune difficulté. Il est en général calme et obéissant. Comme toujours, il faut qu'il connaisse bien son maître pour former une bonne équipe avec lui. C'est un des points les plus longs à acquérir en dressage, surtout si l'on s'y prend mal, c'est-à-dire en force.

Les spaniels

Ce ne sont pas des chiens d'arrêt. Certains marquent le gibier en bourrant. Il existe huit variétés dont certaines sont assez éloignées des autres. Vous connaissez tous l'english cocker, un peu moins bien l'american cocker qui a des origines communes avec le précédent mais une morphologie et un type différents. On trouve ensuite le field spaniel, le sussex, qui sont des chiens rappelant le cocker.

Une English cocker spaniel : Tr. Sissi des Grands Vaux de Sauldre.

Comme chasseur, on connaît bien l'english springer, un peu moins le welsh springer. Citons également le clumber, un chien assez lent mais obstiné et besogneux, doté d'un très bon nez. L'irish water spaniel, enfin, est un excellent chien de marais, encore que peu connu en France.

L'english cocker. C'est un chasseur redoutable, un chien très complet, au tempérament aristocratique, à l'intelligence malicieuse, à la fidélité sans limite. Certains élevages en ont abandonné l'utilisation à la chasse pour se limiter à l'amélioration et au maintien de la beauté du chien. Ceux qui ont eu l'occasion de chasser en terrain varié, bois, friches, ronces, marais, apprécient son tempérament ardent, la finesse de son nez et son endurance. Ceux qui ne le connaissent pas ont intérêt à se faire la main d'abord sur un chien comme le springer, habituellement plus malléable.

L'english springer. En matière de chasse, c'est le plus connu des spaniels. Sa taille, sa morphologie, ses changements d'allure, son excellent nez en font un auxiliaire attachant et très agréable à conduire. Je reconnais qu'à l'heure actuelle le caractère du springer a un peu changé en ce sens que certains sont devenus moins ouverts et plus obstinés. On les utilise devant soi, en tout terrain, en battue comme retrievers, au marais et à l'eau. A part le fait qu'ils n'arrêtent pas, mais ne font que marquer le gibier quand ils sont bien mis, ce sont des chiens très polyvalents. C'est un chien idéal pour commencer quand on est dresseur amateur.

Les retrievers

Leur spécialité est de rapporter le gibier tiré. Ils ont un excellent nez et une morphologie puissante. Ils adorent l'eau et ne craignent pas le froid. Ce sont des chiens de marais très appréciés. En France, ils connaissent actuellement une grande vogue car ils sont en général très facile à dresser, surtout en ce qui concerne le rapport qui leur est parfaitement naturel. Cela dit, j'ajouterai que je connais beaucoup de retrievers qui, du fait de leurs qualités naturelles, sont très insuffisamment éduqués.

Ce fameux rapport, dont tous les maîtres sont si fiers, fait oublier aux heureux propriétaires les autres éléments d'une bonne éducation. En dressage, tous les exercices demandés aux autres chiens comme de s'asseoir, revenir, s'arrêter, rapporter, sont à fignoler soigneusement. L'à-peu-près, pour ces chiens, n'est pas acceptable.

Entrent dans la catégorie des retrievers les chiens suivants : le labrador retriever, le golden retriever, le flat coated et curly coasted retriever, le chesapeake bay retriever.

Le labrador retriever. Il est très répandu en France. Il vient de Terre-Neuve. Cette région avait donné au XVIIIe siècle deux types de chiens : le terre-neuve et le chien de Saint John, plus petit que le premier. Le labrador serait donc issu de celui-ci. Il est d'une intelligence très au-dessus de la moyenne et d'une douceur étonnante. Il est calme et équilibré, très attaché à son maître. A noter qu'il est souvent plus précoce que les chiens des autres races décrites dans ce chapitre. Ce n'est pas une raison pour négliger son éducation.

Un labrador : Usherka de l'Erica.

Evaluation du dresseur amateur

Vous avez donc maintenant un aperçu d'un certain nombre de chiens de chasse. Vous pouvez commencer à réfléchir sur le choix de votre compagnon en fonction de l'évaluation que vous faites de vous-même. Pour vous aider à mieux vous connaître, je vous suggère de remplir la grille d'évaluation qui suit. Elle est divisée en deux parties : vos capacités actuelles, vos possibilités d'avenir qui détermineront vos chances de réussite. Ensuite, vous noterez vos points forts et vos point faibles qui vous donneront votre évaluation générale.

GRILLE D'EVALUATION DU DRESSEUR AMATEUR

Capacités actuelles

	Excel.	Bon	Moyen	Faible
Attitude générale vis-à-vis des chiens	. . . .	. . . .	. . . .	. . . .
Disponibilité pour ce travail (temps)	. . . .	. . . .	. . . .	. . . .
Taille de terrain de chasse (espace) + 50 ha	. . . .	. . . .	. . . .	. . . .
Formation théorique au dressage	. . . .	. . . .	. . . .	. . . .
Compréhension, capacités à apprendre et à résoudre des problèmes	. . . .	. . . .	. . . .	. . . .
Expérience dans le domaine du dressage	. . . .	. . . .	. . . .	. . . .
Connaissance du chien	. . . .	. . . .	. . . .	. . . .
Connaissance de la chasse	. . . .	. . . .	. . . .	. . . .
Condition physique, santé	. . . .	. . . .	. . . .	. . . .

Possibilités d'Avenir

1. Traits de caractère (habitudes de base)

Stabilité dans le travail et dans l'intérêt pour quelque chose	. . . .	. . . .	. . . .	. . . .
Application, désir de travailler	. . . .	. . . .	. . . .	. . . .
Persévérance	. . . .	. . . .	. . . .	. . . .
Aptitude au contact	. . . .	. . . .	. . . .	. . . .
Identification à l'employeur actuel	. . . .	. . . .	. . . .	. . . .
Confiance en soi, possibilité de prendre des décisions par soi-même	. . . .	. . . .	. . . .	. . . .
Fonction de chef, capacité à commander	. . . .	. . . .	. . . .	. . . .

2. Motivations

Niveau d'énergie de base (initiative, dynamisme)	. . . .	. . . .	. . . .	. . . .
Besoin de revenus	. . . .	. . . .	. . . .	. . . .
Besoin de sécurité	. . . .	. . . .	. . . .	. . . .
Besoin d'un rang social	. . . .	. . . .	. . . .	. . . .
Besoin du pouvoir	. . . .	. . . .	. . . .	. . . .
Besoin de se surpasser	. . . .	. . . .	. . . .	. . . .
Besoin de se perfectionner	. . . .	. . . .	. . . .	. . . .
Besoin d'être utile	. . . .	. . . .	. . . .	. . . .
Amour de la chasse	. . . .	. . . .	. . . .	. . . .
Passion des chiens	. . . .	. . . .	. . . .	. . . .

3. Degré de maturité émotionnelle

	Excel.	Bon	Moyen	Faible
Ne prend pas ses désirs pour des réalités	....	....	....	....
Attitude d'adulte, indépendance, autonomie	....	....	....	....
Réfléchit aux conséquences de ses actes	....	....	....	....
Capacité d'autodiscipline	....	....	....	....
Echappe à des tendances égoïstes	....	....	....	....
Ne tend pas à se faire valoir exagérément...........	....	....	....	....
Echappe à des tendances d'autosatisfaction	....	....	....	....
Raisonne positivement	....	....	....	....

Points Forts : ....

Points Faibles : ....

Jugement Général* ....

20/20 15/20 10/20 5/20

*Quelle note vous donnez-vous ?
NB : La note n'est pas l'addition des différents résultats obtenus par la grille, mais une appréciation globale que vous vous donnez au vu des résultats.

DESCRIPTION DU DRESSEUR AMATEUR

Age : — de 15 à 35 ans, c'est la meilleure période pour débuter.
— de 35 à 60 ans, l'apprentissage est moins évident. Il faut déjà avoir au moins des notions ;
— au-delà de 60 ans, attention à la main. Vous avez vos trucs et votre expérience vous a rendu routinier.

Formation : Le niveau d'études n'a aucune importance. Vous savez au moins lire, écrire, compter, puisque vous lisez ce livre.

Expérience : Pour dresser des chiens de chasse, il faut avoir chassé ou suivi des chasses pendant au minimum trois à cinq ans, et cela régulièrement. Il faut avoir vu évoluer des chiens sur le terrain et, si vous êtes très jeune, avoir tenu le chien de votre père ou grand-père à la laisse pendant des battues.

Qualités : Il faut avant tout une bonne capacité de réflexion, une bonne compréhension du comportement des chiens, du jugement, de la patience et de la persévérance. Il faut être travailleur régulier, avoir une bonne autorité bien contrôlée et le goût des activités répétitives.

Evaluation du chien

La liste que vous trouvez ci-après décrit les qualités et les défauts d'un chien d'arrêt. Vous pouvez bien sûr l'adapter à d'autres races de chiens en la modifiant à votre manière. A noter qu'elle n'est pas nécessairement exhaustive.

Qualités

— le nez
— l'intelligence
— la persévérance
— la docilité
— l'allure ou le style
— l'endurance
— la dent douce
— le métier
— la maturité
— la passion de la chasse

Défauts

— le nez insuffisant
— l'inintelligence
— le travail comme un chien courant
— l'absence de quête
— le manque d'obéissance
— le manque d'attachement au maître
— l'absence de passion de la chasse
— la peur du coup de fusil

Comme vous pouvez le constater, certains défauts comme le manque de nez ou l'inintelligence sont rédhibitoires. Ne perdez pas de temps au dressage. Gardez votre chien au salon ou donnez-le à la voisine. D'autres, comme l'absence de quête ou la désobéissance, sont modifiables, sauf s'ils découlent d'un défaut qu'on ne peut corriger. Réfléchissez, évaluez-vous, évaluez votre chien. J'y insiste parce que c'est la partie la plus importante du dressage. Il vaut mieux ne rien faire que mal faire. Si vous n'êtes pas de cet avis, vous êtes un criminel. Vous méritez d'être lapidé sur-le-champ ou précipité au fond des mers une pierre au cou.

Et maintenant, passons aux exercices et travaux pratiques.

Exercices d'évaluation

TRAVAIL PRATIQUE N° 1

Voici une série de mots et une série de chiffres :

Suite de mots : Clef, Porte, Chaise, Fauteuil
Suite de chiffres : 4, 5, 6, ...

Vous avez donc noté : 4, 5, 6. Quel est le chiffre suivant ?

Vous avez trouvé, bravo. Ce n'était pas vraiment difficile. Vous avez indiqué *7* en pensant à la progression, 4, 5, 6. C'est inexact.

Méfiez-vous, vous avez des raisonnements à simple entrée ou vous êtes exagérément rigide.

Le bon chiffre était *8* car il y a huit lettres dans fauteuil. Les chiffres sous les mots indiquent le nombre de lettres. Il fallait y penser, non ? Si vous ne l'avez pas fait, ne vous désespérez pas, vous n'êtes pas le seul. Mais réfléchissez sur votre agilité mentale et votre capacité de raisonnement. Il est peut-être temps de vous y mettre et de faire marcher votre cerveau un peu mieux.

TRAVAIL PRATIQUE N° 2

Votre chien a volé un rôti chez le boucher. Il se sauve en emportant l'objet de son larcin hors de portée. Le commerçant, qui le connaît et sait qui vous êtes, vous apostrophe en hurlant : « La prochaine fois, Madame, mon pied, votre chien, c'est pas dans le sien, c'est dans le vôtre que je le mettrai. »

A qui avez-vous à faire ?

Bien sûr, je ne parle pas du chien, mais de l'homme.

C'est quelqu'un d'elliptique, concis, intelligent. Il est discourtois, mais quand même poli car il ne mentionne pas l'endroit où il vous donnera le coup de pied. De votre côté, vous, vous avez compris assez vite ce qu'il voulait dire. Mais, si dans la vie de tous les jours vous vous mettez à communiquer de cette manière, surtout avec votre chien, vous risquez de ne pas être compris du tout.

TRAVAIL PRATIQUE N° 3

Vous avez déjà des notions de dressage. Un de vos amis a un magnifique setter qui galope comme un voleur en plaine pendant que son maître remonte consciencieusement le long de haies fourrées pour tenter de lever un lapin. Il appelle : « Pujazon, Pujazon, viens. » Pas de résultat. Il hurle : « Salaud, si j't'attrape... », et au bout d'un quart d'heure où le chien a battu la plaine avoisinante en faisant lever une compagnie de perdreaux à bon vent, il revient finalement vers son maître. Sitôt attrapé, il reçoit une correction, puis, d'un doigt menaçant, son conducteur lui montre à nouveau les ronces fourrées. Le setter repart vers la plaine.

Que faites-vous ?

Tout d'abord, vérifiez le sens du vent. Si le chien part en plaine, disons à droite, c'est que le vent vient de ce côté. Très bien, battez la haie en passant de l'autre côté de celui où vous êtes. Son chien sera alors à bon vent. Si Pujazon ne veut pas suivre la haie, demandez à votre ami de l'envoyer dans la plaine de gauche, à mauvais vent, cette fois-ci. Après cinquante mètres, il fera demi-tour et reviendra vers la haie. Vous verrez que, petit à petit, il comprendra ce qu'il a à faire. Dites-lui de temps en temps de rappeler et de caresser. Maître et chien changeront vite de comportement.

Mais vous allez me dire que je vous ai indiqué auparavant que le setter était un chien de plaine et qu'il était fait pour chasser le perdreau, pas le lapin. Je ne vous ai jamais dit cela. C'est en partie vrai, mais c'est vous qui le dites par habitude ou parce que vous avez déjà entendu ce genre de propos. Ce chien doit savoir garder le contact avec son maître, et dans l'exemple cité ce n'est pas le cas. Ensuite, c'est un problème de bonne conduite et votre ami ne sait visiblement pas conduire son auxiliaire. Enfin, dans votre évaluation du chien, dans le cas présent, tenez compte simplement du vent à défaut de toute autre considération. Nous étudierons les autres éléments par la suite.

Commentaires du dresseur professionnel

1. J'élève et je dresse des pointers depuis des années. C'est pour moi le roi des chiens d'arrêt. Je m'intéresse également beaucoup aux cockers qui me donnent des satisfactions d'un autre ordre, tellement ces chiens sont intelligents, astucieux, robustes et entreprenants.

2. Dans le choix d'un chien, il faut considérer le genre de terrain, le mode de chasse, la fréquence des sorties. Celui qui laisse son chien au chenil toute l'année, le sort occasionnellement et tire de travers n'aura jamais un bon chien.

3. Un dresseur amateur, on l'a dit, doit développer sa capacité à conduire un chien, plutôt que de s'attacher à un dressage approfondi qui n'est pas son domaine. De bonnes notions de conduite sont essentielles pour la préparation au dressage et ensuite pour la mise en œuvre du travail effectué par le dresseur professionnel. Ces deux approches se rejoignent nécessairement.

4. On éduque son chien de la même manière que l'on se conduit dans la vie, c'est-à-dire qu'envers les autres comme envers le chien on fait preuve d'ouverture d'esprit, de tolérance et de beaucoup d'amitié.

5. Le temps que l'on perd à comprendre et à s'adapter n'est jamais du temps perdu.

EXERCICE N° 4

Le choix d'un chiot. Le langage de l'éleveur. Les motivations du chasseur. Travail pratique. Commentaires.

Vous savez maintenant quelle race de chien vous voulez choisir. Vous pouvez en acheter un de dix-huit mois à deux ans, tout dressé, magnifiquement mis, et briller dans les prochaines campagnes de chasse en regardant vos amis, verts de jalousie, tenter d'éduquer leur chien à coups de sifflets, colliers de force et laisses à enrouleur. Je n'y vois pas d'inconvénients, sauf que la compagnie de votre chien va durer moins longtemps puisqu'il a déjà un certain âge, ensuite que réussir l'éducation d'un chien est une satisfaction dont vous auriez tort de vous priver. Et puis, vous n'avez jamais fini de l'améliorer, vous savez comment vous y prendre puisque c'est vous, et vous seul, qui vous en êtes occupé. A ce sujet, quand doit-on confier son chien à un dresseur professionnel ? Autrement dit, quand l'éducation du chien est-elle finie ? Il vous faut nécessairement une réponse et je vais tenter de vous en donner une sans être trop normatif. Tout d'abord, il n'est pas toujours obligatoire de confier son excellent ami au dresseur. Tout dépend du but que vous vous êtes fixé. Si vous estimez que votre chien en fait assez pour ce que vous voulez, par exemple un bon rappel et une quête convenable vous permettant de lever du gibier, ce n'est pas la peine d'en faire plus. Ensuite, il faut être dans une disposition d'esprit telle que vous ne craigniez pas de confier votre chien à un professionnel.

J'entends souvent dire que tel dresseur a la main trop dure, que tel autre a complètement saccagé un chien qui avait un grand avenir, qu'un troisième ne sait pas faire rapporter ses élèves. Ce n'est jamais vrai dans tous les cas, mais il y a sûrement des exemples où c'est arrivé. C'est exactement comme en médecine : « le patient guérira ou c'est le médecin qui le tuera », disait Beaumarchais. Il avait peut-être raison, mais, si vous êtes docteur en médecine et que vous lisez ce texte, vous ne me croirez pas. Il en est de même pour le dressage. Dans certains cas, il y a mésentente, ou méthode non adaptée, ou tout simplement mauvaise préparation. Dans tous les cas, il faut raisonner positivement et confier votre chien au dresseur professionnel le jour où votre motivation est claire et bien définie.

J'avais une petite chienne, Tr. Sissi des Grands Vaux de Sauldre, une exquise petite cocker, et je la dressais facilement à s'asseoir, se coucher, rapporter. Il n'y avait qu'une étape que je n'avais pas soignée, c'était le rappel. J'essayais par toutes les manières de compenser cette faiblesse d'éducation, mais n'y arrivais pas. En effet, ce rappel insuffisant faisait que, quand la chienne prenait un lapin dans sa gueule, ce qu'elle réussissait assez facilement, elle partait le cacher au lieu de me le rapporter. Dans tous les autres cas, elle revenait assez aisément et ce n'est qu'au dressage au rapport que je me suis aperçu que je n'avais pas assez travaillé le rappel. Je l'ai confiée à François-Michel Pelletier, en lui indiquant ce que j'avais fait, comment je l'avais fait et cela lui a permis, en reprenant mon dressage à zéro, mais très rapidement, d'obtenir à deux ans, la même année, une excellente place au championnat de chasse pratique d'Italie. Je savais exactement quand et pourquoi je lui confiais ma chienne.

Donc il faut une motivation bien définie et une évaluation exacte des points forts et points faibles de votre élève au moment où vous allez le confier. Pour avoir cette bonne évaluation, il faut savoir conduire votre chien, ce que je vous répète depuis le début de ce livre.

Vous voyez donc toutes les réflexions qu'engendre l'éducation de votre élève. Si elles vous intéressent, prenez un chiot dans la race que vous avez choisie et mettez-vous au travail.

Vous allez me dire que vous êtes tout à fait d'accord pour en sélectionner un, mais comment être sûr qu'il sera bon ? Dans ce domaine, il n'y a aucune certitude, sauf une : c'est le maître qui fait le chien, le chasseur qui façonne le chien de chasse. Sortez tous les jours faire un petit tour aux lapins avec n'importe quel chien de compagnie, et, si vous savez vous y prendre, vous verrez qu'il deviendra aussi entreprenant que n'importe quel autre. Simplement, il faudra probablement plus de temps pour qu'il se déclare, alors que, si vous l'aviez choisi dans une lignée de chiens de chasse, les choses auraient pu se passer plus vite, et surtout il aurait probablement un certain nombre de qualités plus développées que pris au hasard ou descendant de géniteurs qui préfèrent le moelleux de la moquette aux ronces et aux fourrés. A ce sujet, certains contesteront l'utilité du chien de race et, partant de la même théorie que celle que je

---

Un English cocker spaniel en train de quêter. Noter l'action puissante de l'arrière-main et la position de la tête. L'allure est très caractéristique, bien dans le style du spaniel.

viens d'exposer, indiqueront que n'importe quel bâtard peut faire leur affaire à la chasse. Je suis tout à fait d'accord. Mais le compagnon que vous avez aura éventuellement une portée avec une chienne excellente également et qui vous donnera des descendants qui vous conviendront parfaitement. Par la suite, vous rechercherez quelqu'un qui a un étalon ressemblant à cette deuxième génération de corniauds avec l'espoir de retrouver le même type et la même morphologie que vos précédents géniteurs. C'est exactement ainsi que sont nés les chiens de race. Les Anglais, les Français, les Allemands, et d'autres, ont considéré le mode de chasse auquel ils se livraient, ont croisé entre eux des chiens poilus, à poils ras, à grand nez, à nez court, à allure rapide, à quête méthodique, à grande taille, à hauteur réduite, pour obtenir les différentes races de chiens dont ils avaient besoin. Vous pouvez en faire autant si vous le souhaitez, mais je ne vous garantis pas le succès. Fixer une race est très difficile et très long. Il faudrait vraiment que vous ayez une motivation singulière pour rechercher autre chose que ce qui existe déjà parfaitement.

Vous allez donc vous adresser à la Société Centrale Canine à Paris. Celle-ci est équipée d'un ordinateur et connaît rapidement les portées disponibles. Vous téléphonez ou écrivez. Généralement, en plus des chiots à céder, on vous donnera l'adresse du club de race qui, lui, peut vous donner des indications encore plus précises. A l'intérieur de chacun de ces clubs, il y a en général des délégations régionales et départementales. Tous ces délégués sont à votre disposition pour vous aider dans votre choix. L'un d'eux au moins ne devrait pas être très éloigné de chez vous. C'est un bénévole consciencieux qui aura à cœur de vous informer en vous orientant au mieux. Il connaît souvent la plupart des éleveurs de son club, les origines des chiens, leur type, leur morphologie propre, le caractère de l'éleveur, sa façon de croiser et reproduire, la permanence des qualités et défauts de chaque élevage. Vous pourrez donc, après réflexion et échange d'idées, visiter deux ou trois élevages à votre choix. A cette étape, ne vous laissez pas impressionner par les timbales qui trônent sur la cheminée. Elles peuvent être très anciennes et dater de la guerre de 1914. Ce n'est pas cela qui vous donnera une évaluation exacte de l'élevage que vous voyez aujourd'hui. Regardez plutôt la disposition des chenils, leur orientation, les matériaux de fabrication, la qualité des sols des différentes cours, la propreté générale. Évaluez l'éleveur, vous savez le faire maintenant et regardez si vous avez des chances de vous comprendre.

Vous voici maintenant devant le toit où se trouve la portée. Les jeunes ont deux mois. La porte s'ouvre. Comment choisir ? Vous me direz que vous avez votre « truc » que vous tenez du grand-oncle, que vous avez la main sûre, l'œil perçant, que vous ne vous trompez jamais. Mais qu'est-ce que vous voulez ? Un chien de salon, un chien de chasse, les deux ? Un chien pour les enfants ? Sûrement pas. Un chiot n'est pas un jouet, ou alors les jeunes doivent être éduqués à vivre avec un chien, à ne pas le tripoter, lui tirer la queue, le faire coucher dans leur lit, etc. Mettez-vous bien en tête que le compagnon que vous recherchez est pour vous et que c'est vous qui allez l'éduquer et le conduire à la chasse. Il faut donc que vous ayez des chances de le mettre à votre main. Quant aux trucs, j'en connais plusieurs, que je vous donne pour ce qu'ils valent. Ils ne sont pas mauvais, mais quand même insuffisants. Je vous dirai pourquoi ensuite.

Premier truc

La porte du petit toit s'ouvre et vous choisissez le premier chiot qui sort. C'est le plus intrépide, le plus entreprenant, le plus curieux. Peut-être. Mais à deux mois les chiots sont déjà sortis plusieurs fois dans leur enclos. Ce n'est donc pas un coup d'essai. D'ailleurs, pourquoi l'un d'eux quitte-t-il sa mère le premier avant les autres ? Sans doute parce qu'il est plus indépendant et moins prudent. Pensez au dressage futur, et surtout à bien réfléchir aux qualités dont vous avez vu la liste au chapitre précédent et que, par cette méthode, vous avez omis de vérifier. Je ne vous dis pas qu'elle soit mauvaise, je l'ai déjà utilisée. Mais je crois que j'y ai ajouté d'autres observations.

Deuxième truc

Vous choisissez dans la portée un tricolore. Je me souviens d'un merveilleux setter anglais que j'avais choisi pour un de mes frères. Il s'appelait Ogam et j'avais suggéré que nous le prenions car il avait, me semblait-il, le plus de rappel de mélange de races de toute la portée. Il s'est par la suite montré un chasseur hors pair.

Troisième truc

Vous choisissez celui que la mère va rechercher par la peau du cou. Je l'ai fait une fois pour un griffon korthal beaucoup plus jeune que deux mois. Je l'avais vu à quinze jours, puis à quatre semaines. Sa mère, éleveuse assez moyenne, avait laissé crever de froid dehors une partie de la portée. On prétend que c'est parce qu'elle savait que les autres ne vivraient pas. Ce n'est pas impossible, mais je n'y crois qu'à moitié. Certaines chiennes sont assez négligentes. Mal surveillées, elles écrasent parfois les petits ou les laissent en dehors de la niche si l'on n'a pas pris soin d'avoir une bonne caisse de mise bas avec des planchettes horizontales sous lesquelles les chiots peuvent s'abriter. Ce que je veux simplement dire, c'est qu'à deux mois ce truc ne marche plus, sauf cas particulier, et vous en aurez toujours un à me citer.

Quatrième truc

Le coup de la petite balle que l'on lance et dont un chiot s'empare. Il n'y a rien d'extraordinaire à ce qu'il le fasse. Celui qui saisit la balle le premier est peut-être un peu plus déluré que les autres mais, là encore, je ne m'y fierais pas.

Il y a bien d'autres « trucs » auxquels vous pensez, mais pas moi. Je regarde le ***tempérament*** et la ***morphologie***. Pour le premier point, je le vois aux yeux, pour le deuxième, à la ligne de dos. Vous allez me dire que je déraille complètement, qu'à cet âge tous les yeux se ressemblent, que le chien n'est pas fait, que d'ailleurs, dans quelques mois, il va avoir l'allure d'un pantin dégingandé. Peut-être. Mais ce que j'ai voulu vous dire, c'est que j'examine le chien globalement. Je donne un coup d'œil, comme disent les Anglais. J'ai une vue d'ensemble et au naturel. Si l'éleveur voulait me présenter son chien comme en exposition, sur une table, en tenant la tête et la queue, je ne verrais rien. D'aillleurs, il ne le fera pas. Il connaît chacun des chiots et va observer en silence comment vous vous y prenez. Je vais donc voir cette portée de six ou sept dans laquelle on m'a réservé le ***choix de portée***, c'est-à-dire que je suis le premier à choisir. J'éliminerai en général le culot de portée, non pas qu'il ne donne pas un bon chien plus tard, mais il est en général plus petit que les autres et je ne tiens pas à prendre de risques. Je ne distinguerai pas les mâles des femellles. Je regarderai chacun et chacune évoluer. Il y a celui qui s'assied, celui qui court après un papillon, celui qui mord l'oreille de l'autre, celui qui cherche les angles de l'enclos la queue entre les jambes. Attention à ce dernier. Je l'élimine au départ, mais je le surveille pour le cas où il se détendrait. J'aperçois un gros mâle, une grosse tête large et ronde, des bons aplombs, une bonne ossature. Mais l'arrière-main est fixe, la queue est très peu en mouvement. Tel autre a de l'air sous le ventre. C'est assez rare à cet âge, mais pour certains on peut déjà le deviner. J'en repère un ou une avec un bon port de tête, beaucoup de finesse, un dos court mais une allure malgré tout un peu allongée, une encolure bien sortie, une ligne de dos bien droite, une queue qui frétille, des yeux foncés et expressifs. Je crois que c'est celui ou celle-là que je prendrai. J'en parle à l'éleveur, je le décris, nous tombons d'accord. Le choix n'est pas encore fait. Je prends alors le chiot, ouvre la bouche pour voir si les dents sont bien plantées, tâte le garrot pour vérifier qu'il n'est pas trop ouvert, encore qu'à cet âge ce ne soit pas probant, suis la ligne de l'épaule, touche les côtes et appuie sur le bout des pieds. Ils sont ronds, en pieds de chat, déjà assez serrés. C'est ainsi que je me suis retrouvé un jour, avec un bon ami, Pierre Steiner, chez une excellente éleveuse de cockers anglais, Eliane Rousseau. Je suis venu pour acheter un chien pour l'élevage de mon épouse et suis reparti avec une chienne magnifique, bleue roan, qui depuis a fait d'excellentes portées et surtout s'est révélée très vite une passionnée de chasse. Il s'agit de Tr. Nusica de la Petite Pinochère, qui n'avait pas son pareil pour retrouver un gibier désailé mais dont le tempérament endiablé m'a donné beaucoup de fil à retordre avant, pendant et après le dressage.

Le langage de l'éleveur

Mais parlons du langage de l'éleveur. C'est un homme ou une femme qui vivent avec et pour les chiens. Ceux-ci sont la projection d'eux-mêmes, leur reflet, la justification et le but de leur existence. Ils ressentent toute critique comme une marque au fer rouge, sauf entre connaisseurs ou alter ego.

Dans le choix d'un chiot, il faut éviter de critiquer, démolir, saper, en parlant à tort et à travers. Il vaut mieux dire : « guidez-moi », plutôt que « je vais vous montrer ». Un éleveur sent tout de suite celui ou celle qui s'y connaît. Il veut savoir quel maître vous serez. Le langage est commun. On parle des origines, des prix et succès remportés par les géniteurs, des habitudes de chasse, des modes de chasse, des difficultés rencontrées avec tel ou tel chien, des avantages d'une race par rapport à une autre, en fonction de l'utilisation sur le terrain. Il faut mettre l'éleveur en confiance et lui indiquer comment et où sera utilisé son chien. Il va vous donner des renseignements sur la nourriture qu'il a administrée jusqu'à ce jour, sur les purges, les vaccins, les vermifuges, les problèmes que vous risquez de rencontrer, comment y remédier, le nom d'un vétérinaire qui le connaît. Et puis, il va vous parler prix. Vous vous en êtes déjà entretenu au téléphone avec lui. C'est le même que celui qu'il vous a dit. Ne marchandez pas, les bons éleveurs ont preneur très rapidement. Si vous trouvez le chien trop cher, vous pouvez toujours le lui dire, mais vous avez intérêt à avoir des arguments convaincants. Élever des chiens en amateur consciencieux ne rapporte rien. Quand vous nourrissez un ou plusieurs couples toute l'année pour avoir une ou deux petites portées par an, vous ne rentrez même pas dans vos frais. Les expositions coûtent cher en voyages, les concours de chasse également. Si le chien vous convient, signez la carte de changement de propriétaire, buvez le petit verre qui vous est offert et remerciez. On ne donne le choix de portée qu'à des amis. Vous en êtes un et vous risquez de vous revoir souvent, éleveur et acquéreur.

Maintenant, vous partez avec votre nouvel ami canin dans votre voiture. Vous êtes devenu le maître, au moment où vous lui faites franchir la porte du véhicule. A partir d'aujourd'hui, vous devez vous souvenir une fois de plus que ***c'est le maître qui fait le chien***. Vous ne me croyez pas ? Très bien, je vais vous donner un exemple : vous achetez un chien de chasse chez un éleveur amateur recommandé par son club. Les parents sont issus d'une lignée de chasseurs connus. Vous n'avez jamais chassé, et vous ne comptez pas le faire. Ne vous étonnez pas si, quand l'un de vos amis emmènera votre acolyte sur le terrain, il n'a que peu d'expérience de la quête, par exemple, encore qu'il puisse en avoir les aptitudes. J'espère maintenant vous avoir convaincu. De même que je ne vous ai pas parlé d'un chien que vous achèteriez dans un chenil ou chez un éleveur professionnel. J'en suis désolé. Je connais moins bien le sujet.

Les motivations du chasseur

Les motivations du chasseur ne sont pas les mêmes dans les différents pays d'Europe. En Angleterre, où chaque chien est spécialisé dans un travail donné, le nouvel acquéreur recherchera un pointer pour l'arrêt et le blocage de la compagnie de perdreaux, un retriever type labrador pour la recherche et le rapport du gibier, un broussailleur comme le cocker pour la bécasse ou le lapin, un chien de sang pour la recherche du gros gibier blessé, un chien courant pour le renard, etc.

En Allemagne, le même chien fait tout, et c'est ainsi que les cockers anglais sont également dressés en chiens de sang par exemple. Un braque allemand ou un griffon d'arrêt à poil dur est utilisé pour l'arrêt en plaine, le broussaillage au bois, le rapport à l'eau, le pistage au sang, le rapport du renard, etc. Il est dressé à être silencieux quand il sert de chien de chasse au petit gibier, à donner de la voix quand il sert de courant ou de chien de sang. C'est un dressage très complet, mais qui n'est pas le même qu'en France. Dans notre pays, les choses sont différentes. Le chien de chasse est chargé de ***trouver*** du gibier et de ***faire qu'il se lève*** en bonne position pour le chasseur. Un point c'est tout. Je ne dis pas qu'il n'y a pas de chiens de sang, de déterreurs, de chiens courants en France, mais je parle de la chasse devant soi telle que nous la pratiquons tous. Pour éduquer un chien en France, nul besoin d'être un surdoué ou d'avoir fait une grande école. ***Vous faites ce que***

vous savez faire. C'est vrai dans tous les domaines de la vie courante, mais peu de gens l'admettent. Vous voyez votre voisin gagner de l'argent, beaucoup d'argent, et vous avez deux attitudes à son égard : ou bien vous le minimisez en disant que c'est un voleur, bien qu'il y faille souvent des capacités peu communes, ou bien vous imaginez que, si vous aviez le même métier que lui, vous gagneriez encore deux fois plus d'argent que lui, ce qui n'est pas sûr, ni probablement vrai. Pour gagner beaucoup de millions et les conserver, il faut en avoir la capacité. Ce n'est pas à la portée de tous, tant s'en faut. C'est la raison pour laquelle le diplôme a tant d'importance en France. Entre deux camarades de promotion ayant fait la même école, il y a autant de différence qu'entre un pointer et un cocker, mais personne ne veut l'admettre.

En parlant comme je le fais maintenant, je vous amène à une notion qu'il vous faudra garder en tête pendant toute votre vie d'éducateur. Il s'agit de se conduire en ***behaviorist***. C'est un nom bien barbare pour qui ne parle pas l'anglais, mais c'est ainsi que se comporte l'ensemble de la nation américaine avec les excellents résultats que l'on connaît. En quelques mots, se conduire de cette manière, c'est considérer ***le comportement et le résultat***. J'ai fait Polytechnique et je suis serveur dans un bar. Le behaviorist considérera que j'ai perdu mon temps en allant à l'X, alors que j'aurais mieux fait de passer un CAP de cafetier-limonadier, si cela existe. Mon métier est donc de servir des verres et, malgré mon grand diplôme, je n'y ai pas été formé. Je peux répéter à mes clients que je suis une grosse tête pendant que je renverse du beaujolais sur leur pantalon, cela ne me vaudra pas leur indulgence pour autant. Il en est de même dans l'éducation du chien de chasse. Vous rencontrez à la chasse des gens qui vous disent que leur épagneul breton sort de chez un grand dresseur. Je veux bien. Mais, quand il empaume la voie du lièvre pour disparaître à l'horizon, je regarde son comportement à tel moment donné, c'est-à-dire le résultat, plutôt que le diplôme de dressage que son maître a accroché à son collier. A dire vrai, je regarde également le conducteur du chien et me demande souvent si ce n'est pas lui qui aurait dû aller chez le grand dresseur en question pour apprendre l'abc du métier. Vous voulez trouver du gibier et le lever dans de bonnes conditions. On ne vous demande pas d'avoir fait l'Institut supérieur d'agronomie pour réussir. Imaginez un éleveur distingué qui répéterait à tout moment qu'il est diplômé de cette école. Je préfère sa réussite dans les expositions, réussite qui a peu à voir avec le diplôme, à cette sorte de canne qui lui sert à traverser la vie.

Depuis des dizaines d'années, tous les traités de chasse indiquent que, compte tenu de la raréfaction du gibier et du développement de l'urbanisation, il est de plus en plus difficile d'en lever à la chasse. Lisez les livres d'avant la guerre de 1914 et vous verrez la plupart des préfaces et avant-propos débuter de cette manière. La situation n'est donc pas différente maintenant, si ce n'est que le nombre de chasseurs actuels est plus important qu'au début du siècle — encore qu'en régression très nette... —, que le gibier a tendance a moins bien se reproduire, que de nombreuses maladies inconnues à l'époque ont fait leur apparition, et que la protection des nuisibles et la disparition des gardes particuliers créent un déséquilibre important dans la nature. Le gibier est constitué principalement par de l'élevage, donc moins adapté au terrain ; les nuisibles sont restés, eux, à l'état sauvage, donc plus meurtriers. Malgré ce que je viens de dire, vous souhaitez encore sortir au petit matin dans la rosée pendant qu'un pâle soleil éclaire votre champ d'action. Vous avez bien raison, mais comment bloquer les quelques compagnies de perdreaux que vous connaissez ou débusquer un lapin qui vous partira à portée ? La règle de base sera donc d'avoir un chien adapté à vos besoins, et cela vous le savez déjà. Mais il lui faut également, comme vous si vous n'avez pas d'auxiliaire, savoir trouver le gibier. Je n'écris pas un traité de chasse. Si vous voulez en savoir plus, reportez-vous au *Bréviaire du chasseur de Gastinne Renette* de G. Desjeux (Éditions Garnier). Je vais simplement vous donner quelques indications de conduite.

Prenez votre chasse à bon vent

Un chien a besoin de chasser nez au vent. Si vous avez un setter et que vous recherchez une compagnie de perdreaux, il faut qu'il sente des émanations du plus loin possible. Tout cela est développé dans un chapitre particulier.

Laissez détendre votre chien

Commencez par battre un carré où vous ne risquez pas de trouver grand-chose, de manière à ce que le chien puisse se détendre et se calmer. Cette opération peut durer de une à cinq minutes maximum. Il ne s'agit pas d'arriver sur le terrain avec un chien qui, par la suite, tirera la langue et n'aura plus envie de chasser.

Prenez votre temps

Gardez votre chien au contact, ne le laissez pas s'éloigner plus que nécessaire. Au lieu de rappeler, vous avez plutôt intérêt à ne pas trop l'*appuyer*. Cela veut dire que, si l'animal vous voit franchir une haie et vous mettre à avancer à vive allure sur l'endroit présumé où se trouve la compagnie, il sa se mettre à aller encore plus vite. Comme il est plus rapide que vous, je vous garantis que vous ne gagnerez pas la course. Effet secondaire, il risque de taper dans la compagnie de perdreaux et de la faire lever. Votre chasse est compromise pour ce carré de champ en tout cas.

Repérez les coulées des ronciers

Mettre son chien à la ronce au plus fort relève de l'idiotie. Certains chiens n'hésiteront pas d'ailleurs à y aller comme des bulldozer. A quelques mètres, vous avez un trou ou des ronces moins épaisses. Faites-le plutôt rentrer à cet endroit.

Un chien d'arrêt n'a pas à bourrer

Assez curieusement, c'est une faute très souvent commise. Le chien arrête un lapin au gîte et le conducteur lui hurle de bourrer. Un chien sert à faire lever soit en indiquant, et c'est un chien d'arrêt, soit en bourrant, et alors il s'agit d'un spaniel. Cette race a été développée pour cela.

Tirez aussi juste que possible

Vous voudriez bien tirer convenablement mais vous ne tuez pas souvent. Je vous donne un conseil d'ami qui améliorera votre tir de cinquante pour cent : quand on ne peut pas tuer loin, on tire de près. C'est une vérité de Lapalisse, mais aussi une erreur fréquente. L'oiseau part à trente mètres, vous espérez quand même le descendre. Il y a un pour cent de chances pour que vous y arriviez. Laissez filer et occupez-vous du chien. C'est mieux.

Ne laissez pas votre chien prendre les lapins au gîte

Du temps où il y avait beaucoup de lapins, j'ai connu de nombreux chiens de toutes races qui prenaient l'arrêt puis saisissaient le lapin dans leur gueule. J'ai un excellent cocker, donc pas un chien d'arrêt, qui à l'heure actuelle en rate rarement un. C'est un défaut de dressage, ou plutôt c'est une sale habitude qu'il a contractée avec les lapins myxomateux. Il faut absolument empêcher cela. Je vous expliquerai plus tard comment et pourquoi.

MOTIVATION n° 2 : FAIRE QUE LE GIBIER SE LÈVE

Au chien d'arrêt, ce n'est pas le chien qui bourre. Avec les spaniels, springers, cockers et autres, ce sont eux qui font lever.

Juste pour mémoire et comme déjà dit, le nom de springer vient du fait qu'il « springs the game », autrement dit qu'il fait lever le gibier. Un pointer, par contre, arrête et montre. Il bloque les perdreaux. C'est vous, par votre position, qui faites lever.

Ces deux motivations seront développées plus loin au cours des différents chapitres, mais il était nécessaire, parlant du choix du chiot, de jeter déjà un regard sur votre futur chien. En le choisissant, vous devez avoir ces quelques données en tête. Elles vous feront réfléchir aux qualités et défauts présentés au chapitre 3 : le nez, l'intelligence, la persévérance, la docilité, l'allure ou le style, l'endurance, etc. C'est tout cela que je regarde dans les yeux. Vous comprenez donc maintenant que ce n'est qu'une figure de style, mais ce système vous servira d'aide-mémoire. Beaucoup de juges de beauté ou de travail utilisent la même méthode, consciemment ou non. Ils prétendent voir aux yeux si le chien est chasseur.

TRAVAIL PRATIQUE

Vous avez devant vous une portée de chiens magnifiques. Un voisin bien intentionné vous a indiqué que le père et la mère avaient peur des coups de fusil. Vous rendez-vous acquéreur d'un chiot ? Votre première réponse va être : « Sûrement pas, je ne prendrai pas ce risque. » La mienne sera : « Vérifiez si votre information est bonne. » Vous allez donc voir le délégué départemental du club et lui en parler. Vous risquez d'avoir une réponse mitigée. Il n'est pas chargé de « débiner » ses adhérents, mais il est tenu à la loyauté à votre égard. Vous en parlez à l'éleveur en faisant attention à ne pas le vexer. « Chassez-vous souvent ? A quel endroit ? Avec qui ? Avec quels chiens ? » Ne montrez pas le bout du nez dans vos questions, vous pourriez vous faire mordre. Si c'est la saison de chasse, demandez à voir les parents sur le terrain, faites tirer un coup de fusil ou de pistolet. Un dernier conseil : au moindre doute, après vérification, n'achetez pas. Guérir un chien qui a peur des coups de feu est un travail de longue haleine sans certitude de résultat.

A tout hasard, et pour le cas où vous auriez à le faire quand même, je vous indique deux méthodes qui ont fait leurs preuves. Je ne les ai jamais utilisées car je n'ai jamais eu qu'une fois ce problème avec une chienne griffon korthal qui s'appelait Querry et rentrait au chenil au premier coup de fusil. Je l'avais prise pour l'essayer à la chasse. Quelques jours plus tard, elle partait chez un voisin qui a dû en faire un excellent chien de garde ou de compagnie. Mais j'avais un vieil oncle, Guy Desjeux, passionné de springers, et qui me disait s'être fait une spécialité dans ce domaine. Je n'en suis pas si sûr, car je n'ai jamais eu, ni lui non plus, de springers ayant peur des coups de fusil. Il m'a montré la méthode sur une sorte de setter dégénéré. Le chien étant dans son chenil, à sa place habituelle, vous lui servez une bonne pâtée bien appétissante. Pendant qu'il mange goulûment, vous tirer des balles bosquets de 6 mm. Elles font peu de bruit et vous répétez l'opération deux ou trois jours de suite. Vous passez ensuite à la 9 mm, plus sonore, et toujours dans les mêmes conditions. Ensuite, au bout de quelques jours et toujours pendant la soupe, vous faites tirer des coups de fusil à distance en vous rapprochant chaque jour davantage du chien. Au bout d'une quinzaine de jours, l'animal devrait être parfaitement guéri.

Mon grand-père, un grand amateur de griffons korthal, avait un moyen beaucoup plus expéditif qu'il a employé une fois notamment sur un épagneul français, Milord, il y a de cela bien longtemps. Il le sort sur le terrain ; part un lapin. Le chien empaume la voie derrière celui-ci car il avait le goût de la chasse. Un coup de fusil tiré juste devant l'épagneul tue le lapin. Le chien s'en saisit et le rapporte. Il est devenu par la suite un chasseur exceptionnel et n'a plus jamais eu peur des coups de fusil. Attention, si vous utilisez cette méthode, assurez-vous d'abord que vous tirez très convenablement.

Normalement, avec les TAN (tests d'aptitudes naturelles), les clubs de race détectent ce genre de défaut majeur chez les étalons recommandés et les chiens qui sont présentés à ce genre d'épreuves. Dans de bonnes lignées, l'écueil indiqué est donc exceptionnel.

Commentaires du dresseur professionnel

1. Quand je le peux, je choisis un chien de six à sept mois. Ce n'est pas toujours possible, car les éleveurs ne peuvent pas se permettre, dans la plupart des cas, de garder une portée aussi longtemps. Et le prix de vente des chiots est alors plus élevé.

2. Les chiots aiment la propreté autant que les adultes. Les chenils doivent donc être nettoyés, lavés, balayés régulièrement. Tous les jours, il faut ramasser les crottes pour éviter les maladies et les mouches. Les litières doivent être aérées et changées souvent.

3. Je crois que le tempérament et la morphologie sont les deux éléments essentiels dans le choix d'un chien. Je regarde le port de tête, la ligne de dos, le port de la queue, la vivacité et l'autonomie du chiot. J'y ajoute mon intuition et mon expérience après un examen complet de celui-ci.

4. A chacun ses capacités. En dressage, ce qui compte c'est la préparation, la régularité des sorties, la gradation des travaux. L'improvisation, l'invention, le manque de rigueur et de patience sont les quatre plaies du dressage.

EXERCICE N° 5

La nourriture du chien.
Le beau chien, le bon chien.
Quelques travaux pratiques.
Commentaires.

Une nourriture équilibrée va nous permettre de perpétuer et développer les qualités transmises par les géniteurs. Un chien doit être ***beau et bon***, c'est-à-dire avoir une bonne morphologie et un tempérament adapté à son mode d'utilisation. C'est vrai pour le chien de garde, de compagnie ou de chasse. Chacun a besoin de l'alimentation qui lui convient. Ceux qui dissocient les deux qualités, beau et bon, l'une de l'autre ne rendent pas service à la race canine. C'est pourtant une erreur volontaire très communément commise parce qu'il n'est pas toujours facile d'arriver à cet excellent équilibre.

On peut distinguer, en matière de nourriture, trois étapes dans la vie d'un chien : le chiot, le chien adulte, le chien âgé. L'alimentation de base de tous passe par l'ingestion de protéines, d'hydrates de carbone, de graisses, de vitamines et de sels minéraux.

Les protéines

Elles servent à la croissance et à l'entretien du corps. On les trouve dans la viande, le lait, les œufs, le poisson, la levure de bière. Un chien a besoin de viande. Le poids à donner par jour varie, bien sûr, en fonction de la taille du chien. Si vous donnez des œufs, pensez à les faire cuire. En effet, le blanc d'œuf est moins digeste cru que cuit. Il contient de la biotine, une vitamine B absolument nécessaire à l'organisme.

Le lait et les produits du genre yaourt sont à utiliser avec précaution. Pris au-delà d'un certain âge, le chien aura souvent des diarrhées en raison du sucre et du lait qu'il digérera assez mal. Les yaourts sont en ce sens moins riches en lactose (le sucre du lait) et se digèrent souvent mieux. Mon expérience est que, si vous donnez du lait à votre chien passé disons huit à neuf mois, il aura souvent une mauvaise digestion. Mais vous avez peut-être une expérience différente. Tant mieux.

Les hydrates de carbone

Il s'agit du sucre ou encore de l'amidon ou des fécules. Ce sont des régulateurs du taux de glucose sanguin. Ils ne doivent pas dépasser 50 à 60 % de la ration et doivent se trouver dans des éléments cuits de préférence. En ce qui me concerne, j'utilise le riz. N'oubliez pas que ces hydrates de carbone sont une bonne source d'énergie immédiate et, de ce fait, économisent les protéines, mais à la chasse ce sont ces dernières qui serviront pour le fond du travail, la résistance à la fatigue et par conséquent l'allure soutenue. A ce sujet, nous parlons actuellement de nourriture quotidienne et non pas d'une grande gamelle de viande donnée le jour de la sortie à huit heures du matin et succédant à des écuelles de légumes dans une eau claire pendant un mois. En général, quand je sors mon chien pour la chasse, il a le même régime depuis un bon mois, tout en évitant qu'il ne s'empâte, mais je lui donne sa gamelle la veille, et le soir au retour. Si le chien est dans le gros de sa digestion pendant les premières heures de la matinée, il y a peu de chances qu'il tienne le coup et chasse convenablement. Au fond, je ne vous dis peut-être pas toute la vérité. Un chien qui a un peu faim aura d'autant plus de passion pour le gibier, et c'est surtout pour cette raison que j'évite de le nourrir le matin. Au soir, il sera ravi de trouver sa nourriture. Ce sera sa récompense. Bien entendu, il est nourri régulièrement tous les soirs à la même heure.

Labrador partant au rapport à l'eau

Les graisses

Elles apportent toutes sortes de vitamines et notamment A, D, E, K. Elles fournissent également l'acide oléique qui est essentiel au chien. Si l'alimentation du chien manque de graisses, sa peau est souvent sèche et ses poils sont ternes. Chez le chiot, vous noterez une croissance moins rapide que prévue. C'est la raison pour laquelle je donne de l'huile de foie de morue jusqu'à un âge avancé. Attention à ne pas en donner plus d'une demi-cuillère à café par jour, car actuellement on la vend en petites bouteilles concentrées. En effet vous risquez de bloquer la croissance de votre chien et de développer hypertension et troubles rénaux.

Enfin, il risque d'être plus petit que prévu dans le standard et vous auriez ainsi un refus de confirmation.

De même, il ne faut pas donner de grands morceaux de lard à votre compagnon. Cela ne lui vaut rien. Il aura la diarrhée ou vomira comme le font les chiens quand ils ont trop mangé ou quand une nourriture ne leur convient pas.

L'eau

Un chien doit avoir de l'eau en permanence. C'est vrai au chenil mais également à la chasse. Je me souviens d'un jour de juin extrêmement chaud où le spaniel club organisait une journée de rencontre des différents amateurs de springers ou cokers et où avaient été organisées des séances de rapport.

Notre ami Michel Dumand plaçait un faisan mort à une quinzaine de mètres des chiens et des conducteurs, puis leur demandait de rapporter. Mon épouse avait un vieux routier en laisse à côté d'elle. Un jeune chien refuse le rapport et, sitôt qu'il est rattaché, celle-ci demande la permission d'envoyer son cocker. Permission accordée. Celui-ci, qui avait rapporté des dizaines de pièces, sinon des centaines pendant quelques années, s'approche du gibier, renifle et revient. J'observais la scène de loin. Je m'approche, emmène boire le chien, le ramène, et lui fais rapporter son faisan sans peine. Si cette mésaventure vous arrive un jour d'ouverture en septembre, pensez-y. Cherchez un trou d'eau, un vieil abreuvoir à faisans, une petite rivière, ce que vous voudrez. Vous verrez que votre acolyte redeviendra lui-même.

Avant de revenir en détail sur la nourriture du chien aux différents âges, je voudrais indiquer qu'il existe maintenant des aliments complets tout préparés et soigneusement étudiés. Vous y trouverez tous les éléments dont peut avoir besoin votre chien en bonne proportion. Il en existe même une marque avec des compositions différentes en fonction de l'âge et de l'utilisation que l'on fait du chien. J'ai pu néanmoins constater que, contrairement aux humains, les chiens n'aimaient pas le changement de nourriture. Ils n'ont pas besoin de variété. Certains éleveurs n'ont pas noté la même chose. Je vous livre donc mes impressions pour ce qu'elles valent. Si mes chiens sont nourris aux croquettes d'une marque et que je change, ils mettent un certain temps, parfois une nuit, parfois une journée, pour toucher à leur gamelle. Si, un jour de fête, je veux leur donner de la viande rouge bien crue avec du riz, ils attrapent invariablement des diarrhées. A ce sujet, n'abusez pas de viande. Il faut un régime équilibré. Si les chiens ne digèrent pas la viande crue, faites-la cuire. Mais essayez de garder toujours le même régime. Cela réussit en général très bien à nos amis, sauf avis différent de votre vétérinaire qui en sait beaucoup plus long que moi sur ce sujet. Je ne fais que vous indiquer ce que j'ai constaté personnellement.

Voyons maintenant la nourriture en fonction de l'âge.

Le chiot

C'est un chien qui est sevré et qui a jusqu'à huit mois. Pendant cette période, les jeunes chiens ont besoin de deux fois plus de protéines que par la suite et en tout cas de 50 % de calories supplémentaires par rapport au chien adulte. Vous venez d'en acheter un à un éleveur et vous l'emmenez chez vous. Celui-ci vous aura normalement indiqué le mode de nourriture qu'il utilise. Autrefois, je donnais des sardines, des œufs cuits, des petits bols de lait, etc. Il existe maintenant des aliments dans le commerce qui, sous forme de toutes petites croquettes, conviennent parfaitement aux chiots. L'avantage du système est que vous n'avez plus à vous préoccuper de donner cinq repas par jour, puis quatre, puis trois, puis deux. La méthode que j'utilise est de toujours laisser des gamelles pleines pour que les chiots puissent se nourrir autant qu'ils en ont besoin. Ce n'est pas votre cas, puisque vous n'avez qu'un seul nouvel ami. Mais, avec le système que je vous recommande, il faut vérifier que ce n'est pas la mère qui mange toutes les gamelles quand il s'agit de l'élevage d'une portée. Il faut également s'assurer que tous les chiots mangent autant, car certains costauds sont sans arrêt dans les gamelles des autres pendant qu'un pauvre petit se renfrogne dans son coin en espérant saisir quelques miettes à la dérobée. Il faut alors le prendre à part et le faire manger. Certains étant moins délurés que d'autres, on a même intérêt à les faire manger à la cuillère. S'il ne veut toujours pas des granulés, il existe de la farine de bouillie adaptée dont on se sert pour le sevrage. Je doute qu'à deux mois vous en ayez besoin, mais sait-on jamais ?

Puisqu'il s'agit d'un manuel d'éducation, je vous indiquerai encore deux choses dont vous vous servirez ou non.

Premier exercice pratique

Quand votre chien joue dans la cour à proximité de son chenil, allez porter votre gamelle dans son enclos. Sortez votre sifflet et appelez-le de cet endroit d'un coup bref. Pour qu'il comprenne ce que vous voulez de lui, passez avec la gamelle à portée de son nez en allant la placer. Associez également son nom au coup de sifflet : « Tut, Raton, viens. » En très peu de temps, il viendra vous voir.

Vous allez me dire que vous avez essayé mais sans succès. En effet, vous êtes sorti la pitance à la main, Raton s'est précipité sur vous, a mordillé les jambes de votre pantalon et vous a suivi moitié accroché, moitié dans vos jambes jusqu'au chenil où, sitôt la gamelle posée, il a attaqué à belles dents. Cela prouve qu'il vous connaît déjà et qu'il s'attache à vous. Tant mieux. Dans ce cas-là, sifflez avant de poser la gamelle en disant « Raton, tiens. » Quand il deviendra plus indépendant, dans quelques jours, ou une semaine ou deux, il reviendra d'autant plus aisément. Attention, pas de correction, pas de grosse voix. C'est déjà du dressage. Prenez votre temps.

Deuxième exercice pratique

Posez votre gamelle sur un petit banc. Au départ, il ne doit pas être trop haut mais juste assez pour que le chien prenne l'habitude d'aller à sa nourriture la tête haute comme il devra le faire plus tard à la chasse. Cette méthode a pour avantage de donner un bon port de tête et une bonne ligne de dos. Les tenants de cette méthode sont des convaincus à tous crins. Personnellement, je n'y crois qu'à moitié, mais reste ouvert à toutes remarques. C'est la raison pour laquelle je vous l'ai indiquée et également pour laquelle je vous ai dit que vous vous en serviriez ou non. Vous pouvez toujours essayer. Cela ne nuit absolument pas en tout cas. Mais, si vous n'avez pas de petit banc, ne vous en faites pas, il n'y a rien de perdu. Il me semble qu'un chien qui prend de l'exercice et que l'on s'emploie à rendre sociable acquiert naturellement une bonne ligne de dos et un bon port de tête sans utiliser ce genre d'artifice. Il lui faut bien sûr une bonne nourriture, et cela c'est très important également. N'oubliez pas l'eau : les chiots en ont besoin en permanence.

Le chien adulte

D'une manière générale, un chien adulte a besoin de 80 calories par kilo et par jour. Un chien qui reste au chenil, en dehors des périodes de chasse, n'a pas besoin d'une alimentation très énergétique. Il faut pourtant qu'il se maintienne en forme sans grossir. Or, durant cette période, les chiens sortent moins. Ils font moins d'effort, mais on continue à leur donner autant et plus que s'ils travaillaient.

Je connais certains chiens qui mangent juste ce qu'il faut pour se tenir en forme et laissent le reste dans leur gamelle. Je trouve qu'en ce sens l'aliment sec que l'on pose dans un endroit abrité est plus qu'utile. Il ne moisit pas, ne change pas de consistance mais perd un peu de son odeur alléchante. Dans le système que j'utilise, je laisse les chiens manger à satiété sans me préoccuper de savoir s'il leur faut un ou deux repas. Très souvent, la plupart de mes cockers ou springers mangent la nuit ou très tôt au réveil. S'ils ont été sortis pour une journée de chasse, quand ils rentrent, ils se précipitent sur l'eau puis mangent quelques croquettes. Le jour suivant, j'ai noté que, probablement par fatigue, leurs gamelles avaient tendance à rester moitié pleines pendant toute la journée du lendemain. Un chien peut maigrir assez vite. Il est plus difficile ensuite de le remplumer. Cela peut prendre plusieurs semaines. A ce sujet, indépendamment de la nourriture, il y a lieu de surveiller les selles pour voir s'il n'y a pas de vers : le chien mange alors double ration sans pour autant grossir, ni même conserver son poids. La guérison est en général assez rapide. On trouve dans le commerce des pilules ou des sucres assez universels qui, généralement en deux prises espacées de quelque temps, suppriment les parasites intestinaux. Pendant que vous y êtes, vérifiez donc si le chien n'a pas de puces. Il les mange et elles sont souvent vecteurs de vers.

Évitez de donner des petits morceaux de pain ou de viande au chien pendant que vous êtes à table. Tout d'abord, c'est une mauvaise éducation et bientôt le chien geindra en quémandant tous les jours à chaque repas. Ensuite, ces petites rations supplémentaires les font grossir énormément et perturbent l'équilibre alimentaire habituel. Un chien qui est trop gros n'est bon à rien.

Le chien âgé

Un chien qui atteint l'âge de neuf ou dix ans est déjà entré dans le troisième âge. Souvent, il mangera moins. Il était habitué à deux repas par jour, il n'en prendra plus qu'un. Il lui faut une nourriture plus maigre et souvent plus hydratée que l'adulte. Les maladies les plus courantes que vous rencontrerez à cet âge sont, bien sûr, les diarrhées dues à une mauvaise digestion. Ensuite, vous devrez vous préoccuper des troubles rénaux et cardiaques. Beaucoup de chiens ont tendance à l'obésité à cet âge et il faut tenter de les maintenir à un poids adéquat aussi longtemps que possible. L'affection les aide à se sentir bien intégrés en famille. L'arrivée du jeune chien leur fait comprendre que leur départ n'est pas loin. Il n'y a pas grand-chose à y faire car leur vie est plus courte que la nôtre, mais il faut au moins les acclimater à une vie plus sédentaire dont les longues sorties sont malheureusement absentes pour eux. Le maintien d'un poids convenable prouve qu'ils conservent la forme.

Revenons maintenant un peu sur le beau et le bon chien.

Le beau chien, le bon chien

Le beau chien

C'est tout d'abord un chien qui est dans le standard, c'est-à-dire dont le type et la morphologie correspondent à une race donnée. Nous en avons déjà parlé. Inutile de revenir là-dessus. C'est par ailleurs un chien bien nourri, et c'est l'objet du début de ce chapitre. C'est enfin un chien qui vit avec une bonne hygiène et un bon toilettage. Les chiens ont besoin de propreté. Leurs niches doivent être imperméables à la pluie et il y a lieu de vérifier de temps à autre la toiture. Le sol est de préférence en bois que l'on recouvre de paille ou de mauvais foin. Il faut la nettoyer souvent, éventuellement à grande eau. Pour ma part, j'ai fait refaire un vieux chenil récemment et j'ai fait installer des niches dont on peut retirer le toit pour pouvoir balayer à l'intérieur facilement et vérifier qu'il n'y a pas de tiques ou de poux. Elles sont souvent désinfectées avec un produit spécial. Devant les niches s'étend une petite cour en pente pour faciliter l'écoulement des eaux de pluie. Dans la cour, une petite table basse permet au chien de s'allonger dessus pour se chauffer au soleil d'hiver ou de dormir dessous s'il trouve sa niche trop chaude en été et qu'il recherche la fraîcheur du sable à l'ombre. Il y a bien sûr plusieurs cours pour plusieurs niches, toutes séparées par un grillage suffisamment haut afin d'éviter que les bêtes ne fuguent ou ne se mélangent entre elles au moment des chaleurs. Enfin, et cela n'a rien à voir avec l'hygiène, si vous avez plusieurs enclos, n'oubliez pas de faire construire un couloir de tri sur lequel toutes les portes s'ouvriront vers l'extérieur. Si vous ne voulez sortir qu'un chien alors que vous en avez deux dans une cour, ce « sas » sera une sécurité et évitera que le deuxième animal n'aille battre la campagne pendant que vous essayez de mettre son collier à l'autre. A ce sujet, ne laissez pas de colliers aux chiens quand ils sont dans leur chenil, certains congénères indépendants et facétieux ont tendance à les manger pour délivrer leur camarade ou simplement parce que le cuir sent bon. De même que quand vous avez un chiot qui grandit, si vous estimez devoir lui faire porter un collier, n'oubliez pas de vérifier de temps à autre qu'il n'est pas trop serré. Défaites-le-lui le plus souvent possible. Un beau chien ne doit pas avoir de marques de collier, ni de poils raplatis à cet endroit. Tous les matins, enfin, vous enlevez les crottes des chiens.

N'oubliez pas l'exercice quotidien, sinon, vous n'aurez pas d'auxiliaire pour l'ouverture. Quand il s'agit d'un chiot, évitez de le faire courir toute la journée devant chez vous. Sortez-le, à deux mois, un quart d'heure le matin, un quart d'heure le soir. Le but n'est pas de lui faire prendre de l'exercice mais de le familiariser avec l'herbe, les arbres, l'environnement extérieur et, bien sûr, de vous l'attacher. Il apprendra peu à peu à mieux vous connaître et sera d'autant plus facile à éduquer. Il ne faut pas qu'il se dépense trop, sinon il risque d'avoir les jambes torses. Je voudrais également vous donner un conseil parfois controversé. Un chien doit avoir un pied de chat, c'est-à-dire rond et bien serré. Le fait de marcher toute la journée sur du sable a tendance, à mon avis, à lui donner comme le cheval un pied de chameau, c'est-à-dire qui s'élargit. C'est une chose que nous connaissons bien en Sologne et, chaque fois que je peux, je fais marcher le chien sur un sol dur en faisant attention qu'en été

Pointer au galop

celui-ci ne soit pas brûlant ou que le goudron n'ait pas fondu, car alors ce serait un désastre. J'ai le sentiment que, pour cette raison, mes chiens ont ensuite des pieds bien serrés. Un chien est digitigrade, c'est-à-dire qu'il marche en appuyant ses doigts sur le sol et non pas le pied tout entier. Ce sont les membres postérieurs qui assurent le mouvement, les membres antérieurs servant, eux, de soutien et d'amortisseur.

La queue constitue avec l'encolure un balancier qui permettra de donner son équilibre au chien. D'où l'importance de l'attache, c'est-à-dire de l'endroit où elle est placée, et de son port. Couper la queue des chiens comme on le fait pour beaucoup de races de chasse relève surtout d'une tradition de la fin du XIXe siècle qui voulait que l'on coupe la queue des chiens et des chevaux pour faire beau. On raconte que les chiens à queue courte sont faits pour chasser au bois, sinon leur queue serait endolorie ou blessée. C'est parfaitement faux. Qui n'a jamais chassé la bécasse avec un excellent setter à queue longue ? Le mien, Rank, chassait en tout terrain et je lui ai rarement vu la queue meurtrie. C'est parfois arrivé, il est vrai. Autre avantage de la queue mi-longue chez le cocker ou le springer comme en Angleterre, c'est qu'à l'eau celle-ci sert de gouvernail, un peu comme chez le castor. De plus, le plumet blanc que l'on laisse au bout permet de facilement repérer le chien. Aux États-Unis, on tente d'ailleurs d'avoir des spaniels à fouet gai et queue mi-longue pour mieux les suivre dans les bruyères ou les herbes hautes. Je ne suis pas tout à fait d'accord avec cet usage. Rappelez-vous simplement que la queue est toujours coupée trop court, alors que cet appendice est un moyen très important de locomotion, puisque toute l'action part des membres postérieurs. Enfin, un chien n'est jamais fait en montant, comme certains croient devoir le dire. La ligne de dos est bien parallèle au sol, même si, en exposition, vous voyez en présentation des chiens qui donnent l'impression d'être bâtis en girafe. Un cheval n'est pas exactement bâti comme un chien, mais, pour prendre une comparaison, avez-vous déjà vu un jockey montant à Chantilly un pur-sang fait en girafe ? Sûrement pas. Le pauvre garçon se retrouverait tout à fait en arrière de la selle. J'ai pourtant connu dans ma vie une vieille jument qui s'appelait Domino. Elle avait une ligne de dos montante et on la donnait aux débutants en manège car elle n'avançait pas. Ce n'était pas une bonne manière de commencer l'équitation.

Parlant du beau chien, il nous reste à mentionner la toilette. Pour tous les chiens qui vont à l'eau, il faut fréquemment vérifier l'intérieur des oreilles avec un coton-tige. Vous éviterez ainsi que votre compagnon ait du catarrhe, cette otite externe dévastatrice qui oblige le chien à se secouer les oreilles toutes les deux minutes. Si les symptômes apparaissent, dépôts marron, odeur désagréable, bagigeonner avec le coton-tige un produit vendu en pharmacie, ou, à défaut, de l'huile de table ordinaire, jusqu'à disparition complète. Chez les chiens qui broussaillent, n'oubliez pas de leur laver les yeux avec un gant de toilette mouillé à chaque retour de chasse. Vous éviterez une cécité précoce. Quant aux pattes, il faut vérifier que le chien n'a pas d'aggravation, c'est-à-dire que les chaumes ne lui ont pas coupé la sole des pieds ou que, cachés par un poil trop long autour des aplombs, des épillets ne se sont pas introduits entre les doigts de pied, occasionnant des sortes d'abcès assez longs à guérir. Les épillets vont aussi, souvent, dans les oreilles des chiens à poils longs. N'oubliez pas de raser l'intérieur de l'oreille pour éviter ces inconvénients. Enfin, si certains chiens demandent peu d'entretien, d'autres, comme les springers ou les cockers, nécessitent un brossage fréquent, notamment des oreilles, du poitrail, du jarret. Si les poils sont trop emmêlés, utilisez une étrille, c'est-à-dire une sorte de brosse à poils de fer assez longs ou un peigne spécial vendu dans le commerce à cet effet. Si vous n'arrivez pas à démêler, coupez. C'est mieux que de laisser un chien avec des bourres remplies de teignes et de chardons.

Le bon chien

C'est celui qui est intelligent, a un bon nez, une allure soutenue, qui chasse, trouve et fait lever du gibier. J'ajoute un élément essentiel à cette description : il doit chasser souvent et toujours avec vous. En effet, il n'y a aucune chance, quelles que soient ses origines, que votre compagnon puisse avoir une bonne réussite à la chasse s'il ne sort pas suffisamment. De plus, la sociabilisation est une partie non négligeable de sa réussite. Quand j'étais jeune et célibataire, je mettais mon griffon korthal dans ma chambre à coucher en évitant quand même qu'il ne monte sur mon lit. Cette race donne des chiens affectueux, certes, mais leur odeur ***sui generis*** est assez désagréable à supporter. Ce brave animal lui, me supportait mieux, puisqu'il avait l'habitude à huit ou dix mois de prendre une de mes chaussettes sortant tout droit de mes bottes de chasse et de se coller le nez dessus pour dormir. Au matin, il me l'apportait tout naturellement. Je la mettais, récupérais l'autre et nous partions tranquillement faire un tour aux lapins. A l'époque, n'ayant pas de voiture, je faisais parfois une quinzaine de kilomètres à bicyclette, soit trente aller et retour, pour me rendre sur une petite chasse où j'avais l'autorisation de chasser seul. Le dressage se faisait assez facilement, car j'étais son seul et unique maître et mon bon Dick avait fini par comprendre que courir devant un vélo n'était pas de toute sécurité, ni pour le maître, ni pour lui quand il croisait ma roue. Il suivait donc. De temps en temps, au début, il fuguait un lapin, mais devait ensuite mettre les bouchées doubles pour me rattraper. Il n'avait pas besoin de détente en début de chasse, car il l'avait prise sur la route.

Il avait un seul patron et, craignant de le défaire, je n'aidais jamais un autre chasseur à chercher son gibier, à moins que je ne l'aie vu tomber. C'est une ***règle de base d'éducation*** du chien : on ne cherche un gibier que quand il est tué s'il s'agit d'un lapin, ou tombé s'il s'agit d'un oiseau. Cela vous paraît évident, mais rappelez-vous : n'êtes-vous jamais tombé dans le piège du brillant nemrod qui vous oblige à battre un bois pour retrouver une bécasse manquée de deux coups de fusil ? Nous reviendrons en détail sur ce sujet dans les chapitres suivants. Et puis, le bon chien est celui qui a un maître chasseur. Vous trouvez cette remarque offensante ? Pourtant, que de gens se promènent avec un fusil sans avoir aucune notion du terrain, du vent, du temps, de l'ampleur de la quête, de la portée d'une gerbe, des habitudes du gibier, des possibilités d'un chien, de son niveau exact de dressage. Évaluez-vous, évaluez votre compagnon. Tel maître, tel chien. Pas le contraire. Ou alors vous ne savez pas tenir en main une situation donnée. Vous ne ferez jamais un éducateur ou un dresseur amateur sérieux. Les Américains ont une phrase de base :« Keep things under control » (Gardez les choses sous contrôle). C'est la seule manière de traverser la vie à deux, maître et chien, et de savoir où et comment vous voulez vous rendre.

TRAVAUX PRATIQUES

Travail pratique n° 1

Vous rentrez de votre travail un soir et réalisez qu'il ne reste plus suffisamment de croquettes de la marque habituelle qui constitue la pâtée journalière de votre chien. Quelle décision prenez-vous ?

Vous avez au moins deux possibilités :

1. Le changement de régime ne vaut rien pour un chien. Si vous lui donnez simplement un morceau de beefsteak, il n'est pas sûr d'abord que ce soit suffisant en complément des quelques aliments qui vous restent. Ensuite, peu habitué, il se peut qu'il attrape la diarrhée. Trouvez donc du riz, mélangez-le à la viande, bien soigneusement sinon il va dans certains cas ne manger que la viande et laisser le riz. Laissez vos croquettes de côté, elles resserviront.

Un springer plein d'entrain.

2. Vous filez chez l'épicier et trouvez une autre marque. Si vous la mettez dans la gamelle, le chien se jettera peut-être dessus comme dans la publicité mais, s'il est un peu difficile et conditionné, il va plutôt bouder sa nouvelle soupe et ne voudra pas manger. Dans le fond de l'écuelle, vous mettrez donc les nouveaux produits et sur le dessus, les anciens. Vous avez ainsi de bonnes chances de voir toute la ration ingurgitée rapidement.

Travail pratique n° 2

Un matin, vous remarquez que votre chien manque d'entrain, qu'il semble bouder, qu'il fuit sa nourriture, qu'il part se cacher dans sa niche quand vous approchez. Vous pensez donc qu'il est malade. Quels autres symptômes regardez-vous ?

La description que je viens de vous faire n'est pas celle d'un vétérinaire. Je vous parle en amateur comme vous l'êtes vous-même. Je vais donc vous énumérer quelques autres signes extérieurs à regarder.

— Voyez si les yeux sont toujours expressifs et s'ils ne présentent pas de pus jaune ou bien muqueux. (Vous vous souvenez sans doute que, dans le choix d'un chien ou d'un chiot, je vous disais de regarder les yeux. Et les examinant bien, outre le caractère, vous y décélerez la santé.)

— Examinez les narines. Elles aussi peuvent être engluées.

— Vérifiez le poil. S'il est terne, piqué, avec des plaques, des chutes de poils anormales, des touffes collées, votre chien ne se porte pas bien.

— Tâtez la truffe. Elle ne doit pas être sèche et chaude. Sachez tout de même que ces symptômes ne sont pas nécessairement la preuve que votre chien est malade. En voiture, j'ai très souvent des chiens qui ont le nez chaud. Dès qu'ils sont sortis, la truffe redevient fraîche.

— Regardez les selles et les urines. Un chien qui a la pyroplasmose à des urines brun-rouge. On ne peut s'y tromper.

— Examinez les vomissements. Y a-t-il du sang ? En général, un chien en bonne santé ne vomit que s'il a trop mangé. C'est sa soupape de sûreté. Vous trouverez devant sa niche ou dans la cuisine un petit tas bien propre que vous pourrez facilement identifier comme étant la nourriture que vous lui avez donnée. Si c'est le cas, ne vous inquiétez pas. Veillez simplement à ce que le chien ait à boire.

— Prenez sa température si vous le souhaitez. Elle doit être normalement à 38°5.

Dans tous les cas, entourez-le d'affection. Un chien mal aimé aura tendance à la maladie plus qu'un autre.

Si vous avez constaté un ou deux symptômes indiqués plus haut, allez voir votre vétérinaire sans tarder.

Travail pratique n° 3

Vous êtes à la chasse. Un de vos voisins de battue avec qui vous êtes en affaires de temps à autres, mais que vous connaissez assez peu, tire un faisan de ses deux coups. Celui-ci, visiblement manqué, va se poser au loin. A la fin de la traque, le tireur s'approche de vous et vous demande de venir l'aider à chercher l'oiseau. Comment vous en sortir ?

Comme vous vous en doutez, il y a mille et une manières, outre celles énoncées ci-dessous. C'est le but de cet exercice. Il s'agit en fait de conserver son dressage à votre chien et de vous montrer courtois. Dans l'ordre. Donc :

1. Vous faites le sourd quand il vous parle. Comme il vous connaît, il risque d'en faire autant quand vous viendrez chercher une commande chez lui.

2. Vous vous éloignez vers votre autre voisin qui a un chien en espérant qu'à la demande du brillant nemrod l'heureux propriétaire va aller explorer les lieux à votre place. Il y a de bonnes probabilités pour que cette tactique réussisse, car certains propriétaires sont souvent imprudents, tant ils souhaitent briller avec leur beau labrador qui vient (comme toujours) du meilleur élevage écossais.

3. Vous attendez qu'il vienne vous voir à votre abri en conservant votre chien assis à côté de vous. Dès qu'il vous demande de chercher, partez avec lui vers un de vos faisans tués, n'importe

lequel. Faites-le rapporter au chien et donnez-le au tireur maladroit. Bien souvent, lui faire porter un faisan suffira à calmer ses ardeurs.

4. Vous le félicitez pour son beau coup de fusil, mais lui faites comprendre qu'aller chercher un faisan aussi loin pourrait gêner la battue suivante. Comme il n'est qu'à moitié persuadé de son exploit dans son for intérieur, il ne devrait pas trop insister, mais vous remercier de l'avoir mis en garde.

5. Vous lui dites que votre chien n'est pas encore assez entraîné pour retrouver un oiseau aussi loin. Il vous racontera alors comment est mort son excellent braque acheté dans un grand chenil parisien et comment, exemples à l'appui, il ne perdait jamais rien. Profitez-en pour orienter sa marche vers le groupe des chasseurs qui se rassemblent et pour fumer tranquillement une pipe en pensant à autre chose.

J'espère que ce dernier exercice vous aura amusé. Ne me prenez pas complètement à la lettre. Chacun son style. Mais il est bon d'être prêt à faire face à toutes les situations en les imaginant à l'avance. Et pourtant, si vous étiez un disciple de Jean-Paul Sartre, vous sauriez que le réel est ce qui nous surprend quand on a tout prévu. Heureusement, tout le monde n'est pas existentialiste.

Commentaires du dresseur professionnel

1. Compte tenu de la tendance moderne à faire du chien de beauté, je serais assez tenté de rechercher d'abord le bon chien plutôt que le beau en premier. L'excellent chien de chasse n'est pas si courant que vous pouvez le penser. Néanmoins, je suis tout à fait d'accord pour dire que la morphologie, le type, le style d'une race doivent être aussi près que possible des standards.

2. Je préfère un chien maigre à un chien trop gras. Aucun sujet en bonne forme n'a l'aspect d'un saucisson. Ou alors il ne faut pas compter sur lui à la chasse.

3. Quand un chien est malade, il est absolument inutile de lui donner des leçons de dressage. Tout d'abord, il a de la peine à se concentrer et à se mouvoir, ensuite il ressent la douleur comme une punition. Soignez-le et attendez que la gaieté revienne.

4. Un chien qui va faire une séance de travail doit s'y rendre en frétillant de la queue. Si c'est pour lui un pensum, vous perdez votre temps. Arrangez-vous pour le détendre, mais ne tentez pas de le « bricoler ». Vous risquez de le rendre irrécupérable.

EXERCICE N° 6

Le matériel d'éducation. L'emploi du temps. Les lieux d'exercice. Enchaînements et répétitions. Commentaires.

Quand les Américains ont débarqué en juin 1944 sur les côtes de Normandie, ils avaient passé de nombreux mois auparavant à réfléchir, étudier le terrain, déterminer une stratégie et rassembler le matériel adéquat. De même en dressage, la préparation et la réflexion sont aussi importantes que l'action proprement dite.

Le matériel d'éducation

Le collier

C'est le premier élément à étudier. Mes chiens n'en portent jamais en dehors de l'exercice, pour ne pas leur abîmer le poil autour du cou. Mais vous, vous habitez en ville, votre chien risque de fuguer, vous avez souvent besoin d'une laisse ou bien, tout simplement, le tatouage de votre compagnon n'est pas très lisible et vous préférez qu'il ait toujours son nom et votre numéro de téléphone accroché au cou. A ce sujet, je vous recommande d'acquérir un collier avec une plaque solidaire du cuir plutôt qu'une médaille ou un petit cylindre dans lequel sur un papier vous marquerez votre nom et votre adresse. J'ai essayé personnellement les trois systèmes. Pour des raisons inconnues, les médailles et les cylindres ont disparu au bout de trois jours, quand probablement le chien tente de passer dans le trou d'un grillage, qu'il disparaît dans un fourré ou qu'il s'accroche à quelque chose puis tire pour s'en défaire. Utilisez donc une plaque solide et fixée sur le cuir lui-même. Mettez-y votre nom, votre numéro de téléphone, sans oublier l'indicatif.

Pour le moment, je ne vous ai parlé que du collier en cuir, qui s'attache avec des trous de manière à le rendre de dimension fixe et non coulissant. En le fixant, n'oubliez pas de passer deux doigts à l'intérieur, entre le cuir et le poil du chien. Ceux-ci doivent pouvoir glisser aisément. Un chien ne doit pas avoir un collier trop serré. Ne le laissez pas non plus trop lâche car, quand vous mettrez la laisse, si l'animal refuse d'avancer, vous vous retrouverez avec un collier à l'attache et un chien qui s'enfuit à toutes jambes. De nombreux chiens ont disparu prématurément dans un accident pour n'avoir pas eu un collier bien mis.

Il existe aussi des colliers dits étrangleurs. Ils sont en cuir ou en chaîne d'acier. Une partie passe dans une boucle solidaire. Elle est terminée par une attache en acier à laquelle vous fixerez la laisse. Je ne suis pas sûr que ce genre d'accessoire soit vraiment efficace. Il est censé freiner en l'étranglant le chien qui tire sur la laisse. S'il est très large, il n'étrangle pas, s'il est très mince, il coulisse mal et vous courez le risque d'étrangler votre chien pour de bon. Certains colliers ont des boutons pressions pour régler la force d'étranglement, d'autres un système de butoir. Tenez-vous-en au collier de cuir simple, assez large et pas trop serré.

Bien sûr, vous avez entendu parler du collier de force. Il en existe de plusieurs sortes. Les uns sont en cuir avec des petites pointes à l'intérieur, les autres sont en acier avec pour chaque maillon deux retours qui dépassent. Les premiers sont censés pénétrer dans le poil du chien, les autres ne font que pincer la peau. On les utilise avec une longe assez longue ou un cordeau de dix à quinze mètres de long. Ils sont destinés, quand on met le pied sur la corde, à bloquer le chien dans son élan en lui faisant mal. On peut également s'en servir pour le rapport forcé. Mais ces deux utilisations ne font pas partie du dressage amateur. Ce sont des moyens coercitifs qui sont à employer avec beaucoup de prudence et de doigté. Un simple conseil : oubliez-les.

Mais vous voudriez que je vous parle des colliers électriques. C'est le rêve de l'amateur. Le chien se sauve. J'appuie sur un bouton et le voilà qui reçoit une décharge qui le cloue sur place. Quelques jours à ce jeu-là et le chien vous reste dans les jambes, même le plus audacieux. Et puis quelle finesse de dressage : le joyeux camarade ne sait pas que tout cela vient de vous et il viendra vous lécher la main.

Vous vous trompez complètement si vous croyez vous en sortir de cette manière, indépendamment du fait qu'un chien, même marchant à hauteur de votre genou gauche, n'a pas à traîner dans vos jambes. Tout d'abord, certains colliers électriques sont très peu puissants. D'accord, le chien reçoit une décharge désagréable à

Collier avec plaque solidaire

Collier avec une clochette

Collier de force

Collier électrique

hauteur du cou mais, au bout de quelques expériences, l'occasion, l'herbe tendre, le lapin agile lui feront oublier toute prudence, même si vous avez le doigt toujours crispé sur le bouton. Vous perdez votre temps. D'autres, comme les colliers allemands, sont hyper-persuasifs. Le chien ne revient pas ? Une bonne décharge et hop, le chien en prend autant que nécessaire. Oui, mais à quel moment faut-il appuyer ? Vous n'en savez rien, et moi, je n'ai pas l'intention de vous le dire. Le savoir est l'apanage du professionnel, mais nous, nous ne savons pas. Et puis, rappelez-vous l'exemple de cette personne en cage que je vous citais au début du livre et qui chaque fois qu'elle voulait toucher un plat délicieux recevait une décharge électrique de plus en plus forte. Il y avait au départ début de névrose, puis avec le temps une psychose importante. Vous en faites autant pour le chien. Certains deviennent complètement fous quand ce genre d'instrument de torture est manié par un débutant.

Il existe enfin des colliers américains avec graduation de la décharge et émission d'un son agréable qui récompense l'élève. Là aussi, quand faut-il punir, quand faut-il récompenser ? Que se passe-t-il si vous vous trompez de bouton ? Je crois en conclusion qu'il nous faut honnêtement, au stade où nous en sommes, éviter de manier la bombe atomique. Si vous prenez un canon de 75 pour casser une noix et que vous l'atteignez, il y a toutes certitudes pour que la noix soit ouverte, mais vous aurez pulvérisé l'objectif. C'est un peu ce qui risque de se passer.

Comme je ne vous ai peut-être pas encore convaincu, je vais vous raconter une petite histoire. J'ai un excellent ami qui possède un labrador et un collier électrique. Je ne sais pas comment il s'y est pris, mais plus il appuie sur le bouton et plus le chien se met à courir. C'est peut-être un moyen de développer la quête, mais je ne le connais pas. Donc renoncez et tout le monde, chien et maître, s'en portera mieux.

Pour en terminer avec les colliers, si vous n'en mettez pas à vos chiens et qu'ils se sauvent ou ont un accident, ne m'attaquez pas devant les tribunaux. Je n'en mets pas aux miens, mais rien ne vous oblige à en faire autant si vous n'êtes pas sûr de votre animal. Il n'y a rien de déshonorant à mettre un collier. Simplement, s'il vous arrive de faire des expositions, vérifiez de temps à autre qu'il n'y a pas trop de marques. Et puis, rappelez-vous qu'au chenil certains joyeux lurons aiment bien ronger le collier de leur compagnon. Inutile de gaspiller ses affaires.

La laisse

C'est en général une lanière de cuir ou une chaîne légère munie soit d'un mousqueton, soit encore mieux, d'un système d'ouverture qui s'ouvre par pression en écartant les deux mâchoires de l'attache. Elle a bien entendu une poignée qui permet d'éviter qu'elle ne s'arrache de votre main si le chien tente de s'élancer. Pour les cavaliers, une bonne manière de tenir une laisse est de la prendre dans la main droite avec le pouce faisant pression sur l'index plié, à quarante ou cinquante centimètres du collier, c'est-à-dire comme une guide quand on mène une voiture à cheval. On peut aussi la tenir comme une rêne de filet, mais la prise guide ou rêne varie suivant les exercices. J'y consacre un chapitre plus loin.

Donc trois prises : soit par la poignée, soit au milieu comme pour une guide, soit également au milieu comme pour une rêne.

A la chasse, il existe d'autres sortes de laisses. Tout d'abord, la laisse baudrier. Elle fait un huit et l'une des boucles se passe en bandoulière. Un mousqueton à bouton poussoir se trouve au milieu du huit. Vous y attachez le bout de laisse libre après l'avoir passé dans le collier. La libération du chien se fait donc de manière

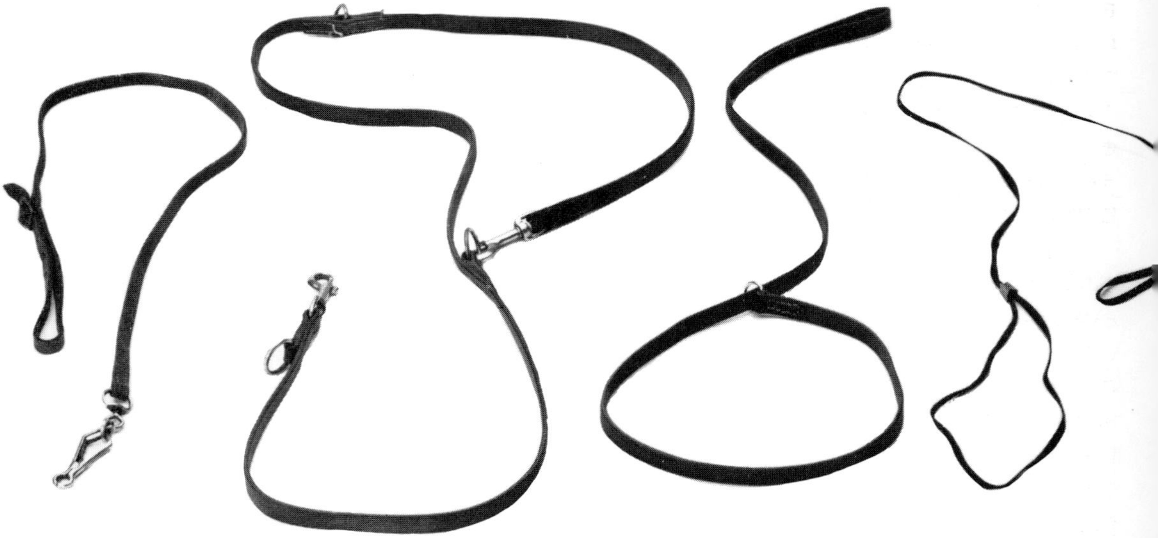

De gauche à droite : 1. Laisse simple. 2. Laisse baudrier. 3. Laisse-collier. 4. Laisse d'exposition.

extrêmement pratique puisque le système d'ouverture ou de fermeture se trouve, compte tenu de la forme et de la longueur de la laisse, à hauteur de votre taille. L'inconvénient de ce système, car il y a un défaut dans chaque chose, est que, quand vous épaulez, un chien chasseur qui suit bien la chasse, mais qui est mal dressé à rester tranquille en battue, donnera des à-coups inopinés chaque fois que vous tirerez. Le nombre de pièces de gibier tué devient donc plus hypothétique. Vous l'utilisez quand vous êtes posté, mais avec réserve. Vous pouvez également vous en servir pour vous déplacer d'une battue à l'autre en marchant, mais ce n'est pas plus pratique qu'une laisse normale que vous tiendrez de la main gauche, votre fusil étant ouvert et dans le creux de votre bras droit.

Pour remédier à l'inconvénient des à-coups qui peuvent même vous ficher par terre dans certain cas, on a inventé la laisse simple mais solidaire d'une piquette qui, quand on ne l'utilise pas, rentre dans un étui solidaire de la lanière et se retire quand on veut la planter en terre. Ce n'est pas un mauvais système et c'est souvent mieux qu'une laisse baudrier, mais le piquet a tendance à s'arracher en terrain labouré ou trop humide et est difficile à enfoncer si le terrain est trop dur : j'en ai deux dont les piquettes sont complètement tordues. De plus, le système d'attache ou de libération du chien est à hauteur du collier. Vous avancez pour le défaire pendant que le chien tire et il en profite pour s'éloigner de cinquante centimètres. Le jeu peut durer longtemps. Cependant, en battue, cela évite d'avoir à rechercher un arbre lointain auquel attacher le chien. Vous aurez remarqué que, dans ce dernier cas, celui-ci, se trouvant à quinze mètres de vous en lisière du bois d'où vient la battue, va au mieux s'agiter, au pire, donner de la voix. Si vous ne l'avez pas remarqué et que votre chien se tient tranquille, c'est que son dressage est bien avancé. Quoi qu'il en soit, pour la battue, c'est mieux que la laisse baudrier.

Il existe encore une sorte de tire-bouchon géant qui s'enfonce aisément en tout terrain, ne s'arrache pas et ne se tord pas, même avec des chiens très forts. On s'en sert avec une laisse simple, dont on passe la poignée dans la boucle du haut du tire-bouchon. Ce n'est pas très esthétique de se déplacer avec cet instrument, mais, si vous avez une cartouchière, vous pouvez toujours l'accrocher à l'une des boucles quand vous marchez ou le mettre dans votre carnier si vous en portez un. Même inconvénient que dans le système précédent, le système d'attache est près du collier. J'en reparlerai plus loin.

Le dresseur amateur, comme le professionnel, utilisera en général une grande lanière de cuir solidaire d'une boucle. La poignée de la laisse est passée dedans, ressort et fait ainsi une sorte de ganse ou de lasso qui forme collier. Vous avez de cette manière une laisse, un collier, un étrangleur assez doux si la lanière est large. Si vous souhaitez la fixer au tire-bouchon, vous le ferez par la poignée. C'est plus facile pour libérer le chien et cela peut s'effectuer de deux manières : soit en retirant la poignée du haut du tire-bouchon, soit en élargissant, c'est-à-dire en donnant du mou à la boucle ainsi formée. Vous pouvez également faire les deux ensemble et dans l'ordre inverse de celui donné ci-dessus.

Cela n'empêche pas de laisser un collier à votre chien si vous le souhaitez, de manière à ce qu'il conserve sa plaque d'identification. Peu de chiens, même les mieux dressés, résistent au plaisir de courir sur un lièvre. Pratiquement aucun ne résiste au chevreuil. Ils peuvent faire alors deux kilomètres à plein galop et disparaître de votre vue. Cela a failli m'arriver une fois dans une chasse en Tchécoslovaquie. Mon vieil ami cocker Tr. OK du Vieux Donjon, était dans un pré au bord d'un étang. La battue était terminée et nous rentrions vers la bonde quand, traversant à vingt mètres de nous, un superbe brocard nous a coupé la route. Ce qui nous a sauvé, c'est que j'ai vu l'animal avant lui. J'ai donc sifflé en criant « down » et son excellent dressage a fait le reste. Sinon, je crois que j'étais perdu. A noter que j'ai parlé de « down » et non « up ». C'est le seul des cockers de l'élevage de mon épouse qui soit dressé par mes soins et à tort à ce genre de commandement parce que, quand je l'ai fait, j'étais plus habitué au chien d'arrêt qu'au spaniel. Mais nous reviendrons en détail sur ce point clé du dressage dans un chapitre à part. Ce que je voulais faire, c'était vous distraire car vous devez trouver de temps à autres que toute cette préparation est bien aride. Je n'y peux rien. Il faut en savoir beaucoup pour dresser un peu.

Le sifflet

Je le mentionne en vous proposant de ne pas trop y penser. A moins de conduire un chien d'arrêt dans les field-trials, c'est-à-dire les concours de chasse pratique, vous n'en avez absolument pas besoin. En tout cas, si vous voulez vraiment en avoir un pour faire figure de professionnel, évitez le sifflet à roulette. Une partie de chasse n'est pas un séjour dans une gare de triage. N'utilisez jamais le sifflet à ultra-sons. Ce n'est pas un sifflet de dressage. Je vous en ai déjà parlé. Prenez plutôt le sifflet en corne anglais. On en trouve dans plusieurs magasins spécialisés et notamment chez Gastinne Renette. Le son est un peu plus fort que si vous siffliez avec votre bouche, mais il est encore très tolérable. A noter que certains de ces instruments ont une roulette. Prenez un couteau et retirez-là. Elle est superflue et vous n'en avez pas l'usage. Quoi qu'il en soit, n'utilisez qu'un ***seul sifflet et toujours le même***. Si vous êtes habitué à rappeler votre chien en sifflant avec votre bouche, vous serez étonné, s'il est déjà bien en main, que quel que soit le sifflet, autre que le vôtre, vous n'obtiendrez aucun résultat. Pour ma part, je préfère guider mon chien au geste, à la voix, éventuellement au sifflet.

Le code, quasi universel, est assez simple :

— un coup long prolongé et ferme : stop. C'est le « up » ou « down », suivant le dressage et le chien,

— un coup bref : attention, exécution,

— deux coups brefs : changement de direction ou retour au maître.

Certains dresseurs font des variantes à ce code et chacun a ses manies. Mais, pour prendre un exemple, votre compagnon tarde à charger une pièce de gibier pour la rapporter. Vous dites « apporte » et le chien hésite. Un coup bref lui indiquera qu'il doit faire attention et exécuter. Vous verrez que, si vous décidez de prendre cette méthode qui est déjà au-delà du dressage amateur, machinalement vous utiliserez le bon code au bout de peu de temps d'entraînement. Pourtant, je connais des gens qui n'ont jamais pu se servir d'un sifflet ni conduire convenablement un chien de cette manière après vingt ans de chasse. Donc, rappelez-vous ce que je viens de vous dire. Je voulais vous donner un aperçu d'un monde très différent du nôtre et de l'objet de cet ouvrage. Un dernier commentaire. Les

Un sifflet anglais en corne

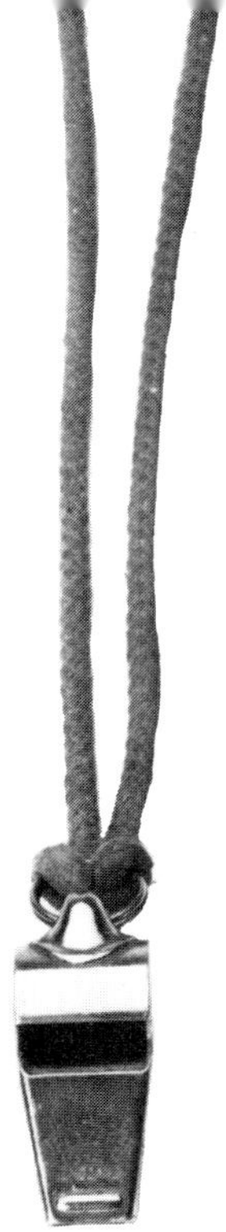

Un sifflet plus puissant avec ou sans roulette

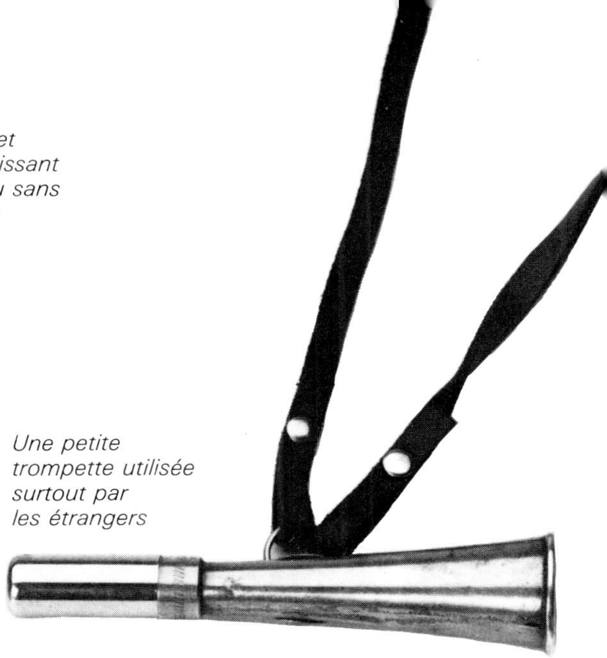

Une petite trompette utilisée surtout par les étrangers

chiens sont très musiciens. A la chasse à courre, on les dresse en sonnant des requêtés et appels, la sortie du chenil, la rentrée au chenil. Toute la meute comprend très bien. J'ai eu un excellent setter qui rentrait tout droit vers la maison quand je me mettais à siffler la rentrée au château.

Les apportables

Vous connaissez tous les petites balles en caoutchouc, les os en peau de buffle, les jouets en peluche, les gadgets qui couinent quand on les presse. Appelez cela des apportables si vous le souhaitez, mais ce n'est pas très sérieux. De toute façon, nous parlerons plus longuement de ces objets quand nous en viendrons au chapitre du rapport. En attendant, même si vous piaffez d'impatience, n'y pensez plus, vous gâcheriez l'éducation de votre chien et je ne pourrais plus rien pour vous.

En résumé : le collier et la laisse sont les deux matériels d'éducation du dresseur amateur.

L'emploi du temps

Dans un certain nombre de manuels de dressage, on peut lire que les exercices doivent durer de l'ordre d'un quart d'heure. C'est une indication qui m'a toujours laissé perplexe. S'il s'agit en effet d'une promenade en laisse, quinze minutes sont un laps de temps acceptable. Vous marchez au pas d'infanterie, c'est-à-dire, quatre kilomètres/heure, et donc vous parcourez un kilomètre. C'est déjà assez long. Vous faites une fois le tour d'un parc de quatre hectares par exemple. Mais, s'il s'agit simplement de faire asseoir le chien, il faut environ vingt secondes pour aider votre élève à le faire la première fois, puis, mettons dix secondes. Vous n'allez quand même pas le faire asseoir de quarante-cinq à quatre-vingt-dix fois dans la même séance. Vous me direz qu'il y a des enchaînements. Il apprend à marcher en laisse, puis à s'asseoir, puis à marcher sans laisse, etc. Mais tout cela, c'est bien plus tard. Ce que j'ai voulu dire là, c'est qu'une bonne leçon dure rarement plus de cinq minutes, et encore, que les premières fois c'est bien plus court. Enfin, un exercice trop long et trop répété ne donne aucun résultat. Vous risquez même de ralentir l'apprentissage.

A quelle heure faut-il sortir le chien ? En ce qui me concerne, pour tous les exercices d'assouplissement, je préfère tôt le matin ou tard en fin d'après-midi. Pour l'éveil à la chasse, neuf à dix heures du matin et après quatre heures l'après-midi suivant les saisons me paraissent les meilleures heures.

En effet, si vous sortez trop tôt et qu'il y a beaucoup de rosée, le chien travaillera moins bien. Si vous êtes dehors à midi par temps de chaleur, vous retrouverez vite votre acolyte sous un arbre, à l'ombre, la langue pendante. Plus de quête, plus d'arrêt, plus de rapport, rien. Vous perdez votre temps. Quant au chien, le seul avantage qu'il puisse en tirer — et encore, ce n'est pas sûr —, c'est qu'il est mieux à l'ombre qu'il a choisie que dans son chenil. Vous noterez au passage que je fais une distinction entre l'assouplissement et le développement des qualités de chasse. Les premiers exercices se font de préférence en salle, les seconds, bien sûr, sur le terrain.

Les lieux d'exercice

La salle

Si vous avez une remise assez claire et dont vous puissiez fermer la porte, ce peut être un bon endroit. Évitez le garage et ses odeurs de voiture, elles nuisent à la concentration et à l'odorat du chien. La cuisine n'est pas souhaitable, il y flotte des odeurs de nourriture qui distraient l'élève. Cette pièce est parfois utile pour sécuriser l'animal, sauf si c'est là que vous l'installez pour la nuit. Un lieu de repos n'est pas un lieu de travail. C'est évident. Le salon est utilisable s'il n'y a ni tapis, ni moquette. Il arrive en effet qu'un chien que vous réprimandez en élevant la voix ait parfois tendance à s'aplatir et à faire un peu sous lui. Vous n'avez en général pas ce problème avec les chiennes. La salle à manger est une pièce parfaite. Vous fermez les portes et demandez que l'on ne vous dérange pas. Je me sers de cet endroit le soir avant le dîner vers dix-huit heures. Le téléphone ne sonne plus ou pas encore, le couvert n'est pas mis et il n'y a pas d'odeurs de nourriture. J'y pratique les exercices d'assouplissement sans risque de voir le chien disparaître à ma vue. Quant à lui, il sait qu'il est là pour travailler et il a toutes possibilités pour se concentrer.

Le parc

Un grand jardin, enclos de mur ou non, permet de pratiquer le travail en laisse. Il éveille le chien à la vie extérieure sans lui donner l'envie de voir à deux cents mètres s'il n'y a pas un perdreau ou un lièvre. Les professionnels ont souvent des parcs aménagés de buissons et de ronces, avec un bon grillage autour de l'enclos. A l'intérieur, ils mettent des croisements de lapins de choux et de garenne à allure suffisamment lente pour que le chien pense qu'il va pouvoir les attraper, ce qui est rarement le cas, mais aussi suffisamment rapide pour donner de l'allure et du mordant au chien quand il les découvre pour la première fois. En lisant ces lignes, vous vous demandez pourquoi un dresseur professionnel à qui vous avez confié votre chien commence par le faire courir alors que c'est précisément pour la raison contraire que vous lui avez confié cette graine d'élite sur laquelle vous comptez à la saison prochaine. Tout simplement parce qu'un chien de chasse doit se déclarer pour pouvoir exercer son métier convenablement, ensuite parce qu'il doit chasser à une certaine vitesse pour battre son terrain convenablement, enfin parce qu'il est plus facile de canaliser l'ardeur d'un chien ardent que de pousser un brave toutou à piquer un galop. Bien entendu, dans ce genre de parc, le travail ne se fait pas en laisse, mais ce n'est pas ce qui nous préoccupe. Pour nous qui n'avons pas les moyens de construire cet enclos, nous nous contentons du jardin et de la sortie sur le terrain de chasse.

La plaine

C'est un lieu de détente avant l'exercice, et de travail adapté pour tous les chiens du genre pointers ou setters. Sortez-les quand,

Springer rapportant un canard

au minimum, vous avez une bonne connaissance l'un de l'autre, au mieux quand ils ont déjà eu leurs premières leçons de rappel. Passer de ferme en ferme en demandant si l'on n'a pas vu son chien est un exercice épuisant. Si pareille mésaventure vous arrive et que vous ayez deux chiens, dont l'un est déjà dressé, n'oubliez pas de le mettre dans votre voiture. Sitôt le fugitif repéré, vous vous arrêtez à une centaine de mètres et envoyez votre précieux limier à sa rencontre. En rappelant l'un, vous avez plus de chances de récupérer l'autre quand vous appelerez le mentor chevronné. J'ai eu une fois une aventure de ce genre en confiant ma chienne à un dresseur qui, heureusement, connaissait parfaitement son métier. J'apporte la chienne vers midi, discute très rapidement des points de dressage que je voulais améliorer et notamment le rappel, mets la pensionnaire au chenil, lui dis au revoir et m'en retourne à trois cents kilomètres de là. Cette charmante élève m'adorait. Nous avions l'un pour l'autre une amitié qui durait depuis un peu plus d'un an et, depuis sa naissance dans notre élevage, elle m'avait rarement quitté. Quand l'excellent professionnel a mis la chienne sur le terrain, elle s'est sauvée et a commencé à battre la campagne. Il la suivait à distance, tirait des coups de pistolet, lâchait une caille, amenait un autre chien. Rien à faire. Elle ne le connaissait pas. Nous avions tous les deux, et surtout par ma faute, commis une erreur importante en ne la familiarisant pas, pendant une petite sortie, avec son professeur. Le soir, elle s'est couchée dans une ferme abandonnée. Normalement, elle ne devait pas en bouger avant l'aube. C'est ainsi que, vers huit heures du soir, j'ai reçu un appel de détresse à la maison. J'ai refait dans la nuit mes trois cents kilomètres, attendu que le jour suinte un tout petit peu, puis, aidé du dresseur et d'un chien parfaitement dressé que j'avais amené, j'ai retrouvé une amie en pleine forme, un peu affamée, mais débordante de joie. Cette histoire peut vous servir. Je vous ai donc indiqué la faute commise et la méthode pour la réparer.

Il est inutile de sortir souvent des spaniels en plaine. Ce sont des broussailleurs et vous risquez de vous tromper sur leur ardeur, leur allure et leur goût de la chasse. J'ai connu ainsi une petite cocker qui faisait des pointes en avant, des quêtes croisées, des galops à réjouir des juges d'un concours de chasse pratique. Dans un pré, un champ, un espace dégagé, elle montrait une vigueur peu commune. Arrivée au bois, au moindre roncier, elle le contournait, marchait à petits pas, traînait dans mes jambes ou, pire, me suivait en empruntant les coulées que je faisais en marchant. J'ai mis beaucoup de temps à m'en apercevoir, même si cela peut paraître évident. La redresser convenablement m'a pris plus d'une année.

Le bois

La plupart des chiens y vont aisément. Certains sont mieux équipés pour broussailler grâce à leur poil épais comme le griffon korthal ou de par leur morphologie comme le cocker ou le springer. Rappelez-vous simplement qu'au bois la quête est moins étendue qu'en plaine. Il faut que le chien arrête à une distance qui laisse le temps au chasseur d'arriver. Au début, si vous ne savez pas bien conduire votre élève dans des endroits touffus comme des petites plantations de sapin, des fougères, de la bremaille, prenez soin d'accrocher un grelot au collier de votre ami. Vous pourrez ainsi le localiser plus facilement et, quand vous ne l'entendrez plus, il sera ou sorti de la main, ou, plus sûrement, en arrêt. Certains bécassiers utilisent ce genre d'accessoire toute la vie du chien. Pour ma part, je n'en suis pas très partisan car tout ce qui fait du bruit à la chasse nuit à la rencontre. C'est logique. De même, puisque nous sommes sur le sujet de la bécasse, ne vous frappez pas trop si un de ces prétendus chiens spécialistes de la mordorée passe à côté sans l'arrêter, ou n'arrête pas ferme, ou ne veut pas la rapporter. La bécasse est un oiseau qui pose parfois des problèmes même à des races spécialisées. Si vous le chassez souvent, votre auxiliaire s'y mettra très vite. Si c'est occasionnel, il n'y a pas de quoi paniquer. Ce genre de mésaventure est plus fréquent que l'on ne le croit. Un dernier mot : n'envoyez pas votre chien dans un roncier sans avoir repéré au moins une coulée de lapin. Certains chiens finissent par se dégoûter d'avoir un maître qui chaque fois les envoie au plus fort. Dans un paquet de ronces, il y a toujours un petit passage à un endroit, ne serait-ce qu'un endroit, où la végétation est moins drue. Quoi qu'il en soit, pour qu'un broussailleur rentre dans un bouchon d'épines, il faut déjà qu'il ait eu le temps de se déclarer. Le forcer à se piquer quand il ne sait pas pourquoi est une erreur dans l'éducation du sujet.

Le marais

C'est un endroit qui parfois rappelle la plaine. Choisissez quand même une place où le chien a pied et n'est pas obligé de nager en permanence en raison de sa petite taille. Les setters, les braques, les épagneuls picards, etc., vont très bien dans les joncs courts alternés de platières à bécassines. Les cockers y sont très à l'aise également, pour autant qu'il n'y ait pas de l'eau vous obligeant à vous déplacer avec des waders, ces bottes qui montent jusqu'à la taille. En général, les chiens aiment l'eau. Si, comme souvent, vous avez quelques fossés masqués par des herbes ou des trous, vous verrez votre chien perdre pied. Cela fait partie de son éducation. Surveillez simplement les oreilles et le catarrhe. N'oubliez pas de sécher le chien au retour : vous éviterez les rhumatismes. Enfin, en juillet, certains grands joncs sèment des petites particules qui vont dans les yeux. Passez un gant de toilette humide sur chaque œil et, si nécessaire, mettez quelques gouttes de collyre. Vous éviterez ainsi une cécité précoce.

Enchaînements et répétitions

On appelle ***enchaînement*** une suite d'exercices que l'on fait faire au chien dans un ordre logique, restant entendu qu'on ne les exécute l'un après l'autre que lorsqu'ils ont été tous convenablement appris. En ce sens le rapport est l'exercice final. Inutile de mettre un chien au dressage sur ce genre de travail si le rappel n'est pas parfait.

On appelle ***répétition*** le travail répété d'un même exercice. Faire asseoir un chien plusieurs fois est une répétition. Le faire chercher puis rapporter est un enchaînement.

Les différents exercices du dresseur amateur s'exécutent avec les commandement suivants :

Up (prononcer Hep) = ***assis***.

Down (prononcer Daonne) = ***couché***.

Viens. C'est le rappel.

Allez. C'est le contraire de viens. Il indique que la quête reprend.

Cherche. C'est la recherche du gibier mort.

Apporte. C'est le portage du gibier vers le maître.

Donne. Le maître prend le gibier dans la main et le chien ouvre la gueule.

Les commandements complémentaires sont :

Non. C'est un ordre bref mais général pour indiquer à un chien qu'il ne se conduit pas convenablement.

Doucement. C'est un ordre destiné à tempérer le chien dans sa quête ou quand il coule sur un gibier.

Un chien sorti de son chenil n'a pas à musarder. Dans son antre, il dort, mange, boit, bâille, folâtre. Dehors, il n'est pas là pour jouer. Il faut donc toujours avoir un œil sur lui, ce qui ne veut pas dire donner des ordres toutes les dix secondes. Vous surveillerez qu'il prend plaisir à son travail en observant par exemple la queue qui frétille. Beaucoup de chiens sont gâchés irrémédiablement soit par une main trop ferme, soit par trop de liberté et de laxisme toléré par le maître. Quand vous sortez un cheval de son paddock pour le détendre, vous êtes sur son dos et vous le menez au pas en rênes longues, au trot assis, au petit galop de cavalerie. Vous ne lui demandez pas de faire des saute-mouton ou des écarts inopinés à gauche ou à droite. En rênes longues, il y a un contrat de confiance avec vous. Il s'échauffe, s'assouplit, commence à baisser l'encolure mais marche bien en ligne. Au travail, le général Lotte disait : « Calme, en avant, droit. » On n'en demande pas autant au chien car il n'a pas la même morphologie que le cheval, mais même dans sa course on lui ordonne d'être calme et en avant, c'est-à-dire les postérieurs bien engagés sous lui pour attaquer le premier temps du galop. Si je donne ces indications en regard du cheval, c'est parce que beaucoup de dresseurs amateurs de chiens sont également des cavaliers. Un bon homme de cheval jugera de la qualité et de la science d'un cavalier à la battue de sa monture au pas. Pour entendre quatre temps bien égaux, il faut avant tout que cheval et cavalier soient calmes. Vous, vous faites en quelque sorte du travail à la longe ou sans longe. Votre contact avec le chien tiendra à votre attitude, votre œil perçant, votre voix juste. Conduire convenablement un chien, c'est déjà communiquer vos intentions par ces trois moyens. Vous vous en rendrez compte quand vous saurez qu'en regardant à gauche et en tournant légèrement les épaules votre élève, de lui-même, ira voir ce que vous regardez. Ce jour-là, vous connaîtrez vraiment la conduite sur terrain de chasse. Mais nous n'en sommes pas là.

Vous avez appris les commandements essentiels. L'écueil à éviter est de donner deux ordres à la fois. Bien sûr, vous n'avez pas envie de dire « cherche-up » ou « up-viens », mais vous vous souvenez sans doute de la chanson : « allez viens, on va s'amuser... ». C'était une rengaine de l'été d'il y a quelques années. On va ou on vient. Certains conducteurs sont tentés par le « allez-viens ». Si cela vous arrive, répétez « viens » ou sortez votre sifflet en donnant deux petits coups comme indiqué précédemment. N'utilisez jamais votre sifflet sans avoir d'abord donné l'ordre à la voix. Sinon, comment voulez-vous que le chien comprenne ?

Vous connaissez tous les « cherche-apporte ». C'est un défaut tellement courant que même les dresseurs professionnels s'y laissent prendre. De leur part, cela ne prête pas à conséquence. Rappelez-vous : on cherche ou on apporte. Quand on apporte, on ne cherche plus. On a le gibier dans la gueule. Il faut être complètement dégénéré pour ne pas le savoir.

Donc ***un seul ordre à la fois***. Il faut de plus qu'il soit approprié aux circonstances. Ne riez pas. Encore une fois, combien de chasseurs vous font chercher ce qu'ils n'ont pas tué ?

TRAVAIL PRATIQUE N° 1

Vous venez d'acquérir un springer. Vous le faites coucher dans la cuisine et chaque fois que vous ouvrez la porte le matin, il aboie en sortant pour aller faire ses besoins dans le jardin.

Très franchement, je me fiche pas mal qu'un springer aboie, pourvu qu'il ne gueule pas comme une meute pendant cinq minutes. Pourtant, c'est gênant pour tout le monde, y compris les voisins. Et puis, à la chasse, en approchant des canards posés, vous n'aurez jamais aucune chance de tirer à l'envoi. Donc, mieux vaut le guérir tout de suite. Avant d'ouvrir la porte, mettez votre chien au « up » quand vous saurez le faire. Entrouvrez la porte. Le chien se précipite en hurlant. Refermez avant qu'il ne sorte en disant « non ». Faites reprendre la position. Rouvrez la porte. Il ne sort que quand il n'aboie plus. Le premier jour, vous aurez peut-être un peu de peine à lui faire comprendre et vous le laisserez sortir à la troisième ou quatrième tentative. Au bout de trois ou quatre jours, vous devriez avoir un animal silencieux. Je le sais, parce que j'ai rencontré ce problème qui prenait des proportions alarmantes. Le chien aboyait tout le temps et à tout bout de champ. C'est comme cela que je l'ai guéri. Dans un chenil, un chien n'a pas non plus à aboyer. Si vous n'en avez qu'un, utilisez la méthode du « up » et de la porte. Si vous en avez plusieurs, vous prendrez votre sifflet pour les faire taire, tous ensemble, mais, si vous savez le faire et que ce soit le cas, vous n'êtes plus un amateur. Donc je ne développe pas plus.

TRAVAIL PRATIQUE N° 2

Un de vos amis vous fait cadeau d'un collier de force pour Noël. Il vous explique tous les succès qu'il a obtenus et vous donne la manière de vous en servir. Que faites-vous ?

Rangez-le dans le placard ou mettez-le à la poubelle. Ce genre d'ustensile n'est pas pour nous.

Commentaires du dresseur professionnel

1. Avant de sortir un chien, je réfléchis au travail que je vais lui faire faire. Je choisis donc le temps de ma sortie et le lieu d'entraînement. Je ne passe jamais d'un exercice à un autre sans m'assurer que le premier est parfaitement assimilé.

2. La durée du travail dépend du chien, de son caractère et de son comportement, mais aussi de l'état d'avancement de son dressage. Je ne commence que quand le chien est joyeux et attentif. J'arrête ***avant*** que la lassitude ne le gagne. ***Il doit rentrer au chenil sur l'envie de travailler***. J'augmente la durée des leçons en fonction du nombre d'exercices et tente ainsi d'augmenter sa capacité de travail et de concentration.

3. Je ne sors jamais deux chiens ensemble, sauf pour quelques exercices très particuliers comme l'arrêt à patron que je ne mentionne ici que pour que vous connaissiez le terme. Quand le premier chien arrête, le second doit patronner ; c'est la raison pour laquelle, quand je fais un exercice avec l'un d'eux, il ne me déplaît pas que les autres regardent. Ils ne doivent rien faire d'autre et surtout ne pas courir, croiser les pistes ou rapporter à la place de l'autre.

EXERCICE N° 7

L'entraînement du dresseur amateur au tir de chasse. Exercices de mouvement et de rythme. Incidence du tir sur le dressage du chien. Commentaires.

Vous vous demandez sans doute ce que vient faire cet exposé dans des pages consacrées au dressage et à l'éducation d'un chien. Vous avez appris à comprendre votre ami. Vous connaissez ses origines, vous savez comment il est fait, vous avez tous les éléments pour le choisir puis l'élever, vous venez d'acheter votre matériel, la laisse et le collier et vous vous dites : « Et maintenant, au boulot. »

Rien ne presse. Pendant que vous lisiez les premiers exercices et que vous les pratiquiez, vous avez évolué, votre compagnon aussi. Vous avez pris l'habitude de l'observer, et lui s'est habitué à vous. Cette préparation est essentielle dans l'éducation. C'est le temps le facteur le plus important dans ce domaine. La précipitation, la force, l'impatience, l'exercice mal préparé, sont autant de barrières que vous dressez devant vous et, si vous n'y prenez pas garde, elles vont devenir infranchissables.

Réfléchissez. Le but que vous poursuivez est de faire en sorte que votre chien se conduise convenablement en toutes circonstances. La chasse fait partie de celles-ci. Je tiens pour acquis que vous savez chasser. On ne peut quand même pas remonter à Mathusalem dans ce livre. Pourtant, sur ce point-là, profitez-en pour bien vous évaluer. Êtes-vous le grand chasseur que vous pensez être, ou pratiquez-vous votre art simplement six fois par an, une fois tous les quinze jours, le ventre au bois ? Si c'est le cas, vous avez dû choisir votre chien en conséquence, mais surtout vous n'avez pas oublié de le sortir souvent dans une forêt permise, sur une plage, dans un pré, pour lui permettre de se mettre en musculature et de se détendre tout en restant en contact avec vous. Est-ce que vous savez prendre le vent, chasser devant vous, en ligne ou seul le long d'une haie ? Avez-vous déjà chassé avec un chien ? Était-ce le même que celui que vous avez aujourd'hui ? L'utilisez-vous dans les mêmes conditions ? Sur les mêmes terrains ? Et puis, quelle est votre habileté en matière de tir ?

En répondant très franchement à toutes ces questions, vous allez voir que vous avez certains « blancs ». Rassurez-vous, vous n'êtes pas le seul. Si votre moyenne est de soixante-dix pour cent de gibier tué en fonction des cartouches tirées, dites-vous que vous êtes le meilleur tireur d'Europe, ou bien un chasseur du dimanche pour avoir une moyenne comme celle-ci sur l'année cynégétique. La moyenne des chasseurs français tire soixante cartouches dans l'année. Mais oui, vous m'avez bien lu. Cela représente une boîte de cartouches par dimanche si l'on chasse une fois tous les quinze jours en saison. En d'autres termes, si vous chassez cinq heures pleines le dimanche, cela fait deux cartouches à l'heure et si c'est sur le même gibier, vous avez eu cinq fois l'occasion de tirer par sortie ou trente fois dans la saison. Si, par contre, vous avez tué quarante-deux pièces, bravo. Dites-moi simplement sur quoi vous tiriez. Cela m'aidera à comprendre vos résultats. En fait, un bon tireur sur gibier naturel a vingt-cinq pour cent de réussite sur l'année, et encore, je vous garantis qu'il lui faut tirer plus de soixante cartouches par an.

Pour avoir ce résultat, il faut tirer au minimum de l'ordre de mille cartouches par saison. Si, avec ce nombre, vous ramassez dans votre carnier de l'ordre de deux cent cinquante pièces, lapins, faisans, bécassines, bécasses, perdreaux, canards, sarcelles, etc., ne vous désespérez pas. Vous êtes dans une excellente moyenne. C'est très suffisant pour votre chien. Cela veut dire que vous manquez en fait, avec un fusil à deux coups, une fois sur deux (deux coups pour un gibier tué, deux coups pour un gibier manqué).

Je crois malgré tout que vous pouvez vous améliorer. Si vous arriviez à trente-trois pour cent, cela voudrait dire que vous tuez plus souvent ou plus d'une fois sur deux. Certaines pièces avec deux cartouches, certaines autres avec une seule. Dans ces conditions, votre chien a moins de chances de partir sous l'aile du faisan, ou, s'il le fait, il n'ira pas loin. ***Une des causes principales du mauvais comportement d'un chien à la chasse vient de ce que son maître tire mal.*** J'ai lu récemment un article affirmant que la médiocrité d'un tireur n'avait aucune influence sur la manière dont son chien chassait. Cela m'a laissé perplexe. Tout d'abord, sa motivation et son amour de la chasse doivent être un peu émoussés à force de voir lapins et faisans disparaître à l'horizon chaque fois qu'ils se lèvent après l'arrêt. Cela est évident. Mais surtout, si vous ne tuez rien, comment pouvez-vous vérifier que votre chien est bien dressé ? Il n'a rien à chercher, ni bien sûr à rapporter à la suite de vos coups de fusil. Vous voilà un peu ébranlé. Vous aimez la chasse, vous pensez honnêtement vous y connaître, mais vous reconnaissez sincèrement qu'en matière de coup de fusil vous ne tirez pas comme l'excellent gaucher Billy le Kid. Pourquoi ce nom-là ? Tout simplement parce que dans les films de cow-boys, quand un ancien donne un conseil à un débutant, il ne lui dit ***jamais*** « tire au-dessus, en dessous, un peu devant, etc. », mais bien plutôt « serre un peu ta ceinture, écarte un peu les bras, mets les mains à hauteur des crosses, les deux paumes parallèles, etc. ». Vous allez me dire qu'il s'agit de revolver et non de fusil. Et alors ?

Ce que je veux dire, c'est qu'il est plus important d'avoir ***un bon mouvement et un bon rythme*** que de faire telle ou telle correction. C'est la base même du tir. Contrairement au tir à cartouches à plomb, ceux qui utilisent un revolver ou une carabine tirent à balle, ce qui ne nécessite pas de faire de correction compte tenu de la vitesse des projectiles. Donc, pour obtenir le même résultat avec une cartouche — qui file quand même à 375 mètres/seconde et donc plus vite que la vitesse du son —, à quelle distance faut-il tirer habituellement pour faire mouche à tout coup sans correction ? Si vous prenez l'habitude de tirer dans les quinze mètres, vous pouvez pratiquer le tir en plein sans jamais faire aucun calcul. Pour un bon tireur, mais je le développerai plus loin, c'est vrai jusqu'à trente-cinq mètres, portée utile et maximum de tir à la chasse. N'imaginez pas que vous tuerez du gibier à cinquante mètres. ***Ce n'est pas vrai***. Sachez-le pour le cas où vous rencontreriez des émules du baron de Crack. Voici une histoire. Allant chasser la bécassine avec un ami, je rencontre un client de la maison Gastinne Renette qui venait d'acquérir un fusil calibre 20. Il m'explique sans sourire qu'il ne pouvait tirer qu'à partir de trente-cinq mètres tellement son fusil était choké, c'est-à-dire serré. Je le regardais en souriant. Réfléchissant soudain qu'il fallait donner de la vraisemblance à son récit, il ajouta que, comme il y avait moins de plombs dans une cartouche de 20 que dans une cartouche de 12, il tirait avec du plomb n° 4, c'est-à-dire relativement gros. S'il avait connu un peu la balistique, il aurait su qu'avec cette grosseur de plomb le choke étant pratiquement inopérant à partir du plomb n° 5, son fusil ne serrait pas plus que s'il avait été lisse. De plus, tirer la bécassine avec du n° 4 relève de la baliverne. Enfin, le gibier étant petit et la gerbe relativement dispersée à trente-cinq mètres, il avait peu de chances qu'un plomb atteigne l'oiseau. Donc, autre conseil en or déjà énoncé précédemment : ***quand on ne sait pas tirer loin, on tire près***. Je vous vois rire en pensant que j'enfonce des portes ouvertes. Pensez-y quand même, c'est le deuxième secret de la réussite. Vous verrez qu'avec cette méthode, vous finirez par tuer à toute distance (35 mètres), sans correction et avec une très bonne moyenne.

Mais vous pensez aux petits pointillés des manuels. Je me suis souvent demandé pourquoi on continuait inlassablement à reproduire des dessins avec des lignes passant au-dessus d'un oiseau montant, en dessous d'un lièvre qui vient sur vous, etc. C'est à tel point que, quand des chasseurs discutent entre eux, ils finissent par se convaincre que c'est une représentation graphique exacte. Cette tradition remonte sans doute au XVIIe siècle. A cette époque, en effet, avant que le coup ne parte, il fallait obtenir avec une pierre à fusil une étincelle suffisamment importante pour enflammer le pulverin, lequel, grain par grain, arrivait à la poudre du canal. Par temps humide, il n'était pas rare que les fusils fassent long feu. Dans ces conditions, il fallait calculer un point de passage obligé de l'oiseau car tirer en plein aurait amené la gerbe à passer très en arrière du gibier. A l'époque, tuer un faisan au vol était tellement aléatoire que l'on préférait encore le chasser avec un filet ou le tirer arrêté. Les manuels de tir ont continué sans imagination de reproduire les mêmes dessins de décennies en décennies sans tenir compte de l'évolution des armes, des cartouches et de la chasse. Au milieu du siècle dernier, quand W.W. Greener ou Robert Churchill ont commencé à parler du tir « en plein », le fusil « swingant » de lui-même, les gazettes anglaises se sont enflammées dans des controverses qui ont concerné tous les tireurs de l'époque. Et pourtant, l'un et l'autre de ces messieurs se révélaient des tireurs au pigeon vivant hors pair. L'essentiel de la leçon à retenir tient en peu de mots : ***les lignes de pointillés des livres de tir sont des représentations statiques***. C'est tout le contraire du tir moderne qui « swing » et se fait dans le mouvement. Dernier conseil : ***tirez en plein, et surtout dans le mouvement***. C'est donc une question de geste exécuté parfaitement, et de rythme.

Exercices de mouvement et de rythme

Pour savoir si vous savez monter un fusil, faites des exercices mentaux. Si vous pouvez imaginer le mouvement que vous avez à faire, vous savez tirer ; si vous ne pouvez pas, reprenez entièrement votre éducation de tireur jusqu'à ce que vous soyez à même de situer exactement par la pensée chacun des gestes et chacune des positions du fusil nécessaires à l'envoi d'un bon coup de fusil. Arrêtez-vous de lire et imaginez. C'est un problème que connaissent bien les bons joueurs de golf. Avant d'exécuter un coup, ils imaginent comment ils vont monter leur club, comment ils vont le descendre, comment ils vont finir leur geste.

Dans une représentation graphique statique, on induit le chasseur en erreur. En effet, je vous parlais un peu plus haut du point de passage obligé d'un oiseau. S'il vole de travers et légèrement en montant, vous fixez votre ligne de pointillés à mettons quatre mètres devant l'objectif. Vous appuyez sur la détente, et vous tirez un mètre derrière. Vous ne nous accuserez pas vous-même de maladresse. Vous penserez que le vent est plus fort que vous ne l'aviez estimé, que l'oiseau a changé de trajectoire, etc. C'est parfaitement faux, sauf cas particulier. Vous avez fait comme dans les manuels de tir. Votre fusil a visé un point, vous n'avez fait aucun mouvement latéral et vous avez « photographié », c'est-à-dire que vous avez tiré derrière.

Pour remédier à cet inconvénient, certains auteurs modernes ont imaginé de dire au chasseur : « queue, tête, pan ». C'est déjà mieux que de leur indiquer une ligne droite qui passe à côté d'un gibier en marche. Ce système vous donne déjà une idée de mouvement. Il est cependant inopérant dans le cas d'un « traversard » par exemple, c'est-à-dire d'un oiseau volant latéralement. Avec ce système, vous vous donnez un bon mouvement latéral mais vous prenez du retard par rapport à l'oiseau. Épaulez plutôt en regardant l'œil du perdreau et tirez dans le mouvement. Votre fusil, bien équilibré, à votre couche, avec des détentes bien réglées, fera le reste.

Mais je viens de parler de l'œil du perdreau. Là, vous riez franchement. Moi aussi. Je reconnais que voir l'œil d'un perdreau à distance de tir n'est pas évident, mais ce n'est pas complètement impossible. Le point que j'ai voulu soulever est celui de la ***concentration***. Pour tirer juste, il faut vouloir atteindre la cible, c'est-à-dire se concentrer suffisamment pour bien situer le gibier qui se déplace. Certains tireurs de battue tirent dès qu'ils distinguent le fer à cheval du perdreau, c'est-à-dire les plumes de la poitrine. Ils tirent sans doute un peu avant, mais ils ont le sentiment d'avoir une très bonne identification de la perdrix. Et puis, plutôt que la queue, tirez sur la tête, vous gagnerez du temps. J'ai dit : tirez, pas visez. C'est très différent et toujours beaucoup moins statique.

A ce sujet, quand un oiseau vient sur vous, tirez dès que vous le voyez. La gerbe est plus large. Quand il s'éloigne, laissez un peu filer, la gerbe sera également plus large qu'à bout portant où votre cartouche risque de faire balle. De plus, ces deux principes s'accompagnent d'un rythme différent. Le gibier qui s'éloigne et que l'on prend le temps de laisser courir ou voler un peu donne un rythme équilibré. Quand il vient, avec ce système vous risquez de tirer un peu vite. Votre rythme sera donc trop rapide. Un bon conseil. Je ne peux pas vous citer toutes les manières de tirer les différents gibiers. Je ne prends donc qu'un exemple. Pour le faisan, épaulez dès que vous voyez son ombre au-dessus du bois et prenez comme point de repère que votre coup doit l'atteindre au moment où il apparaît juste au-dessus des arbres. En général, les abris de battue sont placés de telle sorte que, si vous tirez à cet endroit, le faisan tombera devant votre claie et non derrière. Un bon tireur fait tomber les pièces devant la ligne. Et pourtant, regardez en fin de battue. Tout le monde sauf quelques grands fusils recherche son gibier derrière. Qu'importe au stade où nous en sommes. L'essentiel est que votre chien ait de quoi travailler.

Maintenant que je vous ai indiqué ce qui concerne le rythme et le mouvement, il faut que je vous détaille un peu le geste. Je ne souhaitais pas commencer par là, car ce que je vais vous indiquer relève d'une technique qui, si vous y pensiez trop, vous gênerait dans votre tir. Par contre, si vous n'avez pas de notions dans ce domaine, vous ne saurez jamais tirer. Quand on tire, les deux pieds sont sur une même ligne. Si vous êtes en battue, c'est-à-dire arrêté, écartez-les de la largeur de vos épaules. Dans un deuxième temps, ouvrez votre pied droit de quarante-cinq degrés par rapport à la direction du pied gauche. Ne pliez pas les jambes, elles doivent rester souples et droites. Ne posez pas votre poids ni sur la pointe des pieds ni sur les talons, mais au milieu du pied. A la chasse en marchant, vous avez souvent un pied en l'air, un pied à plat quand le gibier s'envole. A l'arrêt de votre chien, prenez la position de battue. Surpris, évitez de conserver votre pied en avant, vous seriez incapable de tirer. Ne le mettez pas non plus en arrière. Vous n'auriez de rotation que d'un côté. Vous n'êtes pas au pigeon d'argile américain et l'on ne vous demande pas de pratiquer le « lean it out », jambe gauche pliée et jambe droite poussant sur le pivot ainsi formé. Vous n'êtes pas non plus à l'armée, au tir du fusil de guerre. Ce n'est pas non plus une bonne position. Sur un tir de gauche à droite, le poids se transfère sur le pied droit, dans un tir de sens contraire, celui-ci va sur le pied gauche. Cela crée un certain rythme. Le talon gauche ou droit, suivant le sens du gibier, a alors tendance à se relever. Attention, alors, à conserver la jambe portante suffisamment droite, sinon, vous allez tirer bas. Le seul cas où vous plierez votre jambe sera peut-être quand vous tirez un lapin, c'est-à-dire dans une ligne en dessous de l'horizontal. Cela peut créer un mouvement supplémentaire, mais attention à l'écueil cité plus haut, vous risquez de tirer derrière. En conclusion, ***les bons tireurs tirent avec leurs jambes***. Exercez-vous.

Il vous faut maintenant apprendre à monter le fusil. Les canons sont dirigés vers la cible. S'il s'agit d'un oiseau, vous tenez votre fusil bouches de feu en l'air, s'il s'agit d'un lièvre ou d'un lapin, elles sont dirigées vers le bas. Votre main droite tient fermement la

poignée de crosse, votre main gauche est placée sur la longuesse, assez en avant mais coude légèrement plié (jamais de bras gauche tendu). La main droite sert à monter le fusil. La gauche à donner la direction dans laquelle vous allez tirer. Notez au passage que, si vous vous êtes bien placé à l'arrêt de votre chien par exemple, votre pied gauche sera dans la direction où va partir le gibier (pas votre pied droit puisque vous êtes en position de battue). Votre crosse est à hauteur de la hanche, quelquefois un peu au-dessus pour tirer plus vite. La crosse, menée par la main droite, remonte le long des côtes pour aller rejoindre le creux de l'épaule. Elle y est alors fermement maintenue et la joue n'a pas à s'incliner sur la crosse. D'ailleurs, pendant tous les mouvements de rotation, la joue doit rester solidaire de la crosse et tourner avec elle. C'est très important. Nombre de pièces de gibier sont manquées parce que la crosse part d'un côté pendant que la joue s'en décolle.

Votre mouvement de bouche des canons doit commencer au moins à partir de l'endroit présumé où se trouve le gibier et non pas

De gauche à droite
Tir à gauche. La chienne n'a pas vu le gibier.
Tir à droite. La chienne est assise, sans laisse, en position de battue. Elle a vu le gibier.
Le tireur monte son fusil le long des côtes sans bouger la tête.

loin derrière comme font certains pour se donner plus de mouvement. Vous risquez de ne pas rattraper la bécassine qui part. Votre chien d'arrêt vous donne en ce sens une précieuse indication. Mais je vous ai déjà dit de laisser filer un peu. Cela suppose que je ne débute pas mon mouvement à partir de l'envol du gibier. Vous avez parfaitement raison. Vous avez deux méthodes : soit vous commencez à partir de l'endroit où doit se trouver le gibier et à ce moment-là vous synchronisez bien votre mouvement avec l'envol de la pièce, soit vous conservez votre fusil dans une position un peu en avant dans la trajectoire présumée de l'oiseau, vous regardez, vous épaulez, vous tirez. Cette méthode est la meilleure, mais parfois un peu difficile pour un tireur moyen. Je vous indique donc que vos canons doivent être dirigés ***au moins*** en direction de l'endroit présumé d'envol mais ***jamais*** derrière. Et si, malgré tout ce que je vous dis, le gibier part derrière vous, vos pieds et vos jambes ne seront pas en bonne position et dans ce cas, il ne s'agit plus de technique mais d'une bonne habitude de tir. Je me souviens d'avoir tiré et tué un faisan alors que je m'étais à moitié cassé la figure dans un fossé et que je me trouvais à genou. J'ai souvent tué et vous aussi des pieds-rouges alors que j'étais assis devant la hutte et que je n'avais pas le temps de me relever. J'ai même réussi à tuer une grouse en Écosse alors que je me trouvais les quatre fers en l'air sur un rocher. Mais, après le récit de ces rares exploits, je suis tout disposé à vous avouer que, dans ces positions comme dans d'autres plus académiques, j'ai sûrement manqué autant de pièces de gibier qu'il y a de mètres sur la nationale 20. L'important, c'est que mes chiens ne souffrent pas de mon mauvais tir éventuel et c'est ce à quoi je m'emploie à la chasse.

Et maintenant, ayant lu tout cela, voici quelques exercices. Dans votre salon, il y a quelques bibelots. Maniez votre fusil et en prenant soin de vérifier qu'il n'est pas chargé, habituez-vous à diriger les canons en direction du lustre, d'une lampe de chevet, d'une tabatière. On ne se sert pas du guidon, en général. C'est un point qui est sans doute fait pour augmenter la concentration, de même que la bande des canons est faite pour donner un rail à votre œil. Entraînez-vous à regarder et épauler les deux yeux ouverts. Ce n'est pas indispensable mais, si vous fermez un œil, votre champ de vision sera moins grand et vous aurez tendance à vous concentrer plus sur le guidon que sur l'objet sur lequel vous voudriez tomber. Regardez votre cible de manière à bien l'identifier : les contours, les motifs, les dessins, la petite fêlure. Vous êtes rarement à plus de cinq mètres et vous devriez à cette distance pouvoir voir tout ce que je vous indique. Sinon, mettez vos lunettes. Au début, si vous préférez, ne touchez pas à votre fusil. Vous verrez qu'avec ce genre d'entraînement on apprend à distinguer en ville la collerette blanche, la gorge rose, l'œil et le bec des pigeons, la valve d'une roue de bicyclette, un papier gras et même le texte imprimé qu'il comporte. Si vous remarquez tout cela, vous avez fait des progrès. Sinon, persévérez. Pour être sûr que vous tombez bien en ligne avec l'objet visé quand vous épaulez les deux yeux ouverts, conservez la pose et fermez ensuite l'œil gauche pour les droitiers, l'inverse pour les gauchers. Si votre guidon ne tombe pas en face, n'en concluez pas que votre œil directeur n'est pas le droit (ou le gauche). Commencez par vérifier votre geste au complet, et notamment assurez-vous que, quand vous montez, votre tête est bien droite, et que votre joue est bien solidaire de la crosse. Quand vous gardez la pose, le problème de mise à conformation du fusil ne se pose pas. La deuxième vérification à faire est donc, quand vous montez votre fusil les deux yeux ouverts, de regarder si vous tombez en face. A tout hasard, vérifiez la position de vos mains. Elles doivent être en ligne. Regardez la position de vos coudes. En aucun cas, sauf dans de mauvaises habitudes prises au ball-trap, le coude droit ne doit dépasser la hauteur de la crosse. Les deux coudes sont tournés vers le bas. Enfin, voyez la position de votre main sur la longuesse. Si elle est trop en avant par rapport à votre habitude, vous aurez l'impression d'avoir une crosse trop longue. Si elle est trop en arrière, vous sentirez une crosse trop courte. Donc cherchez une prise qui vous convient. Essayez ensuite d'oublier le bout de vos canons. Au ball-trap, on vous a dit « couvrez », « cachez », etc. Ce n'est pas une méthode de chasse, et chaque poste a une technique propre. N'allez pas en conclure que, si vous tirez bien au ball-trap, vous ne saurez pas tirer à la chasse. Ce n'est pas vrai. Simplement, ce n'est pas exactement la même méthode, et sur le terrain vous reconnaîtrez facilement un tireur de skeet, rien qu'à son mouvement.

En faisant tous ces exercices de « tir à sec », vous vous rendrez compte que, dans des mouvements de rotation, votre fusil a tendance à s'arracher de vos mains. Il est sans doute mal équilibré, trop léger en avant et trop lourd en arrière. Sans changer de fusil pour autant, même si vous en avez les moyens, regardez si la crosse et la longuesse sont adaptées. Il y a, en gros, trois sortes de longuesses, c'est-à-dire la partie en bois en dessous des canons : la longuesse normale, celle en demi-queue de castor et celle en queue de castor. La première est en principe la plus légère, la dernière plus enveloppante est normalement la plus lourde. Il existe par ailleurs, et pour simplifier, trois sortes de crosses : la crosse anglaise, la crosse demi-pistolet, la crosse pistolet. Chacune des longuesses citées dans l'ordre correspond à chacune des crosses également mentionnées dans l'ordre. Quand le coup part, vous sentez vous-même un choc à l'épaule. Le poids recule vers l'arrière et votre fusil vous saute des mains. Un bon armurier fera en sorte que le poids soit bien réparti entre les deux mains. La longuesse et la crosse font partie de cet équilibrage. De même que, si vous avez rajouté un gros embout en caoutchouc à votre crosse pour amortir le recul, dites-vous bien que vous avez déplacé l'équilibrage de votre fusil dans certains cas. Faites sauter cette plaque de couche si elle n'est pas strictement nécessaire.

Egalement, on voit de nombreux coups de fusil manqués pour une question très simple de réglage des détentes. Vous avez un bon geste et un bon rythme. Votre setter vous a laissé tout le temps de vous placer pendant qu'il tient l'arrêt. Le perdreau s'envole. Vous épaulez et tirez cinquante centimètres en dessous. Comment cela se fait-il ? Vous aviez pourtant bien lu ce livre. Rassurez-vous, vous avez simplement des détentes mal réglées. Elles sont trop douces et vous ne tirez plus en rythme. Alors, allez chez votre armurier et demandez-lui de les régler. Il sait le faire. Si vous voulez avoir l'air d'un professionnel, demandez-lui un réglage de la première détente à deux kilos environ et de deux cents grammes de plus pour la deuxième. Pourquoi ce supplément ? Tout simplement parce que, quand votre doigt a actionné la première détente, le muscle s'est un peu durci. De ce fait, pour éprouver la même sensation au départ du second coup, il faut « durcir » un peu le mécanisme de la deuxième détente. Vous vous apercevrez d'autant mieux de ce réglage que vous utilisez un fusil à platines Gastinne Renette, dont la caractéristique essentielle est d'avoir un percuteur qui n'est pas solidaire du chien, par opposition aux batteries dans lesquelles chien et percuteurs sont une seule et même pièce. Notez que, si vous avez des détentes trop dures, cela donnera deux effets. Le premier est identique à l'effet des détentes trop douces : vous tirerez derrière bien qu'il n'y ait pas de course sur des queues de détentes de fusils de chasse. Le second est que vous tirerez de travers, à droite, et bas, pour les droitiers, parce que vous donnerez un coup de main gauche compensant l'effort du doigt de la main droite pour appuyer. Donc vérifiez vos détentes, elles sont à l'origine de mauvais tir quand le réglage n'est pas adéquat.

Le rythme découle d'une bonne synchronisation des mouvements. Un gibier part. Vous voulez épauler. Certains vêtements de chasse ne le sont que de nom. Dans un catalogue récent, j'ai vu une chemise destinée à votre passe-temps favori. Elle comportait deux poches sur la poitrine. Une à droite et une à gauche. Toujours pour les droitiers (les gauchers, c'est le contraire), n'oubliez pas que, pour monter votre fusil, le long des côtes il faut un côté lisse. Sinon, en montant, votre crosse s'accrochera à la poche et alors, adieu, pour chaque gibier qui part. Vous cassez le mouvement et donc le rythme en accrochant la poche même légèrement. Vous pourrez toujours décoller votre fusil des côtes, mais dans ces conditions votre crosse ne viendra pas se placer avec régularité au creux de l'épaule. Votre joue ne sera donc plus solidaire et vous serez obligé de pencher la tête. Ne vous étonnez pas si vous tirez de travers. C'est entièrement de votre faute.

Et si, avec tout ce qui vient d'être dit, je n'arrive toujours pas à tirer convenablement ? Vous avez deux solutions : la plus simple est d'essayer la pétanque et d'en apprendre la technique, la deuxième est d'essayer de réfléchir à ce qui vous fait manquer. Vous tomberez immanquablement sur un problème de rythme ou de mouvement. Jamais sur un problème de correction.

TRAVAIL PRATIQUE

Vous êtes en battue. Vous avez les pieds à plat, vous êtes en bonne position, votre geste est parfait. Arrive une compagnie de perdreaux. Comment réussissez-vous un doublé ?

Tout d'abord, pour faire un doublé, il faut au moins deux oiseaux. Vous pouvez tenter un croisé, c'est-à-dire deux perdrix d'un coup, mais cela nécessite qu'elles se croisent et que vous ayez le temps d'attendre. Le débutant va choisir celle de tête. En tirant, s'il manque la première, il pense avoir la dernière de la compagnie et ce n'est déjà pas si mal. Le chien aura quelque chose à rapporter et c'est tout ce que nous souhaitons pour le moment. Le deuxième perdreau sera tenté quand la compagnie sera passée. Se retourner pour tirer derrière découle d'une technique très particulière qui relève du demi-tour de l'armée. De plus, le tir en plein sur des oiseaux qui baissent requiert un mouvement inhabituel. Les manuels de pointillés feraient passer ceux-ci en dessous, alors que, naturellement, surtout avec un fusil de battue un peu droit, vous aurez tendance à tirer au-dessus. De toute façon, le deuxième oiseau va tomber derrière votre abri de battue et nous avons vu que les grands tireurs évitent de le faire. La bonne technique pour vous, qui maintenant vous y entendez à la chasse, est de tirer le deuxième perdreau avant que la compagnie ne passe la ligne, et cela dans la position la plus horizontale possible, c'est-à-dire que vous devez attaquer d'assez loin. Dès votre premier coup de fusil envoyé, vous continuez dans le mouvement et tirez le perdreau de tête. Si vous faites l'inverse d'abord le premier et ensuite le deuxième, vous aurez un mouvement contraire à la bonne marche des choses. Sitôt le premier coup passé, votre fusil swinguant dans un sens, il faudra l'arrêter, revenir en arrière et re-swinguer. Vous avez bien des chances de n'avoir ni l'un ni l'autre. Le premier coup ne sera pas assez suivi et le second sera trop tardif.

Incidence du tir sur le dressage du chien

Vous êtes de passage chez un ami et vous avez amené votre épagneul picard dans votre voiture. On organise une partie de chasse au marais. Il y a bon vent d'est et vous espérez avoir un passage de bécassines. Malheureusement, vous n'avez pas amené votre fusil. Tout ce qu'il y a dans la maison est un Gastinne Renette calibre 20 à peu près à votre couche et vous empruntez quelques boîtes de cartouches de plomb n° 8. Dans quel sens allez-vous parcourir le terrain ?

La question est d'importance. Vous avez un calibre qui a une bonne puissance mais moins de plombs qu'un calibre 12. La rosace à trente-cinq mètres, c'est-à-dire la circonférence de la gerbe, est la même que celle d'un calibre plus gros, mais, comme il y a moins de projectiles, vous avez moins de chances avec votre petit fusil. Ce n'est donc pas la portée qui est moindre, c'est le cercle de plombs qui est moins concentré. Pour avoir la possibilité de mettre au moins trois plombs dans l'oiseau (et non pas cinq comme il en faut habituellement en moyenne pour des volatiles plus gros), vous devrez donc tirer de plus près. Quand une bécassine s'envole, elle le fait face au vent. En vous mettant vent dans le dos, vous allez donc pouvoir tirer à meilleure portée puisque, quand elle s'envolera, celle-ci viendra d'abord vers vous. Vous savez que son vol est en zigzag au départ. Vous n'aurez sans doute pas le temps de tirer dans le zig, donc préparez-vous à lancer votre coup de fusil vers le zag. Celui-ci va être assez important parce que, vous ayant vu, l'oiseau ne va pas venir décoiffer votre chapeau. Mais de toute façon vous tirerez plus près qu'en marchant face au vent. Vous venez de raisonner avec beaucoup de bon sens. Simplement, vous oubliez que vous avez un chien et votre ami aussi, sans doute. Si vous chassez vent dans le dos, votre chien ne va pas être à la fête. Il a un nez assez court comparé à un pointer ou un setter. Malgré cela, tout naturellement et afin de sentir les émanations, il va prendre les grands devants et sera donc plus difficile à tenir. Il reviendra ensuite vers vous à bon vent et vous aurez droit probablement à quelques arrêts. Mais ce qui peut arriver, c'est qu'en montant au vent il tape dans des bécassines sourdes. Celles-ci, comme vous le savez, ont tendance à partir dans vos pieds ou dans ceux du chien quand il fera son grand tour. Vous aurez donc vidé la moitié du marais. Si, par contre, vous vous mettez vent debout, votre chien chassera peut-être un peu plus près de vous. Ce n'est pas sûr s'il n'est pas déjà bien routiné. Il aura des retours beaucoup plus justes, c'est-à-dire que sa quête sera mieux croisée avec des diagonales plus nettes. Vous éviterez les arrêts retournés qui sont très beaux à voir mais que l'on ne peut attendre également que d'un chien bien mis. Sinon, il passera et fera voler la bécassine dans son dos, ce qui n'est pas convenable pour un bon chien d'arrêt.

En conclusion, si vous avez un bon chien déjà convenablement dressé, chassez vent dans le nez. Sinon, laissez-le en laisse en ne le détachant que pour le rapport et chassez vent dans le dos.

Commentaires du dresseur professionnel

1. Il n'est pas nécessaire d'être un fusil exceptionnel pour avoir un chien bien dressé, mais il faut être capable de manquer le moins possible quand un gibier part à l'arrêt du chien.

2. Il est parfois difficile de dresser son chien et de tirer en même temps. Vous verrez rarement l'un d'eux rester immobile au coup de fusil pendant une partie de chasse. En concours de field-trial, c'est différent. Pour ma part, je demande l'aide d'un fusil et je conduis mon chien sans avoir à tirer. De cette manière, je l'ai bien à l'œil et je peux contrôler les exercices que je lui fais faire.

3. Certains chiens ne connaissent pas la bécassine et ont tendance au début à arrêter moins ferme ou passer les oiseaux. Ce n'est pas extraordinaire. Il en est de même pour la bécasse. Mais vous verrez qu'au bout de quelque temps votre chien, étant intelligent, s'y mettra vite.

4. Il vaut mieux ne pas tirer que de tenter un coup de fusil hors de portée. Le chien habitué à votre tir efficace partira sous l'aile et vous vous époumonerez à le rappeler. A qui la faute ?

5. Pour affermir la sagesse de votre chien au départ du gibier, évitez de le faire rapporter systématiquement.

Détail de la culasse d'un fusil à platine Gastinne Renette

EXERCICE N° 8

Le travail en laisse. Travaux pratiques. Commentaires.

Un manuel de dressage construit dans un ordre logique doit commencer par le travail en laisse. En effet, vous ouvrez la porte de la maison, votre chien sort dans le jardin, il est normalement attaché. A deux mois, il n'est pas difficile à rattraper et il n'a pas besoin de laisse. Certains dresseurs pensent qu'il faut l'habituer très tôt au port du collier et de la laisse. Je ne les suivrai pas. L'important c'est de familiariser le chien avec vous et de vous l'attacher. Laissez-le jouer et se détendre. Je me souviens d'un ami propriétaire d'Une Bleue des Grands Vaux de Sauldre, une jeune cocker, et qui dès l'âge de trois mois avait tenté de dresser sa chienne au rappel et au rapport. Nous étions sur le parking de l'exposition de Poitiers. Il ouvre le coffre arrière, la chienne saute. Il l'appelle, elle se cache sous le véhicule. Il la récupère, la prend dans ses bras et me la présente. Ce jour-là, au vu de ce qui s'était passé, nous sommes convenus l'un et l'autre qu'il fallait la laisser jouer et se détendre avant d'attaquer l'éducation. Connaissant le sérieux du propriétaire et son goût de la chasse, je suis persuadé que c'est ce qu'il a fait.

Si vous n'avez qu'un chien, vous pouvez lui mettre un collier très jeune après avoir vérifié qu'il n'est pas trop serré et notamment en raison de la croissance du chien dans les premiers mois. Le collier une fois fixé, je rappelle que vous devez pouvoir y passer horizontalement deux doigts. Vérifiez que le collier tient bien et attachez la laisse. Si j'ai réussi à vous convaincre à la lecture des précédents chapitres, j'utiliserais plus volontiers la laisse-collier. Non pas parce qu'elle forme nœud coulant et qu'elle vous paraît coercitive, mais bien plutôt parce que, la laisse coulissant dans un passant, elle formera nécessairement un collier à la bonne dimension. Enfin, si malgré tout vous craignez de perdre votre élève en cours d'exercice, laissez-lui son collier avec une plaque mais prenez la laisse-collier au lieu de lui attacher une laisse avec le mousqueton prévu à cet effet.

En effet, si votre compagnon se sauve et gagne les grands bois, il ne faut pas qu'à cause de ce livre il soit abattu comme un chien

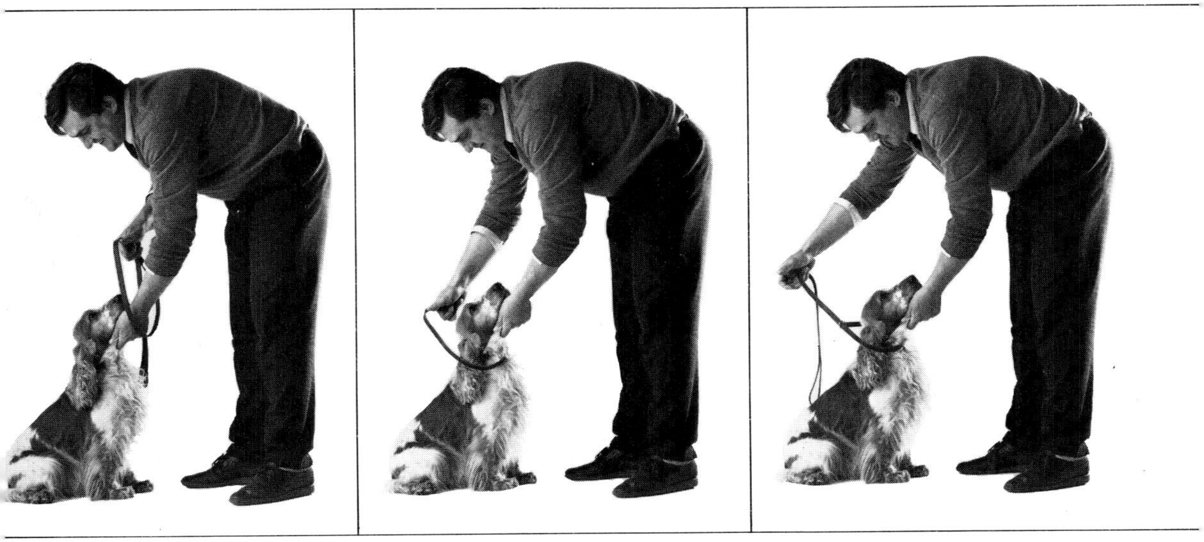

F.M. Pelletier passe la laisse collier en douceur à un English cocker spaniel.

errant par un garde-chasse, de bonne foi puisqu'il verra un animal sans collier. Toutes ces opérations se font dans l'entrée de la maison, porte extérieure fermée pour éviter toute distraction et toute tentative de fuite. Désormais, chaque fois que vous sortirez, vous ferez la même opération au même endroit. Vous ouvrez la porte et vous dites : « allez ». Le chien s'élance, la laisse se tend. Si vous ne voulez pas être désarçonné et avoir moins de traction au bout du bras gauche, prenez votre laisse par le milieu, c'est-à-dire qu'elle doit avoir environ quarante centimètres de long entre votre main et le cou. Le pouce et l'index tiennent la lanière comme une rêne (pas comme une guide, la prise est meilleure), le reste de la laisse pend sur le côté gauche de votre corps, la tête du chien étant un peu en avant de votre genou gauche. Vous vous souvenez, pour les droitiers, tout se passe à gauche, pour les gauchers, le contraire.

L'élève va alors se montrer surpris par la résistance qu'il rencontre, un peu moins pourtant si votre main est à distance indiquée plus haut plutôt qu'à un mètre de lui. Il va s'arc-bouter sur les pattes arrière et tenter de se défaire. Rendez un peu, montrez-lui que vous êtes le maître mais sans excès de fermeté. Vous allez bientôt le retrouver dans le sens contraire de la marche avec toutes les contorsions qu'il fait. Continuez d'avancer. Maintenant, c'est vous qui tirez. C'est très mauvais. Faites demi-tour, il va être surpris et un peu déséquilibré. Parlez-lui : « doucement, doucement ». Restez calme. Vous êtes en train de le débourrer comme un cheval. Rendez encore un peu de laisse et repartez encore dans l'autre sens. Il vous double et tend la laisse : « derrière ». Vous ramenez et reprenez la

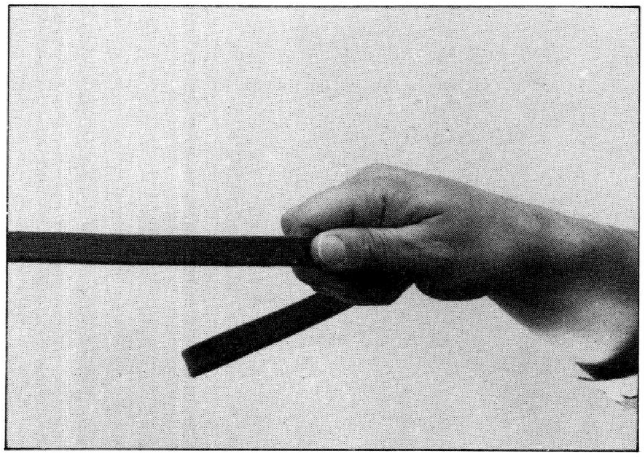

Laisse tenue comme une guide.

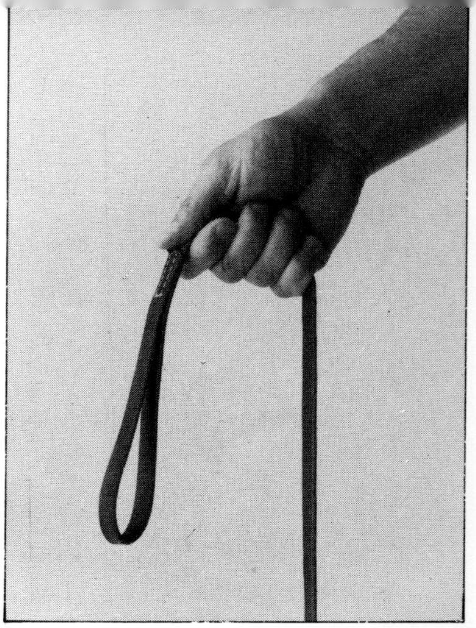

Laisse tenue comme une rêne.

position de main gauche à quarante centimètres. Tout cela ne devrait pas durer plus de deux ou trois minutes. Si cela continue, faites-le asseoir, puis reprenez après l'avoir caressé.

Maintenant qu'il ne se débat plus, mais ne pense plus qu'à tirer, laissez-lui prendre la longueur de la laisse puis partez à grand pas. A ce stade d'assouplissement, vous ne pouvez pas dire que votre chien sait marcher convenablement en laisse. Il tire et ce n'est pas une attitude convenable. Vous n'avez qu'à regarder dans la rue, la plupart des chiens en laisse marchent laisse tendue avec un conducteur essoufflé qui dit « doucement Pataud, tu me fatigues ». C'est peut-être le moment d'associer le nom du chien à un commandement. Comme il aura toujours le même nom, mais devra répondre à des commandements différents, il faut dire d'abord celui-ci et ensuite l'ordre : « Victoire, derrière ». L'appel du nom est déjà un entraînement au rappel et un vocable commandant l'attention. Vous en avez un bon exemple à l'armée. Le colonel rentre dans la chambrée. On crie : « à vos rangs, fixe ». Tout le monde se met alors au garde-à-vous. Le « à vos rangs » sert d'appel à l'attention.

Mais, comme l'expérience du voisin sert rarement à soi-même, je vais maintenant vous donner différentes méthodes pour que votre élève marche correctement en laisse.

Première méthode

Certains dresseurs, sachant ce qui arrive quand on passe un collier et qu'on y attache une laisse, recommandent de laisser le chien avancer, une fois celle-ci passée, ***sans tenir la laisse mais en la laissant traîner par terre***.

Tout d'abord, cette méthode s'adresse à des chiens qui sont déjà très familiarisés avec vous, autrement dit, qui vous font confiance. Ensuite, elle ne traite que du débourrage ou de l'acceptation du port du collier et de la laisse. Enfin, elle est insuffisante à ce stade pour faire marcher un chien à votre hauteur. Malgré tout ce que je viens de dire, souvenez-vous que, ***si vous laissez la laisse accrochée au collier, le chien se sentira dépendant de vous***. C'est très important par la suite pour le rappel ou le rapport. Une laisse est un objet de domination. Si vous donnez un ordre à distance, le fait d'avoir collier et laisse obligera le chien à obéir plus facilement. Je l'ai souvent noté et je m'en sers beaucoup. Pourtant, en ce qui concerne le travail en laisse, le but est de faire marcher le chien à votre hauteur, en laisse souple, et cette méthode n'est pas assez rigoureuse pour que vous y parveniez.

Deuxième méthode

Votre chien étant placé à votre gauche, vous avancez à grandes enjambées avec un chien en laisse assez longue (trois quarts d'une longueur de laisse habituelle). Chaque fois que le chien veut dépasser la hauteur de votre genou, vous lui donnez un petit coup de badine sur la poitrine en disant : « derrière ». Au bout de quelques temps, le simple fait de mettre la badine devant lui suffira à le maintenir au bon niveau.

Troisième méthode

Vous faites quelques enjambées avec un chien qui tire sur sa laisse. Faites alors demi-tour, et le chien sera derrière vous, puis vous dépassera à nouveau. A nouveau volte-face et quelques enjambées. Le chien finira par marcher à votre allure. Attention, avec cette méthode, de bien faire un certain nombre de mètres dans un sens puis dans l'autre. Il serait désastreux de ne faire mettons qu'un mètre dans un sens et un dans l'autre. Le mouvement serait alors insuffisant et votre élève vous prendrait pour un dingue. Vous devriez vous en apercevoir facilement. Si votre va-et-vient est trop court, le chien va vouloir très rapidement vous sauter dessus et mettre ses pattes sur votre poitrine ou votre pantalon. J'ajoute qu'à chaque fois j'essaie de vous indiquer comment le chien va se comporter si vous faites une erreur de dressage. Je vous indique donc une probabilité. Si votre élève réagit différemment, il est possible qu'en plus de la faute que vous commettez vous en ajoutiez une autre.

Quatrième méthode

Je ne l'ai jamais utilisée, mais elle me paraît possible, car je l'ai apprise en conversant avec une personne d'expérience et de bon sens. Vous placez votre chien à côté de vous, comme dans les autres méthodes ci-dessus, et vous placez dans votre main, celle qui tient la laisse, un petit morceau de viande. Le chien qui a un bon

Le professionnel tient la laisse à deux mains pour dresser le chien à marcher convenablement (voir Commentaires du professionnel).

nez, au lieu de tirer dans le sens où vous vous déplacez, voudra s'emparer du morceau caché dans votre main et, de ce fait, marchera convenablement. Ce n'est pas absurde.

Vous avez maintenant un chien qui marche convenablement en laisse. Cela vous a pris longtemps, mettons une bonne quinzaine de jours, avec des exercices de cinq à dix minutes par jour. Encore une fois, en travail d'amateur, des séances d'éducation de quelques minutes sont suffisantes et vous verrez d'ailleurs que cinq minutes bien remplies sont déjà longues. Le quart d'heure recommandé dans certains livres ou articles, je l'ai déjà indiqué ne peut s'entendre que pour des enchaînements. Dans tous les autres cas, professeur et élève se lassent rapidement.

Pour vérifier que votre dressage est au point, je vous propose de faire tourner votre chien en rond dans la cour d'abord à main droite pendant quelques tours, mais en variant l'allure, ensuite à main gauche dans les mêmes conditions. Quand vous tournez dans un sens ou dans l'autre, vous conservez votre chien à votre gauche. Il sera donc, suivant la direction de votre marche, tantôt à l'intérieur du cercle, tantôt à l'extérieur.

Maintenant, quand vous aurez fait un demi-cercle, passez devant votre chien en changeant votre laisse de côté, faites-le marcher à votre droite, puis au bout d'un autre demi-cercle, à votre gauche. Pour ce faire, vous reculez votre main gauche en la passant derrière votre corps, pendant que la main droite prend la laisse. Le chien change ainsi de côté, pas de direction. Il était à votre gauche, il est maintenant à votre droite. C'est un exercice d'assouplissement que vous ferez toujours en ayant l'élève ***derrière vous, jamais devant***.

Vous pouvez ensuite parfaire votre éducation par deux exercices.

Travaux pratiques

TRAVAIL PRATIQUE N° 1

Vous marchez à main droite. En arrivant au bout d'un demi-cercle de parcours, doublez et changez de main. Pour les cavaliers, c'est facile à comprendre. Ceux qui ont fait du manège, au trot assis, savent qu'en arrivant à la glace le maître de manège va leur demander un « doublé » avec changement de main, c'est-à-dire de traverser le manège à la perpendiculaire, puis de reprendre en sens inverse du sens dans lequel vous tourniez. Conservez toujours votre chien à votre gauche pour la première partie, puis toujours à droite pour la seconde. Celles-ci comprennent donc à chaque fois un tour de cour complet, un doublé, un autre tour de piste. Pour effectuer correctement cet exercice, vous devez courir assez vite pour que votre chien se déplace rapidement. Vous verrez, la leçon ne durera pas plus de cinq minutes. Vous vous essoufflerez avant lui.

TRAVAIL PRATIQUE N° 2

Toujours dans votre cour, vous prenez une des diagonales, placez votre chien à votre gauche et couvrez, en courant doucement mais suffisamment pour que le chien coure, la distance qui vous sépare

sépare de l'angle opposé. Arrivé à un mètre du but, laissez passer le chien devant vous, levez la main gauche qui tient la laisse de manière à ce qu'elle soit en position verticale par rapport au chien, puis faites demi-tour. Le chien se retrouvera derrière vous, puis à votre hauteur, sur votre côté gauche à nouveau. Visez l'angle d'où vous êtes parti et reprenez en courant. Le même exercice se fait en plaçant le chien à droite, en pivotant de la même manière en bout de diagonale, puis en revenant vers le point de départ avec votre chien à votre droite.

A lire ces lignes, vous êtes essoufflé d'avance. Je vous comprends. Et pourtant, ce sont d'excellents exercices d'assouplissement qui vous serviront par la suite en exposition. C'est de cette manière que l'on vous demandera de présenter votre chien à la marche.

Vous venez d'essayer et vous maudissez le satané farceur que je suis et qui a osé écrire ces lignes. En effet, dès que vous avez commencé à trottiner, votre chien s'est mis au galop et a tiré sur la laisse. C'est le meilleur des cas. Dites « Ugo, derrière » et montrez votre badine devant sa poitrine. Evitez de trop tirer sur la laisse. Là encore, c'est un principe d'équitation : ***à cavalier qui tire, cheval qui tire***. Ce n'est pas tout à fait la même chose, mais cela prouve en tout cas que votre chien n'est pas encore bien dressé à marcher à côté de vous laisse détendue. Marchez au lieu de courir, reprenez tout au départ, faites des demi-tours sur la circonférence du cercle. Ne faites votre tour de cercle en courant que quand le chien est parfaitement mis.

Il y a un cas fréquent également et parfois plus difficile à guérir. Vous commencez à courir et le chien s'affale en refusant d'avancer à votre allure. Vous le traînez au bout de sa laisse. Cela vous est arrivé ? Essayons de réfléchir et de trouver une solution.

Un chien n'a pas à traîner dans vos jambes, ou alors il est peureux, peu intelligent, mal nourri ou insuffisamment motivé. Ce n'est pas le cas du vôtre. Sachez d'abord que la plupart des chiens sont très observateurs en même temps que casaniers. Vous créez chez eux des habitudes. Vous partez à la chasse, vous mettez votre chapeau à plumes, vous montez à bicyclette, vous mettez une belle casquette de coureur. Croyez-moi, votre ami connaît parfaitement la différence au bout de quelque temps de vie commune avec vous. Dans le cas présent, il est habitué à vous voir marcher, pas à courir. Le vaillant quadragénaire que vous êtes ne va quand même pas prétendre qu'il galope toute la journée. Cette nouvelle allure dérange donc les habitudes de votre chien. Mais ce n'est pas suffisant.

Quand le chien a voulu s'affaler, vous avez raccourci la laisse pour le soutenir. Ensuite, vous avez entamé votre pas de course. Plus vous couriez, plus il se laissait traîner. Vous avez fait une erreur de dressage bien connue : la marche en laisse souple est ***un contrat de confiance***. J'avais autrefois un excellent pur-sang, Reinagri, dont la grand-mère Aglae Grace avait gagné le grand prix de l'Arc de Triomphe. A cinq ans, j'en fis l'acquisition et décidai de le dresser pour la chasse à courre. Vous imaginez la tête d'un cheval qui n'a jamais connu que la piste et qui se retrouve sur des chemins caillouteux ou dans des sous-bois couverts de ronces basses. Je le sors de son box, mets la selle, monte et gagne un chemin au pas. A la première inégalité de terrain, il commence à renâcler, reculer, ruer. J'avais mes rênes au contact. Je pousse dans les jambes et lui fais faire une large volte. Ensuite, remis dans la bonne voie, je pose les mains sur l'encolure et le mets en rênes longues. Mon ami fait une ou deux bonnes cessions d'encolure puis part d'un pas allègre. Au bout d'une quinzaine de jours de ce travail, j'avais un cheval qui marchait au pas ou trottait en rênes longues sans plus se préoccuper de ses pieds. Pour votre chien, il en va de même. Plus vous raccourcirez la laisse et plus le chien se laissera porter : c'est quelquefois très lourd. Alors, prenez un petit morceau de viande dans votre main droite, placez-le devant son nez et avancez sans tirer. Le chien s'équilibrera de lui-même et oubliera de se dissiper. Au bout de quelques leçons, même sans morceau de viande, vous aurez gagné.

Vous avez sans doute noté que certains dresseurs utilisaient l'expression « aux pieds » pour que le chien marche à la hauteur de votre genou. Tout d'abord, le pied n'est pas le genou. Ensuite, moins il y a de commandements différents et mieux on se comprend. Enfin, en disant « derrière », vous restez cohérent avec la méthode du mur que nous utiliserons pour le ***up*** et le ***down***. Vous êtes devant et lui derrière. Mais, comme il tient à voir, il a des chances d'avoir au moins le bout de son nez à hauteur de votre genou. En laissant pendre votre bras gauche quand vous marchez et en l'écartant légèrement du corps, vous indiquez au chien très clairement qu'il n'a pas à vous dépasser. Mais vous êtes sceptique et vous voulez vérifier. Vous avez bien raison. J'ai tellement dressé de chiens dans ma vie que je me fie plus à mon attitude ou à ma position par rapport à l'élève qu'au commandement ou à ma voix. J'ai un peu l'impression que, dès que j'arrive en présence d'un chien inconnu, celui-ci comprend tout de suite qu'il a à faire à quelqu'un qui le connaît. Les gestes doivent être sobres, mais non ambigus, et impératifs.

Je ne suis jamais en admiration, dans un concours de chasse pratique, devant un conducteur qui lève les deux bras et hurle un « up » à son chien de manière à impressionner les juges. Et pourtant, c'est une manière de faire très courante, parfois encouragée, à tort. Nous en parlerons au chapitre suivant.

TRAVAIL PRATIQUE N° 3

Comme je ne crois qu'à ce que j'ai vérifié, je vais vous demander de faire encore un exercice pratique. Vous marchez avec votre chien en laisse. Il a le nez à hauteur du genou, bien à votre côté gauche, à cause du fusil qui est à droite. Vous allez maintenant vous arrêter et le chien devra en faire autant. S'il est bien assoupli, s'il vous connaît, s'il a confiance en vous, il n'y a pas de raison qu'il ne s'arrête pas. Pourtant, vous venez d'en faire l'expérience, le chien a continué. Certains professionnels vous recommanderont de dire : « halte ». Cela fait encore un troisième commandement pour la marche en laisse, et, il est, à mon avis, parfaitement inutile. Vous pourriez à la rigueur, chaque fois que vous vous arrêtez, lui dire « up » et le faire asseoir. Mais, quand vous repartirez, il faudra dire « allez » et vous risquez d'oublier. De plus, un chien n'a pas à s'asseoir toutes les deux minutes. Vous allez l'abrutir complètement. Non, mine de rien, cette fois-ci vous raccourcissez la laisse de telle manière qu'il ne puisse pas vous dépasser de plus de vingt centimètres par exemple. Arrêtez-vous. Il s'avance. Dites « derrière ». Il se retrouvera derrière le mur de votre corps. Repartez, faites quelques mètres et à nouveau arrêt. Très vite, le chien prendra sa position normale. Comme vous l'avez dressé avec votre bout de viande à marcher la tête haute, il s'arrêtera d'autant plus facilement. S'il marche le nez sur le trottoir, il n'est pas dans une bonne position de marche en laisse. Reprenez. ***En laisse, on ne quête pas***.

Vous devez trouver toutes ces explications bien tatillonnes. Peut-être. Mais en matière d'éducation il n'y a pas d'à-peu-près. Regardez autour de vous. Connaissez-vous beaucoup de chiens bien dressés ? Vous allez me dire que vous ne souhaitez pas abrutir votre ami, que vous voulez vous promener à la chasse avec un compagnon, et qu'après tout le chien se fera à la longue. Croyez-vous qu'un inspecteur du permis de conduire vous laisserait prendre la route dans cet état d'esprit ?

Un dernier conseil avant de vous faire lâcher la laisse. Si vous ne parveniez pas à avoir un chien qui marche convenablement après tous les exercices que je vous ai décrits, vous pourriez peut-être alors tenter vos expériences la nuit. Quand il fait noir, le chien y voit parfaitement, vous beaucoup moins, mais en tout cas, il n'est pas distrait et peut ainsi se concentrer beaucoup mieux. Évitez cependant de courir, vous risquez de prendre une bûche et ce n'est jamais agréable. Contentez-vous de faire marcher l'animal à votre gauche. Vous verrez c'est beaucoup plus facile que de jour.

TRAVAIL PRATIQUE N° 4

Maintenant, nous allons dresser le chien à marcher ***sans laisse*** mais à hauteur de notre genou gauche. Vous commencez dans l'entrée comme d'habitude en lui passant la laisse-collier. Le chien est debout. Vous prenez la laisse dans la main gauche, vous ouvrez la porte, vous dites « derrière » et vous sortez dans la cour. Le chien retrouve son rond familier. Il le connaît maintenant depuis quinze jours que vous tournez ensemble. Au bout de quelques tours, vous lâchez la laisse. Elle traîne par terre mais le chien se croit toujours attaché. Puisque normalement il est maintenant habitué à marcher sans tension de laisse, il ne devrait pas vous dépasser.

Vous avez interrompu votre lecture pour faire l'exercice demandé. Vous la reprenez maintenant en protestant contre le théoricien qui vous donne des conseils tout à fait inopérants. Vous auriez mieux fait de lire ce manuel jusqu'au bout, mais vous étiez si pressé de faire l'expérience. Que s'est-il passé ? Vous avez fait ce que je vous ai dit et le chien a gagné d'abord cinquante centimètres, puis un mètre, puis s'est mis à courir. Comme vous n'aviez plus la main sur la laisse, vous ne pouviez pas l'arrêter et il a gagné tranquillement du terrain, ce qui prouve qu'ou bien votre dressage n'était pas parfait ou que votre ami est particulièrement malin et observateur. Tant mieux s'il s'agit du second cas. Recommencez entièrement l'opération en laissant ensuite traîner la laisse à terre. Dès que le chien tente de vous dépasser, marchez sur celle-ci. Il faut le faire à bon escient et au bon moment, c'est-à-dire quand vous sentez qu'il va abandonner l'excellente position que vous lui aviez inculquée. La laisse n'est pas très longue. Donc votre temps de décision doit être égal au temps que met la laisse pour parcourir disons un mètre au maximum. Vous appuyez donc. Le chien s'arrête et vous regarde. Commandez : « derrière ». Au besoin, avancez un peu le pied droit, puisque votre pied gauche est un peu en avant. Relâchez le pied gauche et redémarrez. Faites cela aussi souvent que nécessaire. Évitez cependant de dire « allez ». Ce commandement ne sert que pour rompre le « up » et le « down » ou pour faire aller un chien devant soi. Si vous reprenez la marche, dites au contraire « derrière », et avancez. Vous avez habitué votre chien à tourner en rond et, si tout va bien, il devrait rester sur le cercle.

Maintenant, vous pouvez sortir du cercle et marcher dans une autre direction. Il peut se faire, mais c'est assez rare, que votre élève ne vous suive pas si vous quittez le chemin habituel. Dans ce cas, revenez vers lui, caressez-le, puis repartez vers le centre du cercle.

Enfin, le grand jour arrive. Vous ouvrez la porte de la cour et vous partez le promener sans laisse dans les rues de la ville pour que chacun puisse admirer votre dressage. Si vous vous en tenez aux indications précédentes, vous êtes un criminel et un hors-la-loi. Un criminel car, pour une illusoire satisfaction de vanité — dresser un chien à marcher sans laisse est à la portée de n'importe qui — vous exposez votre compagnon au risque de se faire écraser par une voiture. Un hors-la-loi car un chien en ville doit toujours être tenu en laisse. Il peut courir après un enfant, renverser un vieillard, se ruer sur un pigeon ou poursuivre une chienne en chaleur.

Il existe pourtant un cas fortuit que je voudrais signaler. Je dressais une petite cocker, Sissi, déjà citée. Comme elle n'avait que huit mois, je lui passais avant chaque promenade une laisse d'exposition en cuir très fin. Dès ses premières sorties, elle se mit à marcher derrière moi. Je marchais alors à pas tranquille sans me retourner, pour montrer au chien que j'avais confiance. Soudain, je vois ma Sissi me dépasser et prendre le galop. Vous aurez tout compris si je vous dis qu'il ne me restait qu'un bout de laisse dans la main quand elle m'a doublé. La raison pour laquelle elle marchait correctement tenait au fait que, très tranquillement, dans mon dos, elle avait cisaillé sa laisse. Elle devait essayer de recommencer plusieurs fois par la suite. Mais un homme averti en vaut deux. Je la surveillais du coin de l'œil et chaque fois qu'elle s'attaquait au cuir, je lui disais « non ». Elle reprenait alors son allure sage et arrêtait de mordre sa laisse. En toute franchise, maintenant qu'elle a trois ans, je ne vous garantis pas qu'elle ait complètement perdu cette habitude. J'use donc d'une laisse en cuir plat et épais qu'elle a de la peine à entamer.

Votre chien est sur le trottoir. Il est en laisse. Comme il sort de son territoire, il va longer les murs pour les arroser. Suivant la position des immeubles et le sens de votre marche, votre élève sera tantôt à droite de vous, tantôt à gauche. Cela a de l'importance. Permettez-lui de faire ses besoins en vous rapprochant du bord du trottoir et, quand vous le voyez s'accroupir, tirez-le un peu pour que les déjections tombent dans le caniveau. Vous noterez au passage que les chiens sont plus rapides pour faire leurs besoins que les chiennes. Remarquez également que, quand il s'agit des crottes, les deux sexes s'arrêtent de manière inopinée, sans que vous vous y attendiez vraiment. C'est pour cela qu'il faut longer le trottoir côté rue car ainsi vous pourrez réagir plus vite.

Mais vous allez me dire : « Et le travail en laisse ? » Revenons-y. Vous sortez, le chien est derrière vous. Évitez qu'il ne s'élance en aboyant comme font certains. Ouvrez la porte doucement. S'il bondit, refermez vite. S'il aboie, même chose. N'acceptez qu'un chien sage, et refaites l'exercice aussi souvent que nécessaire. Quand il fait ses besoins, arrêtez-vous. C'est idiot de tirer sur la laisse en lui disant « viens, mais viens donc ». Il faut que tout se fasse. Vous marchez donc doucement avec des haltes autant que nécessaire pendant, mettons, trois à cinq minutes. Au besoin, faites quelques mètres dans un sens, puis quelques mètres dans l'autre. Si une déjection tombe sur le trottoir, poussez-la avec le pied. A New York, les gens ont même une petite pelle et un balai. En France, ce genre d'ustensiles devrait bien exister. Ensuite, continuez à marcher côté rue, pour le cas où, mais ne tolérez plus que votre compagnon s'arrête à tous les mètres. Un avantage d'être au bord du trottoir est que, si vous possédez un chien, il verra très peu d'obstacles élevés, de ce côté, lui permettant de lever la patte.

Ne tolérez pas que l'on caresse votre chien. On ne sait jamais. Certains spécimens ont de bons yeux, des grandes oreilles, un pelage soyeux et de par leur petite taille, attirent les enfants. La maman gâteau voudrait bien leur faire plaisir. Tournez la tête et faites celui qui n'a rien vu. Vérifiez que votre ami marche la tête bien droite, en regardant loin devant lui. S'il se baisse pour renifler, tirez un peu sur la laisse. Vous l'avez bien dressé, il comprendra.

Vous auriez peut-être préféré que je vous indique un ordre approprié. Je n'en ferai rien. Habituez-vous à conduire votre auxiliaire silencieusement. Moins on en dit, mieux on se porte. C'est comme chez les vieux couples ou le camarade avec qui vous partez à la chasse. Sans rien se dire, chacun se comprend. Pas besoin de parler, pas de dessin, pas d'explication. Ainsi que je vous l'ai déjà dit, le chien est observateur et a une excellente mémoire. Le tout est qu'il comprenne. Je soupçonne même certains chiens d'avoir un don spécial de transmission de pensée, si cela existe. Si vous voulez en savoir plus sur ce phénomène appliqué aux humains, lisez Bergson (*La pensée et le mouvant*).

Vous tombez sur un groupe de pigeons, le chien s'élance. Ne le battez pas car, toujours en raison de son excellente capacité de mémorisation, votre animal, la prochaine fois, risque de marquer le pas exactement à l'endroit de la correction. Vous aurez l'air malin si tous les matins, quand vous sortez, à cinquante mètres de votre domicile, le chien se met au « down » à l'endroit de la correction et refuse d'avancer. Il faudra tout reprendre et les erreurs de dressage sont extrêmement longues à corriger. Dites seulement « derrière » et tirez sur la laisse. Quand on dresse un chien on tient la laisse comme une rêne ; quand il est dressé, on la prend comme une guide, entre le pouce et l'index. La prise est moins solide mais cela vous donne moins de main, moins de dureté dans la tenue de la laisse. Si vous

Scène de chasse.

n'êtes pas un cavalier averti, vous pouvez ainsi rendre plus facilement. En évitant de vous fâcher et de corriger l'élève, vous avez l'avantage de ne pas brider son instinct de chasse. Vous ne savez pas ce qu'il va donner sur le terrain. Or ce que vous voulez développer c'est, en action, la vitesse et l'impétuosité. Si déjà, sur des pigeons, dans votre ville, vous commencez à le briser, vous n'aurez plus à la chasse qu'un pauvre toutou qui traînera dans vos jambes.

Mais maintenant vous en avez assez de vous promener en ville. La chasse approche et vous brûlez d'en découdre. Que sait faire votre chien ? Il sait simplement se promener en laisse. C'est déjà beaucoup. Vous pouvez songer à le prendre avec vous pour les battues. En effet, le sortir en plaine, sans rappel, vous gâcherait votre journée de chasse ; vous perdriez vos derniers amis et vous détruiriez la totalité du dressage que vous avez commencé patiemment. Vous arrivez sur le lieu de vos futurs exploits en voiture. Vous descendez et le chien reste à l'intérieur. Il n'a pas à en descendre avant que vous ne partiez et il n'a pas à batifoler à grand galop même en faisant des ronds de moins en moins concentriques pendant que vous passez vos bottes ou que vous montez votre fusil. A l'extérieur, un chien travaille. Il n'est pas là pour jouer. Quand vous êtes prêt, vous ouvrez la porte de la voiture, lui passez sa laisse

et au commandement « viens », le faites descendre. Comme toujours, vous faites le mur devant la porte pour l'empêcher de descendre d'un bond. Une fois dehors, vous le gardez en laisse et vous attendez que tout le monde soit prêt à partir.

Vous venez d'essayer. Vous avez ouvert la porte en faisant le mur. Le chien a bondi et s'est sauvé comme un voleur. Comme par hasard, il s'est tapé dans un lièvre et a entamé une belle course. Au bout de dix minutes, il est rentré vaguement inquiet et le président de chasse vous a suggéré de laisser le bel animal dans votre automobile jusqu'à la fin de la journée. Rentré chez vous, vous prenez ce manuel et vous le jetez à la poubelle. Quel est l'imbécile qui prétend... ?

Visiblement, je m'y suis mal pris pour vous expliquer ce qu'il faut faire. Je vous croyais plus avancé et je vous présente mes excuses. Reprenons. Le chien est à l'arrière de la voiture. Vous approchez et vous entrouvrez la porte arrière. Mettons dix centimètres. Le chien va vouloir passer la tête. Vous ouvrez un peu plus la porte. Le chien veut s'élancer. Refermez-la vite mais pas complètement, bien sûr. Vous ne voulez pas quand même lui briser le museau. N'ayez pas peur malgré tout de faire cela, car les chiens ont des réflexes étonnamment rapides. Mais, pour cette première fois, il ne sait pas ce qui va lui arriver et il risque d'être un peu en retard sur votre manœuvre qui le prend par surprise. Bref, le chien recule. Faites cela jusqu'à ce qu'il ait compris. Ce ne sera pas long normalement. Vous ouvrez grand la porte et le chien vous regarde. Tant mieux. Prenez la laisse et passez-la-lui. Il connaît et n'a pas à bouger. Reculez en formant mur, mais à distance de la longueur de la laisse, la main passée éventuellement dans la poignée si vous avez besoin d'une très bonne prise et commandez : « viens ». Le chien ne devrait pas sauter mais descendre avec légèreté. S'il ne le fait pas convenablement, tant pis. Ce sera pour la prochaine fois. Pas de commentaires, pas d'ordres, pas de hurlements, pas de regard courroucé ou vous risqueriez d'abrutir complètement ce beau sujet qui ne demande qu'à vous faire plaisir. Vous l'arrêtez dans sa course avec la laisse. Si vous faites comme cela, je vous garantis le succès. Maintenant, au moins vous savez ce qui vous attend ou risque de vous arriver.

Vous vous dirigez vers l'abri de battue, le chien en laisse, derrière vous ou à votre hauteur, la laisse détendue, mais pour plus de précaution, vous la tenez par le milieu, pour prévenir toute surprise. Arrivé sur place, vous repérez les lieux et placez votre ami à votre gauche en évitant que son champ de vision ne soit rétréci. Les chiens un peu habitués suivent avec beaucoup d'intérêt les battues. J'en ai même connu qui voyaient l'oiseau avant moi. Une fois où je chassais avec des amis en Hongrie, j'avais emmené une charmante petite cocker Tr. Rigolette du Vieux Donjon, qui pendant que nous attendions les tourterelles me signalait les arrivantes. Elle restait assise très sage, et levait la tête à chaque passage d'oiseau. Il fallait voir son air dégoûté quand la tourterelle était manquée. Bien sûr, elle n'était pas en laisse et je n'avais pas besoin de trouver un arbre ou un piquet pour l'attacher. Mais vous, vous n'en êtes pas encore là. Emmenez donc avec vous ce grand tire-bouchon que l'on trouve chez tous les armuriers et en tout cas chez Gastinne Renette. Pourquoi un tire-bouchon ? Parce que, comme je l'ai expliqué, c'est le seul piquet que l'on puisse enfoncer dans n'importe quel sol et qui résiste à toutes les tractions même en terrain labouré. L'avantage d'en avoir un est que vous pouvez ainsi avoir votre chien à côté de vous tout le temps. L'attacher à l'abri est dangereux, car celui-ci est rarement solide. Mettre la laisse à un arbre placé en lisière devant vous, c'est éloigner le chien. Celui-ci va parfois se mettre à aboyer ou comme la petite Sissi des Grands Vaux de Sauldre tenter de couper sa laisse. En ayant votre chien tout près, vous pouvez lui parler et le surveiller dans les intervalles de temps où vous ne tirez pas.

Certains chiens, dès les premières battues, sont des chanteurs redoutables. Ce n'est pas admissible. Quand cela arrive, je dis une ou deux fois « Dick », en appe .e chien à n prénom. Si cela ne suffit pas, je lui donne une p museau chaque fois qu'il commence sa chanson e . Enfin, si je ne peux faire ni l'un ni l'autre en raison , je m'arrange pour que mon pied touche simplement .nain. Cela suffit à le calmer. Ne laissez jamais un chien prendre cette sale habitude, il est très difficile ensuite de l'en débarrasser. Si malgré tout il persévère, je vous suggère, quand il sera dressé, de lui faire prendre un peu d'exercice le matin, de le laisser un peu courir dans une plaine sans gibier connu. J'ai noté que, de cette manière, le chien chanteur, ne faisait plus de vocalise en battue. Si vous avez un autre truc, utilisez-le, pourvu qu'il ne soit pas coercitif comme de lui mettre la tête dans un sac ainsi que l'avait fait un de mes amis. Ce « truc » là était une belle ineptie.

Commentaires du dresseur professionnel

1. La première fois que l'on veut mettre une laisse-collier, certains jeunes chiens sont pris de panique. Le meilleur système est de leur caresser la tête avec votre main en les mettant face à vous. Vous passez votre laisse très largement ouverte au-dessus de votre bras tendu. Vous caressez, tirez un peu sur la laisse pour la refermer puis retirez la main.

2. Pour habituer un chien à marcher en laisse, je procède de la manière suivante :

J'utilise une laisse simple, c'est-à-dire un cuir large passé dans un anneau. Ainsi, si mon chien « tire au renard », il ne peut pas se détacher.

Il faut d'abord l'habituer à se déplacer calmement avec la laisse au cou. Il suffit de marcher doucement en lui parlant gentiment ; peu importe sa place par rapport à moi.

Une fois le chien en confiance, je lui apprends à marcher à gauche. Pour ce faire, mon chien étant en laisse, je tiens celle-ci dans les deux mains, passée devant moi. La main gauche à quarante centimètres de la tête du chien, la main droite à une largeur d'épaules de la gauche, les paumes fermées tournées vers moi, les bras tombants. Le chien se trouve alors derrière ma jambe gauche, sa tête à hauteur de mon genou. S'il s'écarte, un peu de fermeté dans les mains le ramène immédiatement à sa place.

EXERCICE N° 9

Le « up », base du dressage amateur. Travail pratique. Commentaires.

Vous avez appris à votre ami le travail en laisse. Il s'est un peu assoupli. La base du dressage est d'avoir un chien immobile quand on le lui demande. Vous allez me dire : « Et le rappel ? » C'est également important, mais supposons qu'il n'en ait pas, vous pourrez toujours l'empêcher de courir en le faisant asseoir à quelque distance que ce soit. S'il ne bouge pas, vous aurez également la possibilité de venir vers lui pour le raccrocher. Vous allez faire vos courses avec votre chien en laisse. L'épicier ne veut pas de chien dans sa boutique et il a bien raison. Vous faites asseoir votre compagnon pas trop près de la porte pour éviter les accidents de morsure toujours possibles quand un client rentre, ou les caresses intempestives d'un autre qui adore les chiens, ou les « viens manger un petit susucre » de la grosse dame qui vous fiche en l'air votre dressage. Cherchez le crochet d'attache d'un volet par exemple et fixez-y la laisse. Commandez « up », vérifiez que le chien ne tente pas de vous suivre et entrez tranquillement dans la boutique, votre panier sous le bras.

Mais qu'est-ce que le « up » ? Les Américains l'écrivent « hup » et les Français prononcent « hep ». C'est le commandement qui ordonne au chien de s'asseoir. On disait autrefois « assis », ou « sit » pour avoir l'air plus chic. Pour être parfaitement en ligne avec Shakespeare, on aurait dû dire « sit down », mais en anglais le commandement « down », qui se prononce « daonne » en français, est différent du « sit ».

Le « up » (hep) veut dire « assis », le « down » veut dire « couché » ou « terre », comme on disait autrefois.

En général, on n'utilise pas le « up » à distance avec d'autres chiens que les spaniels, mais en Angleterre et parfois en France on s'en sert pour des setters. On peut dresser n'importe quel chien à ce commandement avec une réserve, c'est qu'à distance certains chiens comme le pointer seront mieux utilisés au « down » qu'au « up », cela en raison de leur morphologie et du type de travail qui leur est demandé. Pour cette raison, étant donné que nous sommes en dressage amateur, nous allons étudier complètement le « up », mais plus superficiellement le « down », qui est déjà un exercice un peu plus difficile à réaliser. De toute façon, la position assise est naturelle, alors que le « down » est artificiel (et doit s'apprendre). Très peu de chiens se mettent au « down » dans la bonne position, c'est-à-dire en sphinx. Ne me dites pas que vous avez rencontré des chiens qui s'y mettaient naturellement. Je vous crois, mais ce n'est pas courant car ce n'est pas une position aussi confortable que de se coucher un peu sur le côté, et cela les chiens savent le faire, ou de s'asseoir en rêvassant au soleil.

Donc un seul commandement : « up ». Pas « d'assis », « assied-toi là », « viens ici », qui ressemble à « viens assis », « allez viens » qui sont deux mouvements contraires, etc.

Je vous ai dit que le « up » servait à maintenir un chien immobile. C'est vrai. Mais il a d'autres utilités ou « sous-produits », comme on dit en marketing. De près, à côté de vous, cela vous évite de vous baisser pour passer la laisse. Un chien est toujours assis quand on l'attache, mais jamais couché, ni à plus forte raison les deux pieds posés sur votre belle veste neuve, la tête à hauteur de votre poitrine. Vous n'êtes pas non plus chargé de lui courir après avec la laisse en main, espérant qu'il se laissera faire. Les chiens n'aiment pas nécessairement celle-ci, surtout au début, et vous voir galoper risque de leur donner l'envie de jouer. Vous franchissez les massifs de fleurs avec entrain, vous passez les haies de votre jardin, vous renversez des poubelles. Quelle joie pour ce setter irlandais innocent. Vous redoublez d'ardeur, et quand vous l'attrapez enfin, vous avez le souffle court, le cœur battant qui vous rappelle que vous n'avez plus vingt ans et qu'en tout cas il ne bat plus pour les mêmes raisons. Il faut rentrer, vous êtes en colère, et le joyeux luron n'y comprend rien. La fois suivante, vous allez avoir droit à deux fois mieux, jusqu'à ce qu'il disparaisse définitivement dans des courses échevelées qui vous feront dire que, décidément, cette race n'est faite que de cabochards. Je viens de vous décrire exactement ce qui a pu ou va vous arriver en vous comportant de la sorte. Evitez cela. C'est une première utilité du « up ».

Toujours près de vous, quand un chien rapporte du gibier, il n'est pas chargé de vous le donner couché. Il peut le faire à la rigueur debout sur ses quatre pattes mais, s'il est un peu long à donner, vous allez vous approcher, il va reculer, vous allez essayer de lui ouvrir la gueule. Il fait quelques pas de plus en arrière. La queue du faisan vous reste dans la main, le gibier se déchire, le chien a la gueule pleine de plumes, il mâchouille, serre plus fort. Si vous l'aviez mis assis au « up », vous auriez évité ces inconvénients. Et puis, par la suite, il recommencera. C'est un jeu amusant. Ensuite, il ne vous rapportera plus le gibier et ira l'enterrer, ou, comme je l'ai vu faire à certains griffons korthals, il le mangera sous votre nez. Croyez-moi, ce n'est pas nécessairement la race qui est en cause.

De loin, outre l'immobilité, la position assise va permettre au chien, et notamment au cocker par exemple, de voir où tombe le gibier. Vous avez tiré, vous mettez votre chien au « down ». C'est bien. Mais, dans la grande bruyère, derrière des ronces, dans un terrain foulé au pied, le chien ne voit pas où le gibier tombe. En étant assis au « up », il peut rester immobile tout en repérant l'endroit où il aura à chercher. Juste pour la petite histoire, je voudrais quand même faire une remarque qui m'est personnelle mais qui est controversée par les professionnels. Pour moi, quand un chien est couché, immobile au coup de fusil, il n'est pas distrait, ni entraîné par un oiseau dont il a vu le point de chute. Donc, s'il ne voit rien, il n'aura pas tendance à courir à nouveau sous l'aile après avoir exécuté le mouvement du « down » qui lui est demandé. En mettant son chien au « up », il peut arriver que la nature et la passion reprennent le dessus. Le chien va quitter sa position et courir sur la pièce sans s'occuper des ordres. Donc, pour un amateur, la position au « up » est facile à faire prendre, mais il est difficile d'y maintenir le chien.

Autre réflexion concernant la position assise ou couchée. Il n'est pas vrai que, dans de hautes herbes, un braque allemand couché au « down » y voie mieux qu'un cocker au « up ». C'est l'évidence même. Pourtant, on dresse rarement ce genre de chien au « up », à distance, tout simplement pour des raisons de morphologie et d'utilisation au travail. Alors, vous vous dites : « très bien, mais le ''up'' n'est donc pas la base du dressage en ce qui concerne mon chien ». Je reviens encore sur ce sujet. Nous sommes en éducation, en conduite du chien, en dressage amateur. Votre chien ne sera convenablement dressé que quand il saura s'asseoir à côté de vous et à distance. Par la suite, quand vous serez plus entraîné, vous pourrez parfaire votre dressage par le « down », mais rien ne presse à ce stade. Quoi qu'il en soit, le « down » étant un exercice différent, vous l'enseignerez comme un travail supplémentaire que le chien acquerra rapidement si vous avez fait exactement tout le dressage préparatoire dont il avait besoin et qui est l'objet de ce manuel. Je souhaite vous indiquer comment vous conduire avec un chien et comment bien le conduire. C'est tout, mais c'est déjà beaucoup pour quatre-vingt-dix pour cent des chasseurs avec chiens.

Maintenant, je vais vous indiquer diverses méthodes pour mettre un chien au « up ». Je ne vous les recommande pas nécessairement, mais je souhaite que vous les connaissiez pour en connaître les écueils et pour éviter que, dans les discussions que vous aurez avec vos camarades, l'un d'eux laisse tomber d'un ton méprisant : « Tu n'y connais rien, moi je fais comme cela et ça marche. » Vous regretteriez alors d'avoir dépensé votre temps en dressage et votre argent dans ce manuel.

Première méthode : *Attention à ne pas tirer sur la laisse.*

Première méthode

Le chien est muni d'un collier et d'une laisse. Placez-vous sur le côté droit du chien qui est à ce moment debout sur ses quatre pattes. A noter au passage que c'est toujours de ce côté que vous vous placerez pour les exercices, de manière à éviter à la chasse d'avoir un chien avec la bouche de canon au-dessus de sa tête. Vous prenez la laisse dans la main droite, assez courte, mettons vingt centimètres environ. Vous commandez « up » en exécutant deux mouvements. De la main gauche vous appuyez sur l'arrière-main du chien, de l'autre vous tirez la laisse vers le haut. Quand je vous parle d'arrière-main, évitez de lui tirer la queue, le chien ne voudra jamais s'asseoir dans ces conditions. Au contraire, il va vouloir avancer, vous allez tirer un peu sur la laisse, il tourne, vous fait face, se trouve placé avec son côté gauche vers vous. Vous appuyez, le chien avance, il se déplace. Vous vous essoufflez, lui aussi. Vous criez : « Salaud, vas-tu te tenir tranquille ». Vous connaisez la suite. Plus de maître, plus de chien. Par contre, vous appuyez convenablement à peu près au milieu des reins. Il va tendre vers la position assise puisque, de l'autre main, vous montez la laisse. Mais cette méthode nécessite un certain doigté, ou plutôt une bonne synchronisation des gestes que le dresseur amateur n'a pas nécessairement. En effet, quand le chien commence à céder sous son arrière-main et à gagner la position assise, il faut relâcher la pression de la laisse, tout en restant au contact, de manière à ne pas créer une aspiration de la tête du chien vers le haut. Avec un peu de malchance supplémentaire, il peut arriver que le collier, mal serré, se défasse : votre apprenti va donc vous échapper. Avec tout ce que je viens de dire et bien que ce soit une méthode très classique, je ne vous la recommande pas. Attendez de vous être fait la main sur d'autres chiens et puis, surtout, voyez les suivantes.

Deuxième méthode : *Elle est mauvaise. Le chien a tendance à se retourner et donc se relève.*

Deuxième méthode

Vous mettez votre chien en laisse. Vous placez votre chien l'arrière entre vos deux jambes pour qu'il ne puisse pas se déplacer à gauche ou à droite. Vous tenez le collier et vous appuyez sur l'arrière-main. C'est en fait une variante de la première méthode. Cette position est utilisée couramment pour la mise au rapport. Elle a un avantage important quand on la compare avec la précédente : le chien ne peut pas faire d'écarts de gauche à droite. Par contre, elle est parfaitement antinaturelle parce que votre équilibre est menacé (essayez et vous verrez) ; elle est fictive, parce que, pour faire asseoir l'animal, vous devrez reculer vos pieds pour ne pas tomber ; elle est dévastatrice parce qu'elle oblige à travailler en force. En effet, le chien, ne vous voyant pas et ne sachant pas ce que vous lui voulez, va tout naturellement tourner la tête pour essayer de vous regarder. En tournant la tête, il va avoir tendance à relever l'arrière-main alors que vous, vous souhaitez précisément le contraire. Mais vous ne me croyez pas. Vous êtes un malin. Au lieu de tenir le collier, vous saisissez le chien par l'échine comme vous l'avez vu expliquer précédemment et vous lui montrez ainsi que vous êtes bien le chef. Laissez-moi vous dire ce qui va se passer. En faisant cela, le chien va s'affaler dans vos pieds en signe de soumission ; autrement dit, il va fléchir les antérieurs au lieu de les conserver droit. Vous pourrez toujours tirer pour le maintenir. Vous aurez alors un paquet flasque dans la main et un admirateur de moins, complètement affolé.

Vous comprenez maintenant pourquoi je vous décris ces différentes méthodes avec les aléas que vous rencontrerez au stade de l'exécution. Si je vous dis : « faites asseoir le chien et tout ira bien », je suis persuadé que vous y arriverez par tout système, mais vous perdrez du temps en dressage, vous lasserez votre chien et surtout vous n'aurez plus sa confiance. Les chiens reconnaissent les « bricoleurs » au premier coup d'œil. Je crois même que ces derniers ont une odeur spéciale.

Troisième méthode

C'est celle que j'utilise. Ce n'est pas forcément la meilleure mais c'est celle que j'emploie depuis des années et je vous en garantis les résultats. Elle a de nombreux avantages et vous pouvez facilement enchaîner sur d'autres exercices ensuite. N'oubliez pas que l'éducation est une modification progressive du comportement. A telle situation doit correspondre telle attitude. Pour faire asseoir un chien, je me place devant lui. Je suis un mur, une barrière, un obstacle incontournable. Je le mets dans la position assise parce que je veux qu'il s'immobilise. Il est donc pour le moment sur ses quatre pattes. Je passe la main droite dans le collier. Je me mets ensuite légèrement de biais et avance mon pied gauche vers son côté droit. Ce court déplacement a tendance à le faire reculer. Donc, en même temps que je me déplace, j'appuie avec ma main gauche sur le postérieur ou les reins. Le chien va donc s'asseoir dans le mouvement. C'est très important de ne pas conserver une attitude statique en matière

Troisième méthode : *Position de début d'exercice. Je fais le mur.*

de dressage. Partir d'un mouvement du chien facilite souvent la tâche. Maintenant, vous allez essayer. Vous faites comme je vous ai dit. Vous voyez alors votre élève s'arc-bouter en poussant sur les pattes arrière. Impossible de le faire asseoir. Vous pestez vigoureusement contre l'auteur imprudent qui vous indique des exercices infaisables. Reprenez. Vous avez fait plusieurs erreurs. Tout d'abord je vous ai dit : « en même temps que je me déplace, j'appuie sur le postérieur ». Vous, vous avez bien déplacé votre pied gauche de manière à avoir votre jambe gauche à hauteur de l'épaule, par exemple (tout dépend de la taille du chien et de la longueur de vos bras ou de votre corps), mais vous n'avez pas appuyé sur le derrière au moment où vous commenciez votre translation. Ou bien vous avez mis votre main trop en arrière et appuyé sur la queue. Nous avons vu dans ce cas-là ce qui arrive. Ensuite, votre main droite, au lieu d'aller horizontalement d'avant en arrière, est montée à la verticale comme dans la méthode n° 1. Nous en avons vu le résultat. On peut dresser un jeune chien à s'asseoir dès son jeune âge, mettons à quatre ou cinq mois. A cet âge, l'arrière-main n'est pas encore très solide et le chien s'emberlificote encore dans ses pattes. Vous pouvez le faire avant, si vous le voulez, mais je ne vous le conseille pas. Certains le font. Je préfère que le chien soit bien détendu, ait plaisir à jouer, coure, saute, plutôt que de l'enserrer trop tôt dans un carcan d'habitudes. Comme je vous l'ai dit, un bon dressage commence quand un chien est suffisamment mûr. Quand je déplace mon pied gauche, ma jambe droite continue à faire mur.

Ne vous mettez surtout pas accroupi à hauteur du nez du chien en lui disant : « Allons mon vieux, mets-toi au ''up'' ». Il va vous lécher vigoureusement la figure et votre autorité sera compromise. Non, vous êtes un obstacle infranchissable. Vous vous dites : « Je vais faire preuve de fermeté ». Je me suis toujours méfié des mains de fer dans un gant de velours. Celui-ci est souvent tellement élimé que l'on oublie qu'il y en a un. Je n'aime pas non plus les fines cravaches. On perd toutes les courses que l'on veut avec cet instrument. Nous sommes en dressage amateur et nous apprenons ensemble : le chien et nous. Quand vous avez aidé votre fils à marcher, vous n'avez pas fait preuve de fermeté mais de bon sens, de gentillesse, d'affection. Vous l'avez aidé. Vous ne l'avez pas brisé en lui disant : « Ou tu marches ou tu as une fessée ». Un chien a très vite l'intelligence d'un enfant de trois ans. Ne m'objectez donc pas qu'il n'est pas à même de comprendre. Il est plus avancé que votre fils à l'âge où il commençait à marcher. Et puis, puisque j'en suis à la fermeté, rappelez-vous ceci : ***un roi ne crie pas***. Vous êtes le chef, le commandant, le souverain. Pas besoin d'élever la voix, de crier, de vous mettre en colère. C'est vous le patron et le chien ne demande qu'à vous faire plaisir. Être ferme quand on est mauvais éducateur, c'est la pire des choses. A l'armée où les choses sont simples, il y a dans le règlement une phrase intéressante qui se termine par : « un ordre ne peut se discuter que quand il a été exécuté ». Faites asseoir le chien et dites-lui d'en discuter ensuite s'il n'est pas d'accord. Vous verrez, il ne vous dira rien.

Au moment où vous passez ***tranquillement*** la main dans le collier, et où vous êtes encore entièrement face à lui, commandez « up » (prononcez « hep »). Cela ne dit rien au chien. Mais, la prochaine ou les prochaines fois qu'il vous verra face à lui dans cette attitude, il comprendra que « up » veut dire s'asseoir.

Vous pourriez être tenté d'associer le nom de votre chien au commandement « up », du genre : « Victor, up ». Je ne vous le conseille pas tout de suite. La raison en est simple. L'ordre est donné de près, alors que vous êtes devant lui, et le chien sait parfaitement que c'est de lui qu'il s'agit. L'ordre sera donné de loin, plus tard, bien plus tard, à cent mètres, et il doit être suffisamment clair pour ne laisser place à aucune hésitation. A distance, vous criez « hep », très fort. C'est tout.

Votre chien sait maintenant s'asseoir. Vous pouvez commencer le dressage au geste et au sifflet. Normalement, un chien que l'on veut faire asseoir répond au geste d'un doigt levé à hauteur de la poitrine. C'est assez logique car vous avez récompensé chaque mouvement exécuté correctement. Un morceau de viande ou un morceau de biscuit sont parfaitement adaptés. Vous avez fait garder la pose de plus en plus longtemps en l'empêchant de se relever, mais sans vous éloigner au départ. En effet, une erreur classique du dressage est de mettre son chien assis puis de s'éloigner en espérant qu'il restera en position. Pas du tout : il vous voit partir, il vous suit. Donc, dans les premières leçons, ne bougez pas. Le premier jour, vous donnerez des petites leçons de deux minutes, à raison de deux le matin et deux le soir. En trois jours, votre chien devrait s'asseoir pendant dix à vingt secondes. Il ne vous reste donc plus qu'à parfaire en restant à côté de lui. Mais vous avez hâte d'en venir au « up » à un mètre, trois mètres et plus. Il n'y a pas de presse. Utilisez donc le commandement unique que vous ne quitterez plus par la suite. A trois mètres, on commande « up » en levant le bras droit, la paume bien visible et le bras tendu. C'est ce geste que je vous recommande dès que le chien aura compris le commandement à la voix. Ne le faites pas trop tôt, ni trop près. Imaginez-vous devant un cocker anglais, avec votre taille imposante, levant en plus un grand bras. Vous allez le terroriser. Attendez tranquillement qu'il s'asseye à la voix et ne passez au geste du bras que quand le mouvement est exécuté convenablement avec le doigt. Conservez votre bras en l'air au début suffisamment longtemps pour qu'il comprenne que votre immobilité et la sienne vont de pair. Ne marchez pas, ne sifflotez pas, ne vous baissez pas. Il est au garde-à-vous, vous aussi.

Votre élève connaît maintenant votre voix, le commandement « up », et il connaît le geste. Prenez votre sifflet si vous souhaitez parfaire son éducation. A votre place, je ne m'en servirais pas. Mais, comme je ne veux pas vous maintenir dans l'ignorance, je vous indique que le « hep » s'exécute de la manière suivante. On lève le bras en donnant le commandement « hep » et on siffle un long coup bien net et bien clair. Entraînez-vous avant de faire cet exercice. Je connais des chasseurs qui ne sauront jamais se servir d'un sifflet. Cela vous paraît pourtant facile. Il faut faire : « Tuuuuuuuuuut », pas plus. Gardez un souffle égal. L'attaque est franche, le final également. Pas de son qui s'essouffle. En dressage, le son atténué n'a pas la même signification, mais je ne suis pas près de vous en parler.

Bien entendu, tous ces exercices ont lieu en salle. Ne sortez que quand votre sujet se mettra assis au quart de tour. Les portes de la salle à manger l'ont empêché de sortir. Le calme de la pièce l'a aidé à se concentrer. Nous avons vu tout cela à un chapitre précédent. Je serais vous, je ne commencerais pas tout de suite à aller sur le terrain. Vous vous souvenez que, pour faire asseoir le chien, je me plaçais devant lui. Je rentre dans le chenil avec la pâtée. Je remplis la gamelle. Je me place entre le chien et celle-ci bien en face et je dis « up ». Il s'assied, garde la pose, je me retire. Il se jette sur la soupe. Par la suite, je donnerai un autre commandement pour rompre l'exercice : « Allez ». Mais nous n'en sommes pas arrivé à ce point de dressage. Donc je ne dis rien et le chien va vers sa soupe. Vous m'objecterez qu'il a quitté la pose sans ordre. Tout à fait d'accord. Mais il ne l'a fait qu'au moment où je me suis déplacé. Plus tard, j'y associerai le commandement « allez » et un autre geste. Oubliez tout cela pour le moment ; nous sommes à la première marche de l'escalier et il y en a encore quelques-unes, de plus en plus faciles.

Maintenant, je sors. J'ai mon chien en laisse. Pourquoi ? Parce qu'un chien qui sort de son chenil n'est pas là pour traîner mais pour travailler, même s'il y trouve de l'amusement. Il faut d'ailleurs que cela l'amuse. Regardez la queue. Elle est collée entre les jambes. C'est un mauvais jour ou bien vous avez un élève peu entreprenant. Ramenez-le au chenil. Inutile de faire des exercices, nous allons tous perdre notre temps. Lisez le journal puis en fin de journée par exemple, allez le rechercher. S'il commence à vous connaître et vous aimer, il grimpera le long des grillages, aboiera, grattera. Placez-vous devant la porte fermée. Levez le bras et dites « up ». Le chien, maintenant, devrait normalement s'asseoir. Vous l'empêchez de sauter, mais surtout vous évitez absolument qu'il n'aboie. Quand vous avez vingt-cinq chiens dans un chenil, vous imaginez le concert. A distance, avec un sifflet, et un coup long pour « up », vous verrez que par la suite tout le monde se taira. Mais il y a parfois des impénitents. Dans ce cas, et dans ce cas seulement, rappelez le chien à l'ordre. « Victor, up. »

Donc vous levez le bras droit en l'air, paume ouverte, pour commander le « up » à distance, vous mettez le bras droit sur la poitrine avec l'index levé pour commander le « up » à un chien qui est devant vous à une distance d'environ cinquante centimètres à un mètre. Mais vous avez également un signe qui remplace la voix, le sifflet et l'index levé. C'est un réflexe que vous prendrez très vite : le chien étant à un mètre, vous le regardez dans les yeux et vous claquez dans vos doigts. C'est un ordre impératif qui veut dire : « assis, silence, pas bouger, à l'ordre ». Votre attitude ne laisse place à aucune autre considération. Vous verrez qu'il comprendra très vite. Mais ne passez au claquement de doigt qu'à partir du moment où il a compris le « up » à portée et à distance.

Un conseil d'ami. Les deux instruments du dresseur amateur sont la laisse et le collier. L'un et l'autre se trouvent couramment dans le commerce. Vous avez aussi la laisse qui fait collier, ce qui est encore mieux. Tout cela vous le savez déjà. Dans les exercices que vous effectuez, au début, ne défaites pas la laisse pour commander le « up ». Même si vous ne la tenez pas en main, vous verrez très vite qu'elle constitue une sorte de cordon ombilical entre l'élève et vous. Celui-ci se rend compte qu'il est équipé d'un attirail de travail. L'exécution des ordres à distance peut s'en trouver facilitée. Mais, me direz-vous, et si cela ne marche pas ? C'est alors qu'à portée de main vous n'avez pas fait ce qu'il fallait. Gardez votre laisse en main tout le temps qu'il faut et ne faites des exercices à distance que quand ceux que vous avez demandés de près sont parfaitement exécutés. ***C'est très important.***

Maintenant que vous avez bien lu ce qui précède, faites des essais de commandement de près, mais en déplaçant votre pied droit vers la gauche du chien. Vous faites le mur, donc le chien est face à vous. Votre droite est en face de sa gauche. Étant donné que dans vos précédents exercices vous avez favorisé le côté droit du chien, vous vérifiez que votre légère translation dans le sens opposé ne lui pose pas de problème, c'est-à-dire qu'il obéit bien à l'ordre, quelle que soit votre position par rapport à lui. De même, vous faites demi-tour sur vous-même, toujours en formant paravent devant lui mais en lui tournant le dos. L'élève doit rester assis. Vous vous déplacez ensuite d'un pas à droite pour avoir le chien à votre gauche, d'un pas à gauche pour avoir le chien à votre droite. En dépit de ce que j'ai pu lire, je m'efforce toujours d'avoir mon chien à ma gauche

Je claque dans mes doigts. Le chien s'assied.

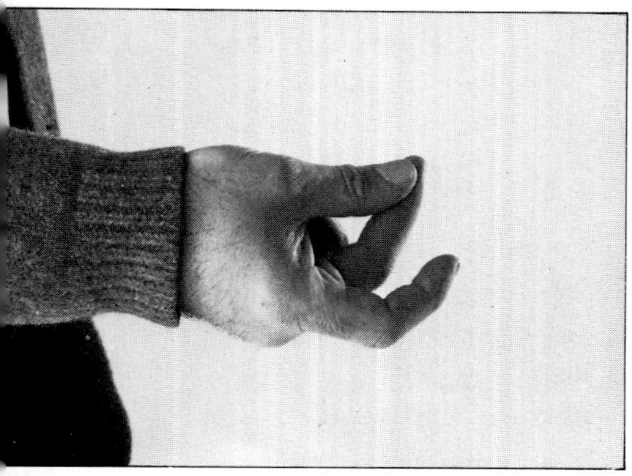

parce que, dans bon nombre d'exercices, on évite ainsi, comme je l'ai déjà dit, de lui mettre l'extrémité du fusil même cassé au-dessus de la tête. Ce principe de prudence ne souffre pratiquement pas d'exception. Pour les gauchers, c'est bien entendu l'inverse.

J'ai toutefois pu noter une situation de chasse où le fusil est tourné vers le bas et à gauche. C'est dans la chasse au lapin. Personnellement, je n'adopte que très rarement cette manière de faire, mais j'ai observé qu'un certain nombre de chasseurs marchaient en plaine ou au bois de cette manière. Les battues de lapin sont rares mais, si vous en faites une, sachez faire asseoir votre chien à droite s'il est très bien dressé ; sinon, derrière vous, le dos face à lui pour l'empêcher de courir vers le lapin quand celui-ci arrive à la ligne. Vérifiez donc tout ce que je vous dis par vous-même. Nous arriverons probablement les uns et les autres aux mêmes conclusions.

Je vous ai également annoncé que je vous parlerais du « down ». Vous vous sentez maintenant plus expérimenté, votre compagnon s'assied parfaitement de près et à distance. Vous savez au moins que, normalement, il va conserver l'arrière-main à terre quand vous allez toucher à ses antérieurs. Vous lui faites face quand il vient vers vous. Un claquement de doigt, il s'assied. Vous passez votre main gauche dans le collier avec une bonne prise. Laissez la laisse tranquille ou alors tenez-la très courte. Certains dresseurs préfèrent tenir la laisse parce qu'ils sont habitués à une laisse-collier. Mais si vous n'en avez pas acheté, tenez-vous-en à la bonne prise que je vous indique. Cela vous évitera d'ailleurs de faire deux mouvements contraires : une main gauche qui tient la laisse mais qui a tendance à remonter pendant que la main droite essaie de tirer sur les antérieurs pour mettre le chien au « down ». Le chien écartelé en profitera pour se débattre, tenter de se sauver ou s'affaler. La main gauche dans le collier, c'est déjà presque la prise d'échine. C'est « attention, nous allons exécuter un exercice ». Elle permet au besoin d'appuyer sur le cou de l'animal. Mais n'oubliez pas que les exercices se font toujours dans le mouvement. C'est donc le fait de tirer sur les pattes antérieures qui provoque le « down ». Quand le chien est à terre, vous vérifiez qu'il est bien dans là position du sphinx, les deux membres postérieurs alignés de part et d'autre du corps, les deux antérieurs bien dans le prolongement de celui-ci avec la tête posée par terre, bien entre les deux jambes. La queue est dans le prolongement du chien. Elle ne bouge plus. Vous vous mettez alors dans la position du mur devant lui et lui glissez la récompense au ras du sol. Il ne doit pas se relever même légèrement pour la prendre. Comme il s'agit d'un exercice d'enchaînement, vous ne devez pas avoir donné de récompense quand il s'est assis à votre commandement. Vous ne donnez celle-ci qu'à partir du moment où le chien a pris la position du « down ».

Le geste à faire pour le « down » de près est le suivant. Vous êtes penché, votre tête au-dessus de la sienne à environ cinquante centimètres, suivant la longueur de vos bras. Vous faites face à l'élève. Votre main gauche tient le collier, votre main droite est horizontale, paume ouverte au-dessus du nez ou du chanfrein du chien. Bien entendu, cet exercice s'exécute en salle comme pour le « up » de près. Vous voulez vous assurer que votre chien conserve le « down ». Après quelques exercices de deux ou trois minutes chaque fois, à raison de trois par jour, ne tenez plus de collier. Placez-vous devant le chien, bien en face. Levez l'index en disant « up » ou claquez dans vos doigts, il s'assied. Mettez votre paume au-dessus de son nez en disant « down » et il se met dans la position réglementaire. Pendant chaque enchaînement, vous êtes immobile devant lui. Maintenant, vous reculez de cinquante centimètres. Le chien va automatiquement vouloir vous suivre. Remettez-le immédiatement au « down » en vous avançant vers lui. Faites-lui garder la pose, puis reculez à nouveau. Vous pouvez maintenant faire un mètre en arrière. Votre chien ne sera vraiment dressé en salle que quand vous pourrez reculer, avancer, aller et venir, tourner autour de lui sans qu'il change de position. Vous êtes maintenant prêt pour l'extérieur.

A gauche : Le bon élève ne bouge plus, même sans laisse.
A droite : Le down. Ce cocker est dans la position du sphinx.

Le down — Cette braque allemande a une position parfaite.

Un matin, vous sortez en ouvrant la porte de la maison. Le chien se précipite dehors et fait une course folle. Vous noterez que, s'il est déjà bien assoupli et un peu mis à votre main, votre setter ou votre braque va faire des galops d'enfer mais en tournant en rond. Il garde un œil sur vous et a tendance à ne pas trop s'éloigner. Si ce n'était pas le cas, vous l'avez déjà dressé au « up ». Vous levez la main en disant « hep » bien fermement. Il s'assied. Vous l'avez dressé au sifflet ; vous faites « tuuuuuut ». Il s'assied. Comme vous l'avez appris, le geste est bras en l'air paume ouverte, doigts joints. Pour le « down », je vous suggère de lever les deux bras paume ouverte, doigts joints, bien au-dessus de votre tête, bras écartés à quarante-cinq degrés. Vous criez « down ». Le chien, voyant votre attitude immobile, vos deux bras, votre coup de sifflet comme pour le « up », se mettra normalement au « down » assez facilement.

Manque de chance, vous n'y arrivez pas. Très bien, rentrez en salle et recommencez votre exercice : assis, couché. Éloignez-vous, levez les deux bras. Dites « down ». Le chien se met en position. Vous pouvez maintenant ressortir. Il est prêt pour les jours suivants.

Un dernier point. Au « up », on présente la récompense une fois le chien assis, mais en l'amenant du haut pour qu'il lève la tête et conserve cette attitude quand il rapportera plus tard assis, le gibier à hauteur de la main. Au « down », la récompense est donnée à ras de terre. Il ne bouge pas la tête pour la prendre, mais ouvre simplement la gueule. Vous êtes toujours face au chien quand vous le récompensez. Sinon, vous le verrez remuer et ce sera de votre faute.

TRAVAIL PRATIQUE

Vous rentrez du bureau vers dix-neuf heures avec votre beau costume. Après avoir ouvert la porte, votre braque allemand âgé d'un an, vous fait fête. Il saute de joie puis pose ses deux pattes sur votre veste. Le lendemain et le surlendemain, même chose. Votre épouse vous fait la tête et votre teinturier repeint à neuf sa vitrine. Que faire ?

Réfléchissez. Le chien est content de vous voir parce qu'il vous aime bien. Peut-être. Ou bien il sait que, quand vous rentrez, il va faire une petite promenade. C'est plus probable. Enfin, il vous attendait pour goûter sa gamelle quotidienne. C'est une autre possibilité. Dès qu'il veut vous sauter dessus, dites « up », en claquant des doigts sans ambiguïté. Laissez-le assis et prenez la laisse. Passez-la-lui au cou puis sortez faire un petit tour. S'il pensait à sa gamelle, même scénario : « up ». Empêchez qu'il ne bouge de place, entrez dans la cuisine, préparez la gamelle et dites-lui : « viens ». Vous êtes entre lui et la soupe. Vous levez alors la main à hauteur de la poitrine, claquez dans les mains, faites asseoir. Vous dégagez par la droite ou la gauche et dites : « allez ». Le chien est autorisé à manger. Il commence à prendre des habitudes réglées et vous, tous les soirs, vous veillerez à ce qu'il les conserve. Vous y aurez au moins gagné en notes de teinturier. De plus, vous aurez fait deux exercices d'enchaînement : « assis-viens » et « assis-allez ».

Commentaires du dresseur professionnel

1. Un chien s'assied très facilement. Il se met plus difficilement au « down ». C'est la raison pour laquelle en dressage amateur le « up » est le pivot de l'enseignement.

2. Les exercices sont toujours exécutés dans le mouvement, c'est-à-dire que, quand il faut passer de la position assise à la position couchée, il faut faire des gestes naturels qui poussent le chien dans le bon chemin, sans l'affoler.

3. Quand un chien n'exécute pas correctement l'exercice demandé, il vaut mieux se demander si l'ordre a été bien donné et le message bien reçu, plutôt que de prendre une cravache et taper. Vous perdez votre temps et vous rendez votre chien impossible à éduquer, si, d'abord vous ne réfléchissez pas.

4. Un coup irréfléchi est aussi grave qu'une punition inadéquate. Il vaut mieux ne pas réagir devant une faute. Une punition doit ***toujours*** être adaptée à la gravité de la faute et en fonction du caractère du chien.

EXERCICE N° 10

Le rappel. Travaux pratiques. Commentaires.

Quand un chien est parfaitement dressé au rappel, quatre-vingt-dix pour cent du dressage est terminé. En effet, si un chien vient quand vous l'appelez, c'est la preuve que la communication passe bien entre lui et vous. C'est également la preuve de sa dépendance vis-à-vis de vous. Vous êtes le soleil, il est l'un des satellites. Pourtant, personne n'aime regarder le soleil ni se brûler à ses rayons. On peut aimer cet astre mais préférer l'ombre. Pour cette raison, quand vous dites à votre chien : « viens », vous quittez la position verticale que je vous recommandais jusqu'à maintenant et vous vous accroupissez de manière à paraître moins grand et plus accessible. Cette position vaut dans un rayon de vingt-cinq mètres. Au-delà, quand vous rappelez votre ami, vous restez debout, légèrement penché, et cela dans un rayon de cinquante mètres. Encore au-delà, vous conservez la position verticale, mais en plus, hors de portée de voix et au besoin aidé d'un sifflet, vous agitez le bras droit pour que le chien, voyant un mouvement, vous repère convenablement et revienne. Je viens de vous parler du rappel à travers ***trois attitudes et un commandement*** : « viens ». Vous verrez qu'un jour vous n'aurez plus rien à dire pour que votre chien comprenne qu'il doit revenir. Ce jour-là vous aurez gagné. Faites simplement attention à une légère complication : chez le chien, l'immobilité égale l'hostilité ou un début de mésentente. Quand vous vous accroupissez ou restez debout, pour les positions n° 1 (accroupi), n° 2 (debout légèrement penché en avant), n'oubliez pas de bouger les bras et de vous taper les genoux en position n° 1, les cuisses en position n° 2. Un dernier conseil avant de revoir chaque position en détail : si vous utilisez votre sifflet, le changement de direction se fait en sifflant deux petits coups secs : « tu-tu ». A grande distance, pour être sûr qu'il entende, vous répéterez : « tu-tu, tu-tu », par petits coups brefs et gaiement. Entraînez-vous. Comme je l'ai déjà dit, peu de gens savent siffler convenablement et certains ne sauront jamais. Quand je vous dis en plus « gaiement », cela signifie que le chien doit être heureux de revenir. En corollaire de ce conseil, ***ne battez jamais votre chien s'il***

« Viens », dans un rayon de 25 m.

« Viens », dans un rayon de 50 m.

ne revient pas et que vous arrivez à le récupérer. En effet, si vous lui fichez une raclée dès que vous l'avez à portée de main, vous pourrez toujours siffler gaiement la fois suivante. Personne ne vient recevoir la fessée en chantant et le chien moins qu'un autre. Il est très sensible à l'idée de justice. Comme il ne comprend pas ce que vous lui voulez et qu'il ne souhaite que vous faire plaisir, il est prêt à tout accepter de vous, mais jusqu'à un certain point. On se méfie des fous dangereux tout en leur étant charitable. Ce sera l'attitude de votre chien, mais un fou n'a pas d'autorité. La réaction suivante sera donc : « Tenons-nous à distance et attendons qu'il redevienne normal. »

A ce propos, pourquoi tenez-vous absolument à flanquer une tripotée à votre auxiliaire ? Vous avez de jeunes enfants. Votre fils de huit ans vient de casser le beau vase cadeau de mariage de la tante Anna. Vous l'attrapez sur-le-champ, le prenez sous le bras et lui tapez sur le derrière. A-t-il mérité la punition ? Vous n'en savez rien et lui pense qu'il ne l'a pas fait exprès. Mais vous, cela vous soulage les nerfs, apaise votre contrariété, permet à votre trop-plein d'énergie de se défouler. Votre fils paie pour votre patron qui vient de vous refuser une augmentation et vous a passé un savon pour la note de service erronée que vous avez fait partir. Quel rapport avec le vase cassé ? Aucun. Et pourtant vous n'avez pas hésité. Si vous

« Viens », dans un rayon de plus de 50 m. Les bras s'immobilisent et le chien se met au « down ».

ne réfléchissez pas et que vous vous évaluez mal, vous trouverez toutes sortes de justifications à votre comportement. Si vous lisez ces lignes en souriant et en vous disant : « C'est vrai. Cela a bien dû m'arriver », vous êtes sur la voie du progrès. Une autre raison de battre son chien tient à l'environnement, à la pression sociale, à l'attitude de vos amis, à la projection de vous-même sur votre chien. Vous êtes vexé qu'il ne se conduise pas mieux, sous-entendu de ne pas l'avoir mieux dressé. C'est votre faute, mais la tendance est souvent de masquer sa propre faiblesse. Vous voulez vous montrer fort, un peu comme dans le proverbe arabe qui prétend qu'il faut battre sa femme sans savoir pourquoi, car, elle, elle le sait. Il est vrai, me direz-vous, qu'un autre ajoute que « laisser une femme seule le temps de faire cuire un œuf, et elle peut déjà être réputée d'adultère ». C'est votre justification, mais elle est un peu faible, vous ne trouvez pas ?

Donc ne battez pas votre chien. Il y a de meilleurs moyens de remédier à son manque d'obéissance. Notez au passage que, si vous avez commencé votre dressage par le « up » et la marche en laisse, le rappel devrait être facilement à votre portée et se faire même en peu de leçons. Là où les choses se corseront, c'est quand vous sortirez sur votre terrain de chasse avec votre ami. Mais nous n'en sommes pas là.

Position n° 1 : accroupi

C'est un travail en salle. Vous retrouvez la salle à manger. Placez-vous avec le chien à un bout de la pièce. Vous vous mettez devant lui, c'est-à-dire que vous faites le mur entre le trajet qu'il va faire et lui. Vous le faites asseoir en disant « up » et en mettant votre main à hauteur de votre poitrine, au-dessus de son nez, l'index levé. Vous lui passez la laisse. Vous reculez un peu. Le chien ne bouge pas. Laissez tomber la laisse et placez-vous d'abord à trois mètres, au milieu de la pièce. Votre élève est toujours immobile et vous regarde vous éloigner. Vous vous arrêtez, vous vous accroupissez et dites : « Rank, viens ». Comme vous êtes très près de lui, vous n'avez pas les mains posées sur les genoux mais les deux bras sont tendus comme pour l'accueillir. Au bout de la main droite vous tenez un petit morceau de viande. Le chien va venir vous voir et filer droit sur votre main. Quand il arrive, relevez-vous, mettez-vous dans la position du « up » et récompensez. N'oubliez pas non plus les grandes caresses démonstratives. Les chiens en raffolent. Il vient de faire un exploit : parcourir trois mètres pour venir vers vous. Parlez-lui, flattez-le : ah ! le beau chien, etc. Je n'ai pas besoin de vous enseigner le langage, vous l'utilisez de vous-même. Votre chien a peut-être même déjà un sobriquet. J'avais un chien qui s'appelait Reagan, du nom du président des Etats-Unis. Pour une raison que j'ignore, nous l'appelions tous « le Toutounet ». Je l'appelais Reagan quand je n'étais pas content, et Toutounet quand je voulais le congratuler. Je ne vous recommande pas d'en faire autant, ou alors utilisez toujours le sobriquet et jamais le nom ou vice-versa. Mon ami Jean-Paul Lepelley, qui avait une chienne griffon d'arrêt à poil dur appelée Nuts de Barmer, l'avait appelée Nox. C'est ce surnom qui lui est toujours resté et elle ne s'en est pas plus mal portée. Les chiens comme les hommes sont sensibles aux appellations. Je crois que, pour les premiers, c'est un problème de communication, pour les seconds un problème d'image.

Maintenant que votre chien a fait trois mètres, il devrait pouvoir en faire quatre, puis cinq si la salle à manger est assez grande. Ne faites pas repartir votre élève de l'endroit où il est venu vous voir, c'est-à-dire probablement du milieu de la pièce, mais replacez-le au « up » au bout de la salle, à peu près de l'endroit où il est parti. Je vous dis « à peu près » parce que je me méfie toujours des chiens qui prennent des habitudes que vous ne souhaitez pas leur voir prendre. Si vous le replacez exactement là où il était, notre ami risque de ne plus vouloir se mettre au « up » qu'à cet endroit. A la limite, si vous faites de nombreux exercices tous exactement pareils, un jour, quand vous traverserez la salle à manger, vous vous apercevrez que votre chien s'est mis de lui-même à l'endroit habituel du « up ». Ce n'est pas ce que vous voulez. Par contre, il est encore trop tôt pour changer de coin et donc vous tenez à lui conserver le même trajet pendant que la distance augmente.

Vous devez trouver toutes ces explications bien tatillonnes, mais le dressage est fait d'étapes successives qui doivent être parcourues dans l'ordre exact. ***Il n'y a pas d'action convenablement exécutée sans aller au fond des choses, jusqu'au dernier détail***. Je peux vous garantir qu'un grand chef d'entreprise qui manipule des millions ou des milliards ne laisse rien au hasard quand il met en place une stratégie. Il a le concept de ce qu'il veut faire, et c'est voir grand. Il a la démarche analytique qui en découle, et c'est l'examen de tous les détails. A l'armée, j'avais un excellent instructeur, le capitaine Molinier, devenu général depuis. Il disait aux Élèves Officiers de Réserve : « confiance n'exclut pas contrôle ». La confiance c'est le concept, le contrôle, le détail. On ne sort pas un cheval de l'écurie sans vérifier qu'il est convenablement ferré. On n'emmène pas un chien à la chasse sans avoir examiné s'il avait des pieds en bon état. Les Anglais, qui ont une formule pour tout, disent : « no foot, no horse » (pas de pied, pas de cheval). C'est pareil pour le chien.

Bien que je vous aie indiqué de ne vous servir du sifflet que si vous en êtes capable, je vous donne une indication sur la manière de vous en servir. Quand un chien est à petite distance, les dresseurs professionnels sifflent souvent un seul coup bref, pour le rappel. Ils utilisent également ce système pour le rapport, qui comprend dans sa phase de retour une partie de rappel. Pensez à Sissi, déjà citée, et qui après avoir chargé son gibier ne me le rapportait pas, faute d'un rappel convenable. Pour nous, amateurs, je suggère que nous nous en tenions aux deux coups brefs indiqués. C'est plus courant. N'oubliez pas que, vous aussi, vous vous éduquez en même temps que le chien. Si nous entrons trop dans les finesses du dressage, nous n'arriverons plus à nous comprendre. Donc deux coups : « tu-tu ».

Maintenant que votre chien vient gaiement au commandement dans une seule ligne, placez-vous à la diagonale opposée de là où vous l'avez mis au « up ». Il y a probablement la table et les chaises entre vous et lui. Je ne pense pas que le chien passe naturellement sous la table entre les chaises, à moins qu'il ne soit de la taille d'un cocker, et encore. Il va plutôt faire le tour. Cela n'a aucune importance. Plus tard, à la chasse, vous n'allez pas lui demander de traverser un grand bouchon d'épines impénétrables. Il en est de même dans la salle à manger.

Refaites l'exercice aussi souvent que nécessaire et variez vos diagonales ou vos trajets. Votre compagnon est normalement dressé au « up ». Il l'a appris d'abord dans la salle à manger et il connaît bien l'endroit. Il peut arriver que, quand vous l'avez mis au « up » dans un coin de la pièce, il quitte sa position. Votre dressage n'est donc pas aussi parfait que vous le pensiez. Si c'est le cas, ne commandez pas « viens » ou ne sifflez pas. Reprenez-le par la laisse et refaites-le asseoir à la place qu'il a quittée. Vous vous replacez dans le coin choisi, puis vous appelez. Nous ne faisons pas un exercice séparé mais un enchaînement : le chien s'assied, il vient. Les deux actions font partie d'un travail complet. Obtenez également que votre élève parte immédiatement à l'appel. Plus tard, quand nous travaillerons à distance, il devra tourner à la seconde même où le commandement est donné. Commencez donc par lui apprendre en salle à se conduire correctement. Le chien tarde à quitter sa position ? Reprenez. Placez-vous à un mètre si nécessaire, en position accroupie. Le chien est au « up ». Vous l'appelez. Il devrait venir facilement, surtout si, comme nous l'avons vu, vous tenez un bout de viande au bout de votre main droite. Replacez-le, reculez, continuez les exercices comme indiqué plus haut.

N'oubliez jamais, à chaque fois, de le flatter et de la caresser. C'est plus important que le morceau de viande.

Position n° 2 : debout légèrement penché

Vous pouvez maintenant sortir dans la cour avec votre ami. Vous l'avez mis au « up » dans l'entrée, lui avez passé la laisse, avez ouvert la porte. Il marche derrière vous ou à votre hauteur. La laisse n'est pas tendue. Vous vérifiez qu'il revient convenablement quand vous vous accroupissez, faites quelques exercices, puis gagnez votre terrain de chasse. Vous arrivez, garez votre voiture, descendez, ouvrez la porte arrière, maintenez le chien assis quelques instants en disant « up », lui passez la laisse, le faites descendre puis s'asseoir à côté de vous. Je présume que vous aviez déjà votre cartouchière et votre carnier avec un fusil monté dans son étui et que vous avez sorti ***avant*** de faire descendre votre animal. N'ouvrez la portière arrière qu'à partir du moment où vous êtes prêt à partir. Dirigez-vous vers la plaine la plus proche. Faites asseoir le chien, défaites la laisse et commandez : « allez ». Celui-ci, jeune et assoiffé d'espace, va partir comme une flèche, prendre les grands devants, tourner en rond, revenir, remonter au vent, virevolter. ***Ne faites surtout pas l'erreur de l'appeler dans les dix mètres***. Laissez-le se détendre une bonne minute, voire plus. Au bout de ce temps, votre chien continue au galop. Un bon conseil : tournez le dos et faites semblant de vous diriger vers votre voiture. A ce stade de dressage, le chien, qui vous connaît, vous est attaché. Il connaît la joie des promenades en voiture et va revenir vers vous. Ne dites rien. Levez le bras, la main paume ouverte, et commandez « up ». Le chien va s'asseoir à un ou deux mètres de vous. Repassez la laisse, commandez « allez » sans la défaire et montez dans la plaine à bon vent sur une cinquantaine de mètres. Vous le faites donc asseoir, détachez la laisse et, regardant dans une direction donnée, dites « allez ». Machinalement, votre bras va se balancer et indiquer une direction. Mais nous n'en sommes pas là, et donc je n'insiste pas. Votre élève s'en va. Vous noterez alors qu'il est déjà plus mesuré, plus assoupli, plus à votre main, même si vous avez l'impression qu'il pique un galop d'enfer. A cinquante mètres, vous criez : « Ubert, viens ». Vous êtes debout, légèrement penché, les mains sur les cuisses. Mais le jeune débutant continue sa course. Criez alors : « up ». Il connaît, il est dressé à s'asseoir même à distance. C'était votre premier exercice. Vous comprenez maintenant pourquoi il était indispensable de commencer par là. Ubert va se figer. Et maintenant que faire ? Commandez à nouveau : « Ubert, viens. » Mais vous le faites sans élever la voix plus que nécessaire. Vous n'êtes pas en colère et assis il porte son attention sur vous. Ce n'est pas la même chose que quand il courait. Le chien revient, vous le faites asseoir, vous récompensez d'un petit biscuit ou d'un morceau de viande (je préfère la viande au biscuit), vous caressez, vous relancez. Refaites cet exercice pendant cinq minutes, puis rappelez et faites marcher le chien sans laisse à côté de vous, à votre gauche. Il sait le faire. De temps à autres, vous relancez, vous rappelez. Pour cet exercice, vous avez choisi une plaine où il y a peu de gibier. En effet, vous ne faites pas un exercice de quête, vous travaillez le rappel. Vous apprenez en même temps à conduire votre chien, et c'est ce que je tente de vous indiquer au fil des chapitres. Malheureusement pour l'exercice, et heureusement pour votre chasse, part un lapin ou un lièvre. Vous criez « up ». Rien. Celui qui n'a jamais vu un setter, par exemple, empaumer la voie d'un lapin ou d'un lièvre en plaine a manqué un beau spectacle. C'est magnifique. Malheureusement, à la chasse, le président va vous prendre à part, et vous enjoindre fermement d'aller remettre ce descendant d'une lignée de champions dans la voiture. Quelle tristesse ! Heureusement pour vous, vous êtes seul aujourd'hui pour résoudre ce problème. Ne vous époumonez pas, laissez votre chien filer, car il n'y a rien d'autre à faire. Je vous parle d'expérience. En discutant entre amis, il y en aura toujours un pour dire le contraire, pour hausser les épaules, pour suggérer de sortir avec un cordeau assez long attaché au collier. Vous noterez que je ne vous en ai jamais parlé. Nous avons une laisse et un collier ou une laisse-collier. C'est tout. Une chose devrait pourtant vous faire plaisir : votre chien est déclaré, c'est-à-dire qu'il s'intéresse au gibier. De plus, il a une bonne vitesse, une belle allonge. Tant mieux. Vous le suivez des yeux et après quelquefois cent ou deux cents mètres, il abandonne la poursuite, le lapin étant rentré au trou ou le lièvre s'étant forlongé. Il revient, il n'est pas très fier. Montez jusqu'à l'endroit approximatif où il a levé le gibier, tournez le dos pour être sûr que le chien vienne vous voir et mettez-le au « up » sur place, sans bouger pendant cinq minutes. Si vous savez le mettre au « down », c'est encore mieux, mais nous n'en avons pas encore beaucoup parlé et je ne sais pas si vous savez le faire. Bref, il doit garder la position tout ce temps.

Vous venez d'essayer et vous trouvez que j'en ai de bonnes. Après trente secondes, le chien s'est couché sur le côté, la langue pendante, reprenant tranquillement son souffle en vous regardant de ses bons yeux. Ne le laissez pas faire. Prenez-le par l'échine et faites-le s'asseoir. Conservez la position et refaites cette mise en place aussi souvent que nécessaire. Croyez-moi, cinq minutes c'est très long et fastidieux. Et maintenant, vous vous dites : « c'est fini, je relance ». ***Sûrement pas***. Si vous faites cela, votre chien risque à nouveau de vous sortir de la main. En effet, il est très près de la place chaude, la voie du lapin ou du lièvre existe encore. Et puis, pour le lapin, il y a ce fameux terrier. Votre ami se rappelle parfaitement l'endroit. Il voudrait bien aller y gratter, s'y enfoncer, parfois même japer d'énervement. Non, reprenez-le en laisse, faites cinquante mètres à droite, puis découplez par vent de travers, peut-être, mais dans une direction éloignée (non pas opposée, puisque vous étiez à bon vent) par rapport à celle qu'a prise le lièvre. Faites-le asseoir, défaites la laisse et reprenez l'exercice.

Position n° 3 : debout en agitant la main

C'est une position utile à connaître si vous chassez avec un chien d'arrêt qui a un très long nez (je ne parle pas de la truffe ou du museau) comme par exemple un pointer, ou pour un chien qui vous est sorti de la main et croise en plaine à longue distance sans vous voir. A cette distance, la voix est inopérante. Il vous reste le geste et le sifflet si vous savez vous en servir. Par la suite, quand ils vieillissent, certains chiens deviennent sourds et vous les rappellerez d'un geste de la main. Un de mes vieux griffons korthals avait ainsi perdu l'ouïe presque complètement. Appeler « Dick, viens » ne servait à rien. Je l'appelais donc par mouvements de bras. Par contre, méfiez-vous des faux sourds. Ceux qui ont eu de nombreux chiens et sont sortis avec eux souvent savent que, passé un certain âge, ceux-ci font les sourds quand on les appelle. Vous appelez : « Ketty, viens ». Vous voyez alors la chienne qui « tutonne » droit devant elle en faisant semblant de s'intéresser prodigieusement à une piste de mulot ou d'un lapin évanoui depuis huit jours. Si pour vous le cas se présente, n'hésitez pas à vous montrer ferme. Elle s'arrête et revient. Mettez-la au « up » en la grondant. Dites-lui n'importe quoi, à cet âge-là, elle comprend tout. Ne vous mettez pas en colère, vous perdrez votre temps. Nous n'en sommes qu'à un début de surdité (ou pas du tout) et il faut par habitude savoir vous en apercevoir.

Ainsi qu'indiqué précédemment, les chiens ont dans l'ensemble une vue médiocre et repèrent mal les objets immobiles. Par contre, ils détectent le mouvement de très loin. Il faut donc être debout et agiter le bras. Le mouvement se fait très largement de gauche à droite, le bras tendu, très au-dessus de la tête. Le chien vous aperçoit. Regardez bien ce qui va se passer : il s'arrête, tourne la tête vers vous. Normalement, avec le dressage que vous lui avez donné, en laissant votre bras vertical, c'est-à-dire en arrêtant votre mouvement de balancier, il devrait se mettre au « up » immédiatement. A cette distance, si vous réussissez à le faire, fermez le livre. Vous êtes maintenant un très bon professionnel. Donc j'ai quelques doutes. Le chien va éventuellement revenir vers vous, ce n'est pas sûr, ou quatre-vingt-dix pour cent des fois, surtout au début, reprendre sa course et croiser hors de portée en se fichant de vous. Il sait que vous ne pouvez pas l'attraper et va se payer une belle rigolade en vous entendant, par bribes portées par le vent, vous époumonez à le rappeler. Conservez alors le bras droit en l'air en l'agitant et faites demi-tour en marchant résolument vers la voiture. C'est notre ami qui va faire une sale tête. Vous le laissez sur le terrain, orphelin et perdu, alors qu'il pensait vous jouer un bon tour. Dans les deux à trois minutes, bien souvent dans un temps plus court, il va venir vous rejoindre au galop. S'il ne le fait pas, c'est que vos précédentes leçons de dressage étaient insuffisantes. Reprenez tout depuis le début. Quand il arrive à portée, mettez-le au « up », allumez une pipe et gardez-le cinq minutes bien comptées dans cette position. Ensuite, reprenez les exercices.

Mais je vois que vous ne me croyez pas. Vous au moins, vous avez un bon système. Dès que le chien fait plus de dix mètres, un coup de sifflet et il revient. Vous l'avez à l'œil, vous ne le laissez pas filer. Au moindre coup de nez, vous sifflez. Il vaut mieux prévenir que guérir. Eh bien, non, je ne peux pas vous suivre sur ce terrain. Vous aurez bientôt un chien qui quête dans vos jambes, puis plus de chien du tout. J'ai connu un cocker, le brave Toutounet déjà cité, qui a mis plusieurs semaines à comprendre ce que je lui demandais. Je l'avais dressé à s'asseoir, à marcher en laisse, et il exécutait ces deux exercices parfaitement. A la chasse, il devait avoir huit ou neuf mois, il me suivait, très consciencieusement, sans jamais me dépasser. J'en parle à François-Michel Pelletier qui accepte de le prendre. Il l'a mis dans son parc avec des lapins mi-garennes, mi-domestiques et ce brave chien s'est découvert une âme de globe-trotter. La passion a repris le dessus et il a commencé à allonger sa quête, à déployer sa vitesse à tel point que dans un field-trial, par la suite, il a concouru pendant plus d'un quart d'heure sans lever le pied avec une allure d'international. C'était à Brinon-sur-Sauldre, chez mon ami Henri Melheim, et je crois que ce jour-là il s'est montré au sommet de sa forme. En fait, j'avais fait une erreur de dressage. Je l'avais trop tenu. En effet, c'est toute la difficulté d'un bon dressage au rappel. ***Il faut garder son chien sous contrôle sans briser son élan.***

J'ai moi aussi un truc d'amateur, pas de professionnel, pour concilier ces deux impératifs. Je sors deux chiens de même race ensemble : l'un est un bon routier déjà parfaitement dressé et l'autre un débutant. Je veux enseigner le rappel à ce jeune élève. Je souhaite deux choses : qu'il revienne quand je l'appelle, qu'il chasse à distance convenable. Pour ce dernier point, si vous avez choisi un chien qui vous convienne, la distance est ***à portée de fusil***. Je développerai cela plus en détail quand nous en serons à la quête. Oubliez ce magnifique pointer dont un ami vous a parlé et qui tenait l'arrêt à cent mètres devant lui pendant qu'il bourrait une pipe et ramassait des champignons. Je vous parle d'un braque, d'un épagneul français, d'un setter gordon, d'un springer ou d'un cocker. Il y en a d'autres comme vous le savez. Mais je tiens à fixer les idées.

Je fais donc asseoir mes deux springers. Je retire la laisse du chien dressé. Il reste au « up ». Je défais ensuite celle du débutant, le nôtre. Il reste maintenant au « up ». Je dis « allez » et les deux s'élancent. Les premières fois, vous observerez que « l'ancien » court devant, le jeune sur ses talons. C'est assez pratique pour le rappel car le premier va former mur quand il fera demi-tour à la suite de mon appel. Il chassera à distance convenable et donc je n'aurai pas à le rappeler toutes les dix secondes. Je n'aurai pas non plus à me préoccuper du jeune puisqu'il est sur ses talons. Petit à petit, mon élève prendra l'habitude de rester à distance convenable sans que j'aie à intervenir. Vous pouvez cependant rencontrer des écueils. Tout d'abord, l'aîné agacé par notre jeune luron va vouloir prendre les grands devants. Rappelez. Ne le laissez sortir de la main sous aucun prétexte. Comme il est bien mis, vous ne devriez pas avoir de difficultés. S'il le faisait quand même, je vous suggère de rappeler en priorité votre élève. C'est lui qui compte aujourd'hui. Cette

F.M. Pelletier met Tora au « up ».

méthode est contestable mais pas plus que cela. Il se peut que l'excellent routier ait besoin de détente et si cela se produit dans les premières minutes où vous le menez sur le terrain, ce n'est pas très grave. Souvent d'ailleurs, celui-ci étant habitué à chasser et donc en meilleure forme que notre élève, il aura tendance au départ à prendre un peu plus d'allonge que permis. Autre cas de figure : le patron revient mais pas le jeune. Mettez le premier au « up » et occupez-vous du second. S'il est assez près, mettez-le au « up » à distance comme vous savez le faire. Sinon, tournez le dos. Quand il revient, grondez-le avec une grosse voix et mettez-le au « up », sans vous préoccuper du premier auquel vous tournez le dos pour bien montrer qu'il n'est pas en cause. Faites bien attention à ne pas gronder les deux en même temps, ou le plus ancien devant le jeune, sinon, le premier ne serait plus le chef. Laissez celui-ci rester debout s'il le souhaite. Il n'est pas puni. Il sent qu'il y a de l'orage dans l'air et s'il vous connaît bien il va se rapprocher de vous en frétillant de la queue pour vous lécher la main. Caressez pendant que l'autre est assis. Evitez également de sortir le jeune avec un chien ou une chienne trop âgé. Ils n'ont plus la même vitesse et ne chassent souvent plus à bonne distance. Et puis, rappelez-vous que, passé, disons, sept ou huit ans, nous entrons dans la catégorie des faux sourds qui mulotent et tutonnent pour montrer leur désaccord sur le genre de terrain de chasse où vous les avez menés, moins fertile en gibier pour ces exercices de rappel que le territoire d'à côté. Enfin, un dernier conseil qui a trait au rappel et au dressage tout entier : ne sortez pas une chienne en chaleur avec un chien, ou même toute seule. Quand une chienne est en feu, elle n'écoute rien et n'apprend rien. Si elle sort de la main et rencontre n'importe quel mâle, vous risquez d'arriver trop tard et d'avoir une portée non souhaitée. Si le chien et la chienne sont ensemble à la chasse, vous savez très bien que leur seule préoccupation sera de s'accoupler. Ce n'est ni le lieu ni le moment pour le faire et vous risquez de compromettre durablement votre début de dressage.

Mais je vous ai dit que sortir deux chiens était un procédé d'amateur, pas de professionnel, sauf cas particulier où l'on dresse des chiens pour l'arrêt à patron, c'est-à-dire à « patronner » ou prendre pour le second chien la même position que le premier. Nous n'en parlerons pas maintenant car ce n'est plus du domaine de l'amateur. Revenons à notre procédé. Un professionnel fait travailler ses chiens un par un. Il a d'autres moyens que l'amateur pour les dresser convenablement. De plus, on lui demande un travail très rigoureux. Certains de ses élèves vont aller en concours de chasse pratique et ses clients sont parfois excessivement exigeants. Vous, vous avez tout votre temps. Le chien est à vous, vous l'avez pour une dizaine d'années. Vous verrez que, même dresseur modeste, vous arriverez à un excellent résultat si vous êtes patient et si vous vous y prenez bien. Dans l'ordre.

TRAVAUX PRATIQUES

Maintenant que vous avez fait tous les exercices de rappel qui étaient nécessaires, vous allez vérifier que vous êtes au point de la manière suivante : vous vous rendez dans un petit champ avec deux amis. Vous placez vos amis à vingt-cinq mètres les uns des autres et vous allez ainsi former un triangle dont chacun occupe l'un des angles. Vous remettez un petit sac de viande à chaque participant. Vous tenez le chien par la laisse. Vous le mettez au « up » à côté de vous. Vous lui retirez l'attache. Il reste en position. Le premier assistant s'accroupit et commande : « viens ». Il tend la main droite avec un petit bout de viande. Votre élève va probablement hésiter un peu. Il sait qu'il ne doit pas quitter le « up » sans votre accord. Il vous regarde. Vous lui dites « allez ». Il va vers notre ami, s'assied de lui-même à ce stade de dressage ; il prend la récompense. Vous le rappelez vers vous, donnez la récompense, puis le relancez vers votre autre ami dans les mêmes conditions. Ne faites cet exercice qu'avec des amateurs éclairés comme vous l'êtes vous-même. Ne laissez pas ceux-ci bricoler votre chien ou donner un autre ordre que « viens ». Demandez-leur de caresser le chien en plus de la récompense donnée. Si le chien ne veut pas s'asseoir avec eux, aucune importance. Rappelez-le et faites-le asseoir. Maintenant, si vous n'avez pas su bien expliquer cet exercice à vos amis ou si vous avez des doutes sur leurs capacités, oubliez complètement l'exercice pratique que je vous propose. Enfin, vous êtes le seul à avoir un sifflet, le vôtre. Un chien, vous le remarquerez vite, n'est habitué qu'à un seul sifflet, et chaque sifflet a un son légèrement différent. Si vous passez outre à cette recommandation, vous n'aurez plus de chien. Mon vieil ami Tr. OK du Vieux Donjon, qui vit à la maison, aime bien se promener dans le jardin le matin pour faire ses besoins. Je n'ai pas toujours mon sifflet à portée de main et dans ces moments-là, quand il a fini tout ce qu'il a à faire, je le siffle avec la bouche. Arrivé à la chasse, je sors mon sifflet. Il lui faut parfois une bonne heure, parce que je m'en sers très peu, pour comprendre à nouveau que mon sifflet sert à le rappeler. Donc, si vous n'avez pas votre sifflet, ne prenez pas celui d'un autre et, si vous n'en utilisez pas habituellement, n'allez pas chez l'armurier en acheter un. Ce n'est pas le système de communication auquel votre chien est habitué. Et puis, encore une fois, pas de sifflet à ultra-sons. Cet accessoire n'appartient pas à la panoplie du bon dresseur amateur.

Vous aurez totalement terminé votre dressage quand votre élève tournera exactement à votre commandement. Le sifflet est pour cela plus coercitif et plus impératif. Mais, si vous ne savez pas vous en servir, faites en sorte qu'au commandement « Ugo, viens », celui-ci tourne immédiatement. Il n'a pas à galoper dix mètres de plus puis revenir. Beaucoup d'amateurs ne se rendent pas compte du dressage approximatif de leur chien. Ils appellent au mauvais moment ou ont une autorité nulle. Le bon moment pour rappeler l'élève est quand, tout en galopant, il oblique un peu à droite ou à gauche. Beaucoup de chiens déjà bien mis vont, au bout d'une course de vingt mètres, vous regarder. A ce moment-là, il faut rappeler. Jamais avant, jamais plus tard. Si vous n'appelez pas à ce moment-là, votre chien, qui vous est assujetti, va gagner encore trois mètres, puis cinq, puis dix, etc. Il ne vous regardera plus qu'à partir de vingt-cinq ou trente mètres, puis trente-cinq. Il est depuis longtemps hors de portée de fusil quoi que vous en pensiez.

Enfin, puisque nous avons décidé d'être complet, évitez d'avoir un chien qui s'arrête tous les dix mètres pour voir s'il fait bien. Ce n'est pas une distance de rappel, sauf cas particulier. Chaque chien a un peu sa distance et c'est à vous de le découvrir. Vous me direz que je pourrais être plus précis. Dans le cas présent, je ne peux pas. Conduisez votre élève dans les vingt à vingt-cinq mètres et vous serez probablement dans la bonne norme. Quand vous marchez en ligne à la chasse, méfiez-vous du voisin qui avance comme un dératé. Son allure va « tirer » le chien, comme on dit, c'est-à-dire qu'il va servir à votre élève de point de repère pour la distance qui le sépare du conducteur et, de ce fait, vous le retrouverez vite à quarante mètres. Ce n'est pas très grave puisque, malgré tout, votre ami s'ajuste sur un marcheur. Mais n'hésitez pas à rappeler votre chien, à prévenir le fonceur de ralentir et à relancer dans une direction opposée à celle de ce coureur à pied. Ensuite, mais bien après, réfléchissez aux dangers que vous courez s'il part un lapin dans le dos de votre voisin et dans votre direction. On pense d'abord à son chien, ensuite à soi. C'est un principe bien trop souvent oublié.

Commentaires du dresseur professionnel

1. Avant de dresser un chien à un rappel parfait, je préfère développer ses qualités de chasseur, sa vitesse, son allonge, son esprit d'initiative. J'évite de brider le chien ou de le rendre trop dépendant de son maître.

2. Quand un chien ne revient pas à l'appel de son maître, c'est parce que celui-ci ne sait pas le conduire. C'est la raison pour laquelle je cherche avant tout à constituer une équipe entre le maître et le chien de façon que chaque exercice demandé le soit dans un contexte naturel et s'effectue de manière d'autant plus aisée.

3. Je préfère un chien qui a un bon rappel à celui qui se tient absolument immobile au coup de fusil. Dans les épreuves de chasse pratique, on accorde beaucoup plus d'importance au premier point qu'au second. D'ailleurs, à la chasse, vous verrez rarement un chien se mettre au « up » ou au « down », à l'envol d'un faisan.

4. Le rappel est essentiel en dressage. C'est un exercice à fignoler avec beaucoup de soins et cela jusqu'à la perfection. Un chien n'a jamais trop de rappel.

EXERCICE N° 11

La quête.
Le vent, le temps, le terrain.
Travaux pratiques.
Commentaires.

Je ne vous oblige pas à lire ce chapitre. Il peut cependant vous être utile. En effet, un chien bien mis, raisonnablement entreprenant et d'un niveau d'intelligence situé dans une bonne moyenne, prendra petit à petit l'habitude de quêter convenablement et acquerra de lui-même une quête bien réglée et suffisamment étendue. Mais cela prend parfois des années. De plus, il faut que vous soyez à même de juger par vous-même de l'état d'avancement de votre chien dans ce genre d'exercice. Si vous ne savez pas évaluer convenablement la manière dont il devrait couvrir le terrain et si vous ne savez pas le conduire convenablement, vous ne serez jamais qu'un modeste amateur, sympathique certes, mais insuffisamment instruit sur ce que l'on peut exiger d'un chien de chasse.

Je m'amuse souvent à observer les conducteurs de chiens à la chasse. Il y a un certain nombre de défauts qui reviennent souvent et qui nuisent à la quête. Le premier est sans doute ***le rappel trop fréquent***. Nous l'avons vu. Faites confiance à votre limier. Apprenez à déléguer. Cela vous sera utile dans votre vie de tous les jours. Celui qui ne peut jamais passer le volant de sa voiture à son épouse, par exemple, ne saura jamais donner assez de latitude à son chien. Au passage, et pour l'amusement, je vous signale que, si vous appartenez à cette catégorie, vous avez d'après les psychologues un comportement sexuel perturbé. Je ne vous garantis pas cette dernière assertion. La nature fait en général bien les choses. Le deuxième défaut tient à ce que ***vous n'avez pas en permanence un œil sur votre chien***. Vous chassez en parlant avec le voisin, vous vous intéressez à un buisson que votre auxiliaire a passé depuis dix secondes, vous le laissez sortir de la main sans vous en préoccuper. Vous rappelez. Il est trop tard. Et puis, votre élève sait parfaitement quand vous le regardez. Je connais même des malins qui profitent

Pointer à bon vent.

d'une aspérité de terrain ou d'un bouchon fourré pour disparaître de votre vue avec célérité. Vous en avez sûrement rencontrés. Le troisième défaut est le plus classique : ***une marche trop rapide, en ligne droite***. Cela est très fréquent quand vous marchez en ligne. Le voisin qui n'a pas de chien et qui devrait au contraire aller doucement accélère insensiblement. Vous voulez rester à sa hauteur. Vous aussi vous augmentez d'allure. Les chiens s'entraînent les uns et les autres, vous voulez rester à portée de fusil. La ligne termine parfois la battue au pas de course. Vous entendrez dans des chasses bien menées le maître de maison répéter à intervalles : « Doucement, laissez chasser les chiens. » Ils ont beaucoup plus de chances que vous de lever un gibier. C'est pour cela, entre autres, que vous en avez acquis un.

Parlons de la quête elle-même. Elle consiste pour un chien à battre dans un ordre donné tout le terrain qui lui est confié. Cela paraît simple, et pourtant, un premier conseil : votre ami doit battre le terrain ***devant vous et non derrière***. Vous souriez ? Rappelez-vous. Une marche trop rapide ne laisse pas au chien le temps d'explorer consciencieusement l'endroit où vous voulez chasser. S'il relève une émanation, vous risquez de le retrouver derrière vous s'il part perpendiculairement à la ligne de marche. Attention cependant au chien qui n'a pas assez d'entreprise. Il sera, lui aussi dans votre dos, et, même si vous ralentissez le pas, il n'en ira pas mieux. Un deuxième conseil : ***si vous marchez droit et vite, votre élève aura*** *une quête trop courte et trop rapide*. Vous allez me dire qu'avec un pointer, un setter anglais ou irlandais, cela n'a pas d'importance. Il faut avancer d'autant plus vite qu'il a tendance à prendre les grands devants. D'abord, en tant qu'amateur, ce n'est peut-être pas les chiens sur lesquels vous vous ferez d'abord la main. Ensuite, ce n'est pas à vous de régler votre marche sur votre ami. C'est vous qui contrôlez la quête, même si parfois c'est un peu les deux dans la pratique. Encore une fois : gardez votre chien sous contrôle. Donc, pour battre complètement son terrain un chien doit avancer en faisant des diagonales ou lacets. Au bout de la diagonale, le chien change de direction et en refait une autre. Ce bout s'appelle le retour. Pour l'exemple, voici une quête de pointer et une quête de setter anglais mené par un *amateur*.

Quête de pointer (amateur)

Diagonales assez droites, retours très justes.

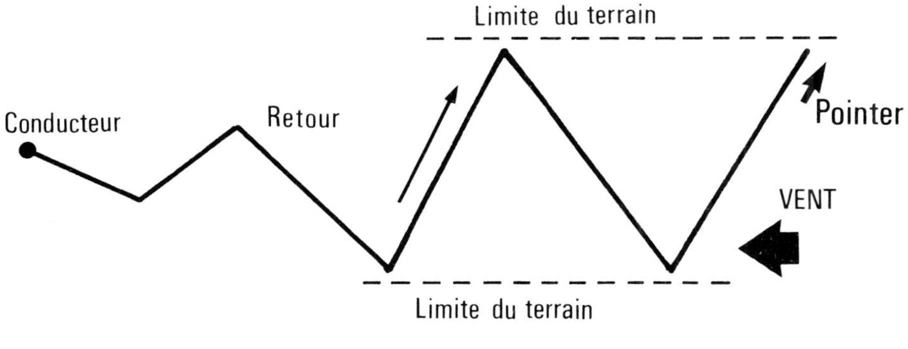

Quête de setter anglais (amateur)

Les retours sont un peu plus ronds.

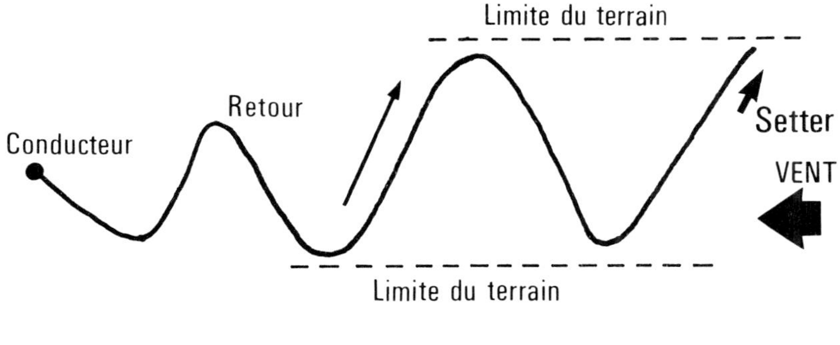

Vous noterez en examinant ces deux dessins que, contrairement à ce qu'indiquent souvent des manuels pour professionnels, dans la pratique, sur le terrain, la quête va en s'élargissant petit à petit. Cela tient souvent à la longueur du nez du chien, c'est-à-dire à la distance à laquelle il sent. C'est également une question de dressage. Au départ, il est assis à côté de vous. Vous retirez la laisse. Pendant qu'il gardait la position, il a eu largement le temps d'explorer avec son nez une étendue d'une cinquantaine de mètres et plus pour les chiens de grande quête. Un springer a des lacets un peu plus serrés, un cocker, compte tenu de son côté grouillant, va couvrir encore moins de terrain en largeur, à moins grande vitesse et avec des lacets à la fois encore plus courts et plus serrés. Disons, à quelques nuances près, que chaque chien a son type de quête. Pour fixer les idées, voici une quête de cocker, puisque votre chien va se situer entre celui-ci et le pointer :

Quête de cocker anglais (amateur)

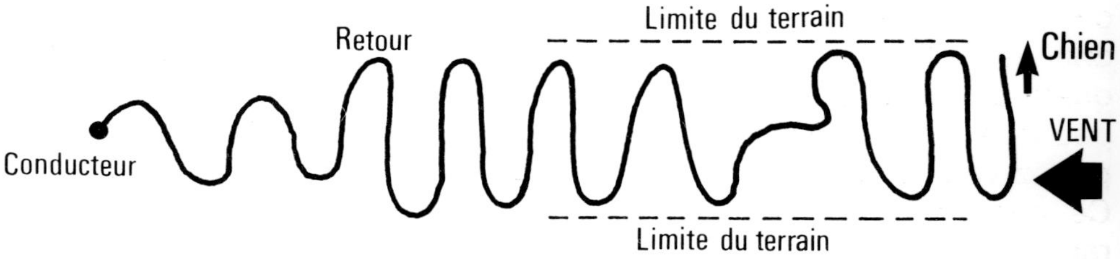

N'allez pas en conclure qu'un cocker ne sait pas quêter. C'est absolument faux. Simplement, n'étant pas un chien d'arrêt, il doit le faire absolument à portée de fusil et sur un gibier comme par exemple le lapin, qui ne réclame pas, comme pour le perdreau de Beauce, la couverture de grandes étendues au triple galop pour éviter que la compagnie piète et s'envole hors de portée.

Vous m'avez compris. Mais vous vous dites que, puisque chaque chien à une quête propre, le vôtre a donc la sienne. C'est ce que je vous disais en début de chapitre. Mais comment faut-il l'éduquer tout en développant ses qualités naturelles pour avoir un style de chasse inhérent à la race ?

Revenons aux différents graphiques : regardez les retours. On dit qu'ils sont ***justes*** quand ils sont faits dans le sens du vent, donc dans celui de la marche et sans recroiser la diagonale. Voici un exemple de mauvais retours :

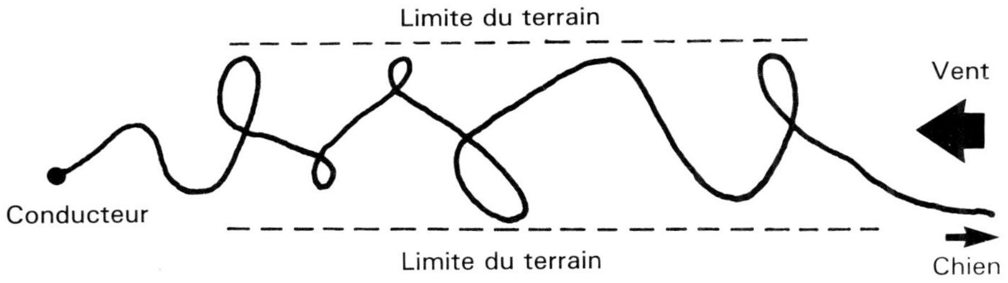

J'espère que j'ai été simple dans mes explications. A la lecture des différents exemples, le professionnel va sourire. Quand j'indique que la quête s'élargit, il va me dire que mon chien n'est pas assez bien mis. Je m'en fiche. Il en fait tout autant mais sait faire mieux. Il fallait que vous en soyez conscient et c'est tout ce que je demande. Quant à l'amateur, il va me dire que c'est bien compliqué et que son chien s'est mis à quêter naturellement à la largeur souhaitée après les exercices de dressage que je vous avais indiqués précédemment. C'est également vrai. On pourra m'objecter aussi que certains chiens d'arrêt ne sont pas assis au départ mais sur leurs quatre pieds ou au « down ». C'est vrai. Mais, en dressage, il faut être cohérent et c'est ainsi que jusqu'à maintenant nous avons progressé. Pourquoi changer ? Profitez-en maintenant, quand même, pour regarder la quête de votre ami. Elle n'est probablement pas assez large ou un peu trop droite. ***Un conseil pour l'élargir*** : quand le chien va à droite, portez-vous à gauche, quand il va à gauche, portez-vous à droite. Ce déplacement se fait donc d'une manière presque latérale par rapport à l'axe de marche, mais vous avancez quand même de la longueur des avancées des diagonales. En clair : ***vous faites presque la même quête que votre chien mais à l'opposé***.

Le vent

Le vent est déterminant pour la quête. On se préoccupe de son sens et de sa force. Pour savoir d'où vient le vent, vous regardez la fumée de votre pipe ou de votre cigarette si vous êtes fumeur. Sinon, faites comme les golfeurs : prenez une poignée d'herbes et laissez-la tomber. C'est une des meilleures manières de connaître la direction du vent. De temps à autre, vérifiez. Je me souviens, dans un concours de chasse pratique, avoir marché à bon vent jusqu'à un fourré très épais. Arrivé à proximité, j'ai machinalement ramassé quelques herbes et noté qu'il y avait un tourbillon. J'ai donc fait rentrer mon cocker à l'opposé de ce que tout le monde pensait et ai fait lever un faisan. Je ne vous dis pas que mon chien n'aurait pas trouvé à mauvais vent, mais j'aurais mis moins de chances de mon côté. En marchant face au vent, votre chien devrait faire des retours justes puisque l'émanation vient face à son nez. Il n'a donc aucune raison de faire des boucles à contresens de la brise, même légère. Une des raisons les plus fréquentes des mauvais retours est que votre auxiliaire marche à mauvais vent. Dans ce cas, si c'est un chien de chasse intelligent, il va prendre les grands devants, se remettre au vent et revenir vers vous. Si vous y réfléchissez, c'est tout à fait normal. Mais encore faut-il le savoir avant de traiter votre ami d'incapable. Le circuit sera à peu près celui-ci.

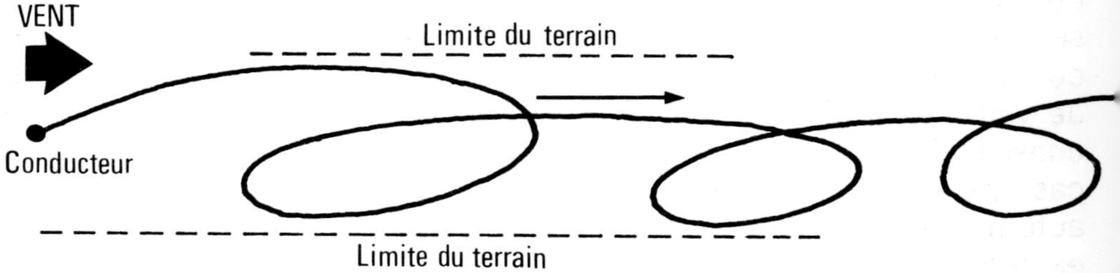

Dans ce dernier cas, il n'est plus question de diagonales et de retours mais de grands cercles légèrement aplatis qui amènent le sujet à prendre du champ puis à revenir au vent. Vous avez souvent ce cas-là quand vous chassez la bécassine. Pour qu'elle parte plus près, vous la chassez vent dans le dos puisqu'elle s'envole face au vent. Votre chien, lui, a besoin de sentir les émanations et, comme il est gêné par la direction du vent, il va procéder comme indiqué plus haut. Vous noterez également qu'avec les chiens d'arrêt à nez assez court comme le griffon korthal ou des broussailleurs comme les spaniels vous risquez d'avoir de ce fait des arrêts retournés ou des bourrages à contre-pied. La force du vent peut également jouer d'une manière importante dans l'amplitude de la quête. A brise faible, votre compagnon chassera à portée de fusil, à distance assez courte. A vent plus fort, même dans le sens contraire à sa marche, il risque de prendre du champ. A grosses bourrasques, il peut très bien ne plus rien sentir ou au contraire à certains moments vous sortir complètement de la main. Autre cas : il chasse en plaine et gagne une haie. Il était à bon vent à découvert, il trouve un vent nul à couvert. C'est ainsi que vous perdez du gibier d'une manière incompréhensible. Dans un fourré épais et continu, tâchez de vous en souvenir et de ne pas gronder votre élève si une telle malchance vous arrive. Travaillez alors à bon vent et à mauvais vent dans la haie, d'un côté et de l'autre, si nécessaire. Soyez patient, cela paie souvent.

Le temps

C'est également un facteur important dans la quête. Au matin, quand il y a une petite gelée blanche un peu humide, ou une rosée abondante avant une journée qui s'annonce belle et sèche, vous remarquerez que votre animal a un nez un peu défaillant. Il n'y a rien d'anormal à cela. Quand il pleut et que tout est trempé, la voie est malgré tout un peu meilleure. Cela tient sans doute à ce que le sol reste encore sec. Enfin, quand il fait chaud et sec, très sec, les émanations sont nulles. Vous allez me dire que, dans ces conditions-là, il vaut mieux rester chez soi les trois quarts du temps. Je veux bien. Mais vous ne choisissez pas toujours votre temps de chasse. C'est bien souvent un samedi ou un dimanche et, en tout cas, pendant la période d'ouverture de la chasse, c'est-à-dire en automne et en hiver. S'il s'agit d'entraîner votre chien, attendez par exemple dix heures du matin en automne ou en hiver, cinq heures du soir ou après, pendant les belles journées de septembre. Le meilleur temps est quand il fait un peu frais avec un ciel nuageux mais sans pluie. Cela arrive assez souvent en période de chasse. Et puis, plus votre chien deviendra « routiné », moins il sera sensible au temps. Il connaîtra son terrain et saura que dans tel roncier il y a des lapins, dans telle plaine des perdreaux, dans tel bosquet des faisans, etc. Il chassera autant à vue qu'au nez. Les chiens sont casaniers et ont une excellente mémoire. Celle-ci supplée souvent au mauvais vent ou au temps hasardeux. Certains chiens passionnés de chasse et amis de leur maître gagneront sans faiblir la remise d'un faisan qui s'est envolé dans leur dos et sans qu'ils en aient eu connaissance à l'envol. Il est vrai que, dans ce dernier cas, il s'agit de chiens qui chassent trois ou quatre fois par semaine avec un patron qui tue très régulièrement. Cela n'a rien à voir avec la quête, mais j'ai connu plusieurs chiens dont Tr. Rigolette du Vieux Donjon, qui suivaient très bien des yeux les faisans qui nous passaient au-dessus de la tête. Elle les voyait même avant moi et son mouvement de tête me les signalait. Si vous avez un bon auxiliaire très habitué à vous, vous pouvez sans doute me raconter la même histoire. Au passage, le dressage au « up » est très important. Votre compagnon vous montre les oiseaux mais ne bouge pas au coup de fusil et, pire encore, ne part pas sous l'aile. Rappelez-vous mon vieil ami Robert Milliat déjà cité qui, les très rares fois où il manquait, disait « he's gone away » à sa chienne Lise puis, plus tard, à son springer Skip.

Le terrain

Il fait varier la quête. En plaine, dans des champs de trèfle ou de luzerne, elle est ample et élargie, assez rapide, bien croisée. On dit que le chien lace bien sa guêtre car il galope comme s'il passait un lacet de gauche à droite, d'un bouton à l'autre d'une bottine. Au bois, elle est normalement beaucoup plus courte, moins étendue, plus droite, mais en même temps moins régulière en raison des obstacles naturels, ronciers, ruisseaux, fossés, grillages, etc., qui dérèglent la belle quête. De plus, le terrain étant moins évident, le chien passera plus de temps à examiner chaque cache et chaque recoin. Si c'est un chien d'arrêt du type setter, il n'a sans doute pas besoin de pénétrer dans les bouchons d'épines mais arrêtera à l'extérieur. Si c'est un spaniel, c'est-à-dire un springer ou un cocker, ne le laissez pas passer à côté des ronces, ou alors vous vous trompez de chien. Il doit tout visiter soigneusement. Vous le nourrissez pour ce genre de travail. Obligez-le à rentrer par une coulée, à bon vent si possible, mais ne choisissez pas, comme font certains, l'endroit le plus opaque alors qu'il y a un passage à un mètre. Il y a toujours un endroit plus clair dans tous les fourrés de ronces ou d'ajoncs ou d'épines noires.

Au marais, choisissez des endroits où il n'y a pas trop d'eau, c'est-à-dire où le chien a pied. Sinon, la quête sera nulle et l'allure beaucoup trop lente. D'ailleurs, les bécassines se tiennent plutôt dans des platières ou des joncs très courts comportant des flaques d'eau et non des mares ou des étangs. Les canards, eux, nagent sur ceux-ci, mais au premier mouvement s'envolent ou gagnent les joncs. Il faut alors faire soigneusement le tour de ces étendues pour le cas où vous pourriez lever un colvert attardé.

TRAVAIL PRATIQUE N° 1

Pour diriger un chien dans sa quête, ***on utilise le bras et le doigt***. Vous regardez dans la direction où vous voulez envoyer votre élève. Au début, c'est même tout le corps qui est tourné à environ quarante-cinq degrés de l'axe de marche. Votre chien est assis, au « down » ou sur ses quatre pattes à côté de vous à votre gauche. Vous défaites la laisse en disant « allez ». En même temps, vous tendez le bras droit, l'index pointé dans la direction choisie. Il connaît le commandement « allez », de même que votre attitude et votre position l'inclinent à quêter dans le sens choisi. C'est le meilleur des cas.

Mais, au début, il peut vous arriver une mésaventure classique. Votre bras et votre main ont servi à le récompenser quand il revenait vers vous. Or il faut que vous sachiez qu'un chien n'a pas le concept de l'action qu'il va entreprendre. Il n'a pas une connaissance « a priori », c'est-à-dire non fondée sur l'expérience, de ce qu'il doit faire. Sa connaissance est ce que l'on appelle « a posteriori » ou empirique, c'est-à-dire au contraire fondée sur l'expérience. C'est très important. Il va donc venir voir votre doigt et le toucher. Ne vous affolez pas. Il ne fait pas encore la relation entre la direction que vous montrez et l'endroit où il doit se rendre. Baissez votre bras, alignez-le contre votre corps. Conservez votre position à quarante-cinq degrés de la marche et avancez sans vous préoccuper de votre chien. Il va partir au galop dans une direction donnée et, souhaitons-le, celle que vous avez choisie.

Si vous vouliez gagner un peu de temps et avoir une quête parfaite, vous pourriez, si cela vous est possible, acheter un jeu de grandes quilles ou emprunter les cônes rouges et blancs qui servent à indiquer des fermetures de voies ou des déviations sur les autoroutes. Vous les placez en plaine bien en vue et écartée chacune de vingt-cinq mètres, pour commencer, de manière à former un parcours en slalom. Vous prenez votre chien en laisse et vous lui faites effectuer le parcours en le plaçant tantôt à votre droite, tantôt à votre gauche pour qu'il identifie les quilles. Après un quart d'heure de cet exercice, rentrez chez vous. Faites cela quelques jours de suite, puis défaites la laisse. Chaque fois que le chien passe du mauvais côté d'une quille, sifflez un coup bref ou rappelez. Ne le laissez pas prendre de mauvaises habitudes. Ne le découragez pas. Cet exercice est fastidieux et très long. Vous avez le choix entre l'exécuter ou laisser faire le naturel. N'oublions pas que nous sommes en dressage amateur et que l'on ne nous demande pas d'être un professionnel.

Pour être complet, il faut que je vous parle de l'attitude de quelques chiens dans la quête. Ceux que je décris ne seront peut-être pas les vôtres, mais ils pourront vous servir de point de repère pour mieux juger de celui que vous possédez. Chaque race de chien a donc son ***style*** propre en ce qui concerne la quête.

Le pointer

Nous avons vu que le pointer faisait de grandes diagonales avec des retours très justes presque géométriques. C'est bien sûr un galopeur et il sait exprimer sa passion par une allure extrêmement rapide. Il ressemble à une mécanique parfaitement huilée avec un train arrière et un train avant parfaitement équilibrés. Cela lui donne une ligne de dos au galop très proche de l'horizontale mais moins au ras du sol que le setter anglais. Je vous parle au passage de l'arrêt qui sera développé dans un autre chapitre. Il est brutal et spectaculaire, certains disent même sculptural.

Le setter anglais

Il a un avant-bras très court. Il a donc une allure plus rampante, plus féline, mais également élégante et puissante. Sa quête est presque aussi étendue que le pointer. Elle se termine souvent par des coulées magnifiques, les articulations étant fléchies au maximum comme certains animaux d'Afrique du genre panthères ou léopards à l'affût. A noter que, dans de nombreux cas, il pratique un arrêt demi-assis ou pratiquement couché.

Le setter irlandais

Il est plus enlevé que l'anglais. Il est sans doute un peu moins longiligne. Il a lui aussi un avant-bras très court, mais l'ensemble des membres antérieurs et postérieurs est plus long que chez son cousin anglais ou chez le setter gordon. A noter que ce n'est pas une question de taille mais de morphologie, c'est-à-dire de proportions. Ce chien a une quête fougueuse, avec une action très rapide, une allonge importante, un galop léger. La ligne de dos est assez oblique, sans plus, au galop. A l'arrêt, il est ferme, complètement immobile, concentré, en position horizontale tendue.

Le setter gordon

C'est un chien de chasse destiné aux temps de pluie, de neige, de vents violents. C'est bien sûr un galopeur, mais l'épaule est moins oblique que pour le setter anglais. Il a donc une quête moins rapide mais tout aussi sûre. Son terrain de prédilection se situe dans les grandes herbes, les marais, les bois. Il n'a de ce fait pas besoin d'autant de vitesse que les autres. Il peut pénétrer dans les fourrés, franchir les ronces, nager comme un forcené. Il est capable de soutenir l'effort pendant très longtemps. Il est solide et costaud. Normalement, son dos est assez court avec une ligne assez horizontale. Comme son avant-bras est plus long que celui du setter irlandais, il chasse facilement en terrain varié et peut ainsi descendre et monter dans les collines et les endroits escarpés sans difficultés majeures. Attention, regardez bien : il n'a pas la légèreté d'un setter irlandais ni les allures félines du setter anglais. Mais il est très souple avec une foulée ample, allongée, et qui ne roule pas. L'arrêt est calme et mesuré. La tête est haute mais vous pouvez être un peu dérouté par le fouaillement de la queue qui a de ce fait souvent tendance à bouger et vous fera penser à un arrêt pas très ferme. Regardez la position de la tête, en cas de doute, le col à l'horizontal, le dos droit. Tout le comportement du chien est calme. Il n'y a normalement pas d'hypernerveux chez le setter gordon. On recherche plutôt l'effort soutenu que la vitesse. C'est un chien bien équilibré en général. Un mot encore sur la quête. Comme elle est plus lente que celle des autres en plaine, vous pouvez penser qu'il n'aime pas la chasse. N'en croyez rien. Sortez-le dans des endroits malaisés et vous découvrirez que vous avez un très bon auxiliaire.

Le griffon korthal

Il a un nez assez court par rapport aux chiens anglais. Il chasse en terrain varié et est parfaitement adapté à toutes les chasses devant soi. Il est rustique et costaud avec un poil et un sous-poil lui permettant de se déplacer comme un bulldozer. Sa quête n'est pas très large. En général, bien dressé, il croise sous le fusil. Cette expression veut dire qu'il chasse à portée de fusil et non pas en dessous de l'arme. Il arrête bien ferme sur tout gibier. S'il fait une erreur ou a un doute, vous verrez sa queue remuer. Vous pouvez vous approcher, taper dans le fourré, l'oiseau ou le lapin a déjà coulé. Il fait aussi, parfois, des arrêts retournés, ce qui prouve que, malgré son aspect costaud, il sait rester souple. Son galop est mesuré, il n'est pas pressé mais soutient indéfiniment l'effort. Il craint parfois la chaleur des ouvertures mais, ragaillardi par quelques lampées dans un trou d'eau, peut chasser toute une journée sans fatigue excessive.

Je vous ai parlé des chiens d'arrêt. J'aurais dû vous parler des braques et de l'épagneul breton. J'ai eu un braque du Bourbonnais, mon ami Vizir, et un épagneul breton, Ruffault, dit Rouffach, déjà cité. Je ne pense pas vous en parler car je souhaite vous indiquer des quêtes classiques et connues, plutôt que celles de telle ou telle race. Je ne vous ai pas non plus parlé de la quête d'un retriever type labrador. Non que je ne la connaisse pas, mais, pour moi, ces chiens-là sont mal utilisés quand ils quêtent. Au diable ceux qui ne sont pas de mon avis ! Un retriever n'est pas un quêteur. Je n'en démordrai pas.

Mais venons-en maintenant à la quête des spaniels. Il y a huit variétés de spaniels. Je laisse de côté les clumbers spaniels, excellents quêteurs qui marchent en quêtant à leur train puis accélèrent en prenant la piste. Je vais vous parler simplement des english springers et des english cockers. Aucun spaniel n'est un chien d'arrêt. Ce sont des broussailleurs.

L'english springer

Contrairement aux setters et aux pointers, les springers n'ont jamais un galop étendu et allongé mais bien plutôt un galop comprimé et brillant avec des pointes rapides mais de façon discontinue. Chassant en terrain varié, ils sont toujours prêts à un changement rapide de direction. Dans l'ensemble, ces chiens ont une allure équilibrée avec, suivant la distance par rapport à une émanation, un port de tête à ras du sol.

On peut la décrire comme pleine de brio avec un mouvement constitué de temps, de galop et de bonds. C'est un chien très puissant. Quand il prend un pied, il commence par fléchir légèrement sur ses articulations. En même temps, il allonge le cou au maximum dans le sens de la voie chassée. L'arrière-main se rassemble sous lui avec une battue qui est une suite d'écarts rapides et dans lesquels les temps sont irréguliers. Pourtant, le « rassembler » demeure, permettant cette action rapide, pas toujours en ligne, qui est caractéristique du springer. L'arrière-main, extrêmement sollicitée, va parfois de côté. L'action est passionnée mais très condensée. La queue qui équilibre l'encolure est portée basse ou à la limite dans la ligne de dos. De ce fait, le rein doit être fort et court, car c'est un galopeur, le tronc modérément long mais ample, les articulations pas trop hautes. En équitation, on dirait que le sujet travaille à deux pistes. Cela veut dire qu'il est souvent avec son avant-main sur un trajet, et son arrière-main sur un autre. C'est comme cela que l'on juge de la souplesse et de la rapidité d'un springer.

Le cocker anglais

Il a, de manière caractéristique, une quête grouillante, avec une queue toujours en mouvement, et pour les meilleurs un port de tête assez haut, car leur nez est assez long pour détecter une émanation entre trois et cinq mètres de l'endroit où ils se trouvent. Eux aussi sont des broussailleurs. Mais leur petite taille leur permet de rentrer dans les fourrés les plus épais en utilisant la moindre coulée. Le dos est court, le rein également. Et pourtant, un bon galopeur doit donner une impression d'être un peu plus long que carré, avec une épaule oblique qui lui donne de la vitesse. Comme déjà vu, la quête est en lacets pas toujours réguliers, et cela notamment en fonction du terrain parcouru. Ce n'est pas un chien de plaine ni un chien d'arrêt. Son alllure est zigzagante, encore que très compacte. Les quatre membres travaillent avec régularité dans un rassembler qui lui donne une certaine légèreté. Sur émanation, lui aussi fléchit légèrement les antérieurs, tend le cou et fonce dans le roncier avec impétuosité. C'est un athlète très puissant et compact. Un bon cocker ne passe que rarement une pièce de gibier, même à mauvais vent. Extrêmement intelligent, il retient tout, emmagasine toutes les situations dans sa tête, et cela le rend parfois surprenant dans sa quête qui est minutieuse, ordonnée, soignée, organisée pour ne pas laisser un pouce de terrain inexploité. Certains cockers de haut niveau ne vont à la ronce que par nécessité, leur nez faisant le reste, un peu comme des chiens d'arrêt. Ayant fait le tour d'un roncier, ils sont capables d'y rentrer à l'opposé du sens de la marche et de faire ainsi lever le gibier vers leur maître. Ce sont des chiens de chasse fanatiques et inégalés comme broussailleurs. Ils peuvent quêter toute une journée sans lever le pied et sans ressentir une fatigue excessive. Comme les springers, ce sont des chiens destinés à broussailler et à faire lever le gibier. Comme ils ne marquent pas l'arrêt, il est nécessaire de bien les suivre des yeux, car, si certains marquent un peu, la plupart, à l'odeur d'une émanation, donnent un coup de nez et bourrent sur l'animal. C'est cette rapidité qui souvent fait lever le perdreau ou le faisan se défilant à patte. Il ne faut cependant pas exagérer et éviter, comme le font certains, de courir derrière votre cocker sous prétexte qu'il a pris un pied. Au premier coup de nez, au contraire, mettez votre chien au « up », à la voix ou au sifflet, puis reprenez doucement la quête.

TRAVAIL PRATIQUE N° 2

Avec la description de la quête de ce dernier chien, je viens de vous parler d'un point important. Pour le moment, nous n'avions vu que l'amplitude de la quête en largeur et en longueur, nous avions également étudié la forme des lacets en diagonales plus ou moins nettes, les bons et les mauvais retours. Il nous faut maintenant en venir à la vitesse de la quête, tout en maintenant son amplitude caractéristique. C'est ce que l'on appelle ***régler la quête***. En effet, n'importe quel chien de chasse en bonne santé, sitôt lâché sur le terrain et pourtant bien dressé, prend plaisir à galoper en croisant devant vous ou sur les côtés. Certains, comme le setter irlandais, sont infatigables. Ils courent comme des voleurs, à toute allure, le nez haut, en essayant de détecter les anomalies qui peuvent apparaître dans le paysage. Souvent, au lieu de quêter, votre ami va piquer un galop vers le chien du voisin pour le connaître et tenter de l'entraîner dans l'aventure. Vous pouvez penser qu'en même temps il protège le coin de plaine que vous comptez battre et qu'en allant voir le braque qui croise à votre droite il va s'assurer que celui-ci n'a pas d'intentions belliqueuses. Suivant la distance, laissez-le faire. Normalement, il courra droit vers son collègue, lui flairera la queue, puis fera demi-tour et reviendra vers vous. Ce n'est pas très professionnel, je vous le concède. Mais il ne faut pas toujours brider un chien en étant trop normatif. « Ceci est bon », « cela est mauvais », dépend des circonstances et, vous comme lui, devez savoir vous adapter. S'il ne revient pas dans les trente secondes mais continue de tourner autour de ce braque, sifflez ou appelez. Il doit normalement revenir. Vous l'avez dressé à cela. Sitôt devant vous, faites-le asseoir un court moment puis relancez.

A partir de maintenant, vous ne devez plus tolérer ces aller et retour fréquents chez les chiens mal dressés. Ils chassent un peu, vont voir leurs congénères, reviennent, rechassent un peu, etc. Ce défaut est surtout fréquent chez les chiens jeunes ou qui chassent peu. Vous envoyez votre chien à gauche, d'un geste de la main, il fait trente mètres, pas de retour. Mettez-le au « up », ou sifflez deux coups brefs en disant « OK, viens ». Il revient et bien sûr, comme nous l'avons vu précédemment, tourne exactement sur place. Le commandement du rappel, comme vous le savez déjà, ne tolère pas de temps de latence dans l'exécution. On vire de bord immédiatement et au commandement. En ce sens, le sifflet est plus impératif que la voix, mais c'est une question d'habitude. Quand le chien est revenu, ne le faites pas asseoir, mais continuez dans le mouvement. Envoyez-le droit devant vous d'un geste du bras et de la main. A vingt-cinq mètres, préparez-vous. A trente mètres, vous sifflez.

Mais pourquoi renvoyer au centre plutôt qu'à droite. Il y a deux raisons à cela. La première est que, dans l'exemple pris plus haut, nous chassons en ligne avec d'autres chasseurs qui eux aussi ont des chiens. Je ne veux pas tenter mon élève une nouvelle fois et lui laisser piquer un nouveau galop vers le congénère voisin. Vous me direz que, dans ce cas, je n'avais qu'à le renvoyer à gauche une nouvelle fois. Pas du tout. Pourquoi voulez-vous me faire battre toujours le même terrain ?

La deuxième raison tient un peu à ce que je viens de dire, à savoir que, si mon setter montait à toute vitesse à gauche, c'est peut-être parce qu'une compagnie de perdreaux y était tapie ou tentait de se défiler. En l'envoyant au centre, à bon vent, vous le verrez tout d'un coup obliquer vers l'endroit d'où vous l'aviez rappelé et reprendre sa quête. Comme vous, pendant ce temps-là, vous marchez, vous ne voyez aucun inconvénient à le rappeler des trente mètres qui sont maintenant devenus cinquante par rapport au point initial de votre début de parcours. En obliquant à gauche, il vient de faire un premier lacet et c'est bien ce que vous vouliez. Il commence donc à quêter en croisant, et c'est également ce que vous vouliez.

Mais il vient de faire un mauvais retour, c'est-à-dire qu'il bat à nouveau le terrain qu'il avait exploré en faisant une boucle à la fin de la première diagonale. Mettez-le tout de suite au « up » ou au « down » si vous savez le faire. Approchez-vous et relancez. Attention, jugez de l'utilité de vos commandements et ne commandez ces exercices que si la faute est très évidente. Si vous vous trompez dans votre évaluation, vous aurez très vite le chien dans vos jambes, sous votre fusil, et cette fois-ci il s'agit de l'arme. Votre ami sera complètement abruti et c'est ce qui arrive quand on serre trop un chien. L'autre effet peut être inverse. Après deux ou trois « up » demandés, il prendra le mors aux dents, si je puis dire, et partira battre la campagne. Ce jour-là, revenez aux premiers chapitres de dressage et recommencez tout. ***C'est de votre faute***.

Vous voyez que vous aviez bien raison de lire quand même ces lignes. C'est par tous ces exercices pratiques que vous vous ferez la main petit à petit. Réfléchissez, observez, corrigez. Maintenant, nous allons pouvoir commencer à exploiter notre dressage.

Commentaires du dresseur professionnel

1. Un chien prend une quête convenable à partir du jour où il est déclaré. C'est logique. Vous le sortez sur le terrain. Il n'a que peu d'idées de ce qu'est un gibier. Il n'a donc pas de but de chasse. Le jour où il fait son premier arrêt est celui où il a compris. Vous verrez ainsi sa quête s'améliorer de jour en jour.

2. Tout le terrain doit être exploré. Si votre chien a une quête trop droite, reprenez-le en rappellant vers vous et renvoyez-le carrément perpendiculairement à l'axe de marche, sur votre côté gauche ou droit. Vous verrez qu'avec le vent il tendra de lui-même à remonter et donc à faire un lacet convenable. Il peut par contre faire un mauvais retour parce que vous l'avez fait travailler latéralement, par rapport à vous, et qu'il sait qu'il a quitté la direction initiale commandée. Ne vous en inquiétez pas.

3. Quand un chien est en bout de diagonale et qu'il va effectuer un retour, tendez le bras et la main puis faites un arc de cercle complet avec votre bras dans le sens du retour demandé. En réglant votre mouvement sur l'allure du chien, vous le verrez se déplacer latéralement exactement en ligne avec le mouvement de bras que vous effectuez. Si vous n'y arrivez pas, ne vous en faites pas. C'est déjà du dressage professionnel.

EXERCICE N° 12

L'arrêt, le chien déclaré. Les bonnes et mauvaises positions du dresseur amateur par rapport au chien à l'arrêt. Travaux pratiques. Commentaires.

Le sujet a déjà été effleuré dans les chapitres précédents. Il est vrai que tout se tient. Nous aurions pu en rester là, d'ailleurs, mais il se trouve qu'un certain nombre d'amateurs n'ont aucune idée de la simple utilisation convenable (et non parfaite) d'un chien d'arrêt. Je vais donc vous indiquer comment fait un amateur pour chasser avec ces races de chien et vous citer quelques écueils à éviter. C'est très simple. En dressage professionnel, c'est très différent parce qu'il faut, en plus, pouvoir amener le chien en field-trial, c'est-à-dire en concours de chasse pratique, et là, notamment au niveau international, on ne tolère aucune imperfection dans le dressage. Cela ne veut pas dire que vous ne pourrez pas aller dans ces épreuves avec les commentaires et la méthode que je vais vous donner. Au contraire, vous serez en avance sur beaucoup de vos amis qui ont toujours peur de l'évaluation de leur chien par les autres et qui, de ce fait, préfèrent se décerner des couronnes de lauriers par eux-mêmes plutôt que de s'en remettre au jugement compétent de personnes qualifiées. Il est vrai que l'on n'est jamais si bien servi que par soi-même.

Un chien arrête quand il parvient à fixer un gibier. On peut dire dans ces conditions qu'il y a communication entre le chien et le gibier. L'un et l'autre sont immobiles dans une position hypnotique, et l'attention va de l'un à l'autre. A quel âge un chien arrête-t-il ? Cela dépend beaucoup de la race et des origines. Pour fixer les idées, mettons entre six mois et un an. J'ai eu à une époque un excellent griffon korthal qui à l'âge de six mois arrêtait une plume de pivert dans la salle à manger de mes parents. C'était la première fois qu'il se déclarait vraiment. Je le sortais en double avec une vieille chienne griffon korthal appartenant à mon père. Nous l'avions achetée en Allemagne après la guerre de 1940/45 et elle était dressée à l'allemande, c'est-à-dire depuis l'arrêt jusqu'au pistage sur chevreuil blessé. Elle aboyait quand nécessaire, restait silencieuse à la chasse devant soi. Pour en revenir à Dick, ce dont je me souviens, c'est que, sur la plume de pivert, mon jeune griffon avait un arrêt des plus fermes. Qu'est-ce que vous auriez fait à ma place dans cette situation ? Vous vous le demandez et vous n'avez pas la réponse car c'est une situation aussi inhabituelle qu'inattendue. Je suis passé devant le chien, ai ramassé la plume, ai fait demi-tour et caressé le chien.

Les bonnes et mauvaises positions du dresseur

Ce que j'ai voulu vous indiquer ici n'est qu'une variante de la méthode du mur. On l'utilise très couramment aux États-Unis, moins souvent en France. Votre chien sort sur le terrain. Il cavale comme un beau diable nez au vent, heureux de se détendre et de profiter de sa liberté. Part un lapin. Le chien empaume la voie, avec, suivant la race, de joyeux récris. Il est déclaré. Il sait ce qu'est un gibier, son instinct lui conseille de le chasser. Il court donc et tente de le rattraper. Peine perdue. Au moment où il se sauve, ne criez pas « up » ou « down ». Il ne comprendrait pas. Je ne vous dis pas de l'encourager, mais laissez-le faire. Quand il est distancé, rappelez et faites asseoir à côté de vous. Dans une chasse où il y a de nombreux lièvres, vous verrez votre chien partir sur le premier puis se montrer moins entreprenant sur les suivants. Il a compris qu'il y en avait beaucoup et que ce n'était pas nécessaire à chaque fois de faire une course poursuite. Il sait maintenant qu'il n'a aucune chance de les rattraper. Je n'ai d'ailleurs connu qu'une chienne dans ma vie capable de rattraper non des lièvres, mais des lapins à la course. Elle s'appelait Maillote et était de race non identifiée, un mélange d'un peu de tout. Son propriétaire, un vieux solognot, l'excitait en criant : « prends-lu, Maillote, prends-lu par la queue », et il arrivait que la chienne attrape le lapin avant qu'il n'entre au terrier. Pour nous, c'est du mauvais dressage et ce n'est pas ce que nous recherchons.

Par contre, un vieil ami de mon père, chassait en baie d'Authie, avec deux pointers et un griffon korthal. Les pointers servaient de chiens d'arrêt, et le griffon de retriever, ce qui est assez étonnant, si

Mon griffon Korthal tombe en arrêt, je suis derrière.

l'on sait qu'un griffon peut couramment avaler une bécassine entière au lieu de la rapporter. J'ai souvent eu le cas, inutile de me dire le contraire. D'autres ne l'ont jamais eu, tant mieux pour eux.

A force de patience et d'affection, j'ai réussi à faire passer chez certains le goût de gober les petits oiseaux comme des mouches. Mais ces excellents amis avaient en général la dent assez dure et il m'apparaît difficile de les faire changer d'avis sauf à les entourer d'un attachement tout particulier qui les amène à partager leur proie avec vous. Donc nous avions les deux pointers devant nous, croisant à distance respectable, et à cette époque il y avait des centaines de bécassines. Quand un pointer arrêtait, il n'était pas rare de voir l'autre patronner, c'est-à-dire imiter son aîné mais sans pour autant arrêter sur gibier. Notre ami avait un ordre que je n'ai connu que dans sa bouche et qui, probablement, est une expression locale. Il disait « passe ». Ce faisant, il passait devant le pointer et se plaçait entre l'arrêt et l'endroit présumé où se trouvait la bécassine. Il avançait de quelques mètres, la bécassine s'envolait, il la tuait et envoyait le griffon la chercher. Le pointer, avec ce système, ne pouvait pas bourrer sur le gibier et il n'était donc pas nécessaire de le mettre au « down » pour l'empêcher de bouger. En ce qui me

Je passe devant. Un faisan s'envole. Riga ne peut pas bourrer.

concerne, je n'ai jamais chassé au chien d'arrêt autrement, mais à une différence près : je ne donne pas d'ordre. Quand le chien arrête un faisan, je passe devant lui, lève le gibier, tire, le tue dans les bons jours, et ne permets pas au chien de me dépasser. Voilà, une excellente méthode pour un amateur. Vous êtes sûr ainsi que le chien ne bourrera pas sur le gibier. Un chien d'arrêt n'a pas à se précipiter sur l'animal qu'il arrête. Il doit rester ferme et en position, sans bouger jusqu'à ce que vous ayez servi l'animal. L'avantage de cette méthode est qu'elle vous évite de mettre votre chien au « down » si vous ne savez pas le faire, qu'elle vous permet de retenir le chien aussi longtemps que vous voulez, et qu'elle vous place en très bonne position pour tirer.

Mais je vois déjà mon ami François-Michel Pelletier lever les yeux au ciel. Qu'est-ce que cette façon de faire ? Où a-t-il vu cela ? Eh bien, je vous ai déjà indiqué comment j'avais toujours fait et les avantages du système. Vous ne pourrez pas me dire que c'est compliqué. Il n'y a rien de plus simple. Seulement, si je ne vous disais pas comment fait un professionnel, vous resteriez sur votre faim. Je vous ai souvent dit qu'il y avait un monde entre le domaine de l'amateur et celui du professionnel. C'est le moment de le prouver.

Avec un dresseur, quand le chien arrête, le dresseur se porte en avant de son chien mais légèrement de biais, du côté où le gibier aura plus de chances de partir, autrement dit, de là où il sera le mieux placé pour le tirer. Il fera couler son chien aussi loin que nécessaire et le mettra au « down » ou au « up », suivant les races, à l'envol. Vous voyez bien que c'est déjà plus élaboré et beaucoup plus compliqué. Avec la méthode que je vous propose, il y a quand même quelque chose de commun. Le chien n'a pas à bourrer. Vous connaissez tous des crétins qui poussent leur chien à l'arrêt à quitter sa position et à faire lever lui-même le gibier. En faisant cela, ils auront bientôt un courant et non un bon arrêteur. Quand vous tentez d'expliquer à l'amateur qu'il fait fausse route, il vous regarde avec des yeux ronds et vous explique que ce qui compte à la chasse c'est de trouver du gibier et de le faire lever par le chien. Vous noterez alors des arrêts moins fermes, fébriles, précipités, quand ce n'est pas des faux arrêts, avec une queue toujours en mouvement. Si c'est moi qui bourre, l'action est plus expéditive que si le chien coulait, et en tout cas j'ai mon chien parfaitement à portée de main quand le gibier s'envole. J'en ai connu ainsi qui gardaient l'arrêt après le départ d'un lapin. Je n'avais plus qu'à me retourner, caresser et envoyer au rapport. Vous me direz que le chien ne voit pas où part le gibier. Je vous le concède. Mais je suis là pour le guider et lui indiquer la direction à prendre. C'était l'objet du chapitre précédent, et maintenant nous savons comment faire. D'aillleurs, un chien au « down » dans des hautes herbes ne voit pas bien où le gibier a pu tomber et il devra se fier à son nez et à vos ordres. Les Anglais ne font pas rapporter un chien d'arrêt. Ils ont bien raison. Mais nous, nous n'avons qu'un chien. Je vous concède que, dès qu'il cherche le gibier mort, le chien d'arrêt ne se comporte plus comme tel, mais ce manuel est destiné à ceux qui n'ont qu'un compagnon et qui donc doivent en faire une bonne à tout faire puisqu'ils n'ont pas le choix.

Certains chiens arrêtent très ferme, d'autres sur faisans fuyants ne vous laisseront pas le temps d'arriver à l'endroit souhaité pour passer devant eux. Si le cas se produit, mettez immédiatement votre chien au « up ». C'est plus important que de tirer. Je voudrais, à ce sujet, vous citer une anecdote qui n'a rien à voir avec le chien d'arrêt mais avec le chien qui ne vous attend pas. Je dressais dans les pays de l'Est ma petite amie Tr. Rigolette, du Vieux Donjon. Elle portait bien son nom car elle était toujours prête à me jouer des tours à m'en faire perdre mon latin. Nous remontions une haie tranquillement à deux tireurs, chaque fusil étant de part et d'autre des ronces hautes et épaisses. A la première poule (que nous ne tirions pas puisque seuls les coqs étaient permis), elle bourre, fait voler, ce qui était son devoir de spaniel, puis part sous l'aile à deux cents mètres. J'étais perplexe. Elle était très bien dressée au « up », avait un excelllent rappel, rapportait sans difficultés. Je rappelle, je siffle, rien à faire. Au bout de cinq minutes, notre amie revient la langue pendante, ravie mais un peu penaude. Je la mets au « up » et lui fais garder la pose pendant cinq bonnes minutes. Je ne faisais qu'appliquer ce que je vous ai dit. Nous reprenons cette marche, deuxième poule, même scénario, troisième poule, idem. Mettez-vous à ma place. Je commençais à avoir des complexes. Comment, le grand dresseur amateur qui n'est pas fichu de tenir un méchant cocker de rien du tout ? Comme ce n'était pas mon premier chien, je me mets à réfléchir. Je décide alors de prendre une haie à mauvais vent. Ma chienne, déjà routinée, prend les grands devants et revient vers moi en faisant la haie. Une poule s'envole, me passe au-dessus de la tête, la chienne s'emballe, me passe à deux mètres en travers. Avant qu'elle n'arrive à ma hauteur, je crie « up », lève le bras, me rue sur elle. La chienne s'aplatit un peu puis me dépasse. Je commençais à voir rouge. J'allume une pipe, réfléchis encore, récupère la chienne, la met au « up », la renvoie dans la haie. Part une nouvelle poule. Quand la chienne part sous l'aile, elle s'aplatit au commandement à cinq mètres de moi exactement à l'ordre. J'avais simplement utilisé un vieux truc de dressage. Je lui avais mis une laisse-collier consistante et qu'elle sentait bien. Déjà bien dressée, elle avait cru que je la tenais et la laisse avec son poids lui a rappelé le sens du devoir. Je viens de vous raconter toute cette histoire pour que vous puissiez à votre tour faire de même. Vous verrez, cela marche très bien. Il vous suffit d'essayer. Si vous n'aviez pas le résultat escompté, reprenez votre dressage à zéro. Vous avez dû sauter un exercice. Quant à Rigolette, elle est devenue trialer (1) en rentrant de ce séjour. Les leçons avaient porté.

Certains chiens font des arrêts peu sélectifs plus souvent que la moyenne statistique. C'est toujours possible. J'en ai connu qui arrêtaient des mulots, des taupes, des hérissons et même des vipères. Dans ce dernier cas, l'arrêt est généralement à très courte distance. Prenez en vitesse votre chien par le collier, de la main gauche et n'hésitez pas à tirer d'une main pour tuer la vipère. Si vous l'avez manquée, rattachez et prenez du champ. Inutile de prendre des

(1) Trialer : titre attribué à un chien de chasse ayant obtenu une récompense au « field-trial » (concours de chasse pratique).

La setter trialer Ula tient bien l'arrêt également. Je ne prends pas de risque, je passe devant, fais lever, tire.

A droite : Le professionnel ne passe jamais devant son chien à l'arrêt sauf pour se placer en biais en avant éventuellement.

risques. Si elle est morte, elle va souvent remuer et, même coupée en deux, sortir de vilains crocs. Faites un détour. Si la vipère a eu le temps de mordre votre camarade et que vous ne vous en soyez pas aperçu, vous le verrez bientôt avec une tête très enflée et de la bave qui coule. Ne perdez pas de temps. Ces symptômes apparaissent dans le quart d'heure. Si vous avez du vaccin, piquez tout de suite. Sinon, rentrez à la maison et conduisez votre chien chez le vétérinaire le plus proche.

Mais il y a aussi ce que l'on appelle le ***faux arrêt***. Il est fréquent sur une simple émanation ou une place chaude. Ce sont en général des actions menées par des chiens hypernerveux ou au nez peu sélectif. En général, tous les chiens arrêtent ferme, sans remuer la queue, à l'exception, par exemple, du setter gordon. Vous avez donc deux cas de faux arrêts possibles. Le premier, c'est quand le chien remue la queue. Il sait qu'il y a eu quelque chose mais indique en remuant la queue qu'il n'est plus très sûr de son fait. Le deuxième est quand il prend une position tendue et immobile sur rien. Votre chien est seul et donc il ne patronne pas. Dans ce dernier cas, passez devant très rapidement, tapez dans la place chaude avec votre pied, montrez qu'il n'y a rien. Ne vous retournez pas, ne caressez pas, mais partez en avant en sifflotant le changement de forêt si vous connaissez l'air de cette fanfare de circonstance. Vous verrez votre élève filer vers la place chaude, y enfoncer son nez puis reprendre sa course. Au cas où ce ne serait pas complètement un faux arrêt, mais un gibier qui s'est défilé, rappellez dans les dix mètres, renvoyez à gauche ou à droite en changeant complètement d'axe de marche puis, quand le chien fait son deuxième lacet, remettez à la voie. Le terme n'est pas tout à fait exact pour un chien d'arrêt car c'est une expression utilisée en vénerie, mais il dit bien ce qu'il veut dire. Le chien va croiser une piste chaude, faire un à gauche ou un à droite comme à l'armée, puis recommencer à ébaucher un arrêt, prendre une attitude coulée s'il s'agit par exemple d'un setter anglais, lever le nez, tendre l'encolure, fléchir les avant-bras, avancer de trois ou quatre mètres puis arrêt ferme. En termes de concours de chasse pratique, c'est ce que l'on appelle « monter au point », le point étant le gibier que vous ferez lever.

Ne vous étonnez donc pas si certains jeunes chiens font parfois de nombreux faux arrêts. Il faut qu'ils identifient le gibier que vous chassez. Ils apprennent à connaître le perdreau, le faisan, le lièvre, le lapin, etc. Il existe un cas très classique d'arrêt-faux arrêt qui est pourtant sur gibier existant. Je l'ai souvent rencontré dans des pays où les chiens ne connaissent pas la bécasse. Je vous donne deux exemples : je chassais avec Vizir, un braque du Bourbonnais hypernerveux, à nez très convenable et allure assez rapide. Chaque fois que, dans un carré de trois hectares, il y avait une bécasse, j'étais sûr qu'il la trouverait et son arrêt était des plus fermes. C'était, j'en avais l'impression, son gibier de prédilection. Sur le même terrain de chasse avec une excellente chienne griffon korthal nommée Ketty et qui me faisait tuer plus de gibier que tous mes autres chiens, je la retrouvais souvent sur bécasse, avec un arrêt tâtonnant, une queue battante, une tête légèrement en mouvement, avançant d'un pas, s'arrêtant. J'avais pris l'habitude de reconnaître son attitude devant la mordorée, et c'est ainsi que souvent je pouvais juger de ce qu'un arrêt pas très ferme comme celui que j'observais allait m'en faire lever une. Dans ce dernier exemple, il ne s'agit donc pas de faux arrêt.

Pour me résumer, je reprends donc les différentes sortes d'arrêt :

— L'arrêt ferme est celui qui se fait sur gibier existant effectivement. L'attitude est rigide, tendue, concentrée.

— Le faux arrêt est une position que prend le chien sur place chaude ou sur émanation. L'attitude peut être la même que pour l'arrêt ferme, mais souvent la queue et/ou la tête bougent plus ou moins.

— L'arrêt pas très ferme se fait sur gibier existant effectivement ou non mais, à la différence du premier, le chien hésite sur la présence d'un gibier. Il est donc en attitude de faux arrêt, queue battante et/ou tête en mouvement.

— L'arrêt à patron consiste en une attitude imitant l'arrêt ferme, mais vient de ce que celui qui patronne fait la même chose que le chien qui arrête ferme. Il n'y a pas de gibier devant un arrêt à patron.

On ne dresse pas un chien à prendre l'arrêt. Il arrête dès qu'il est déclaré, c'est-à-dire dès qu'il s'intéresse à la chasse et au gibier. Mais, pour des spaniels, des springers ou des cockers, vous pouvez les entraîner à ***marquer***. De quoi s'agit-il ? Un spaniel est un broussailleur, un leveur de gibier. De ce fait, sur émanation, il va avoir tendance à faire lever un peu vite. S'il a bon nez, c'est-à-dire qu'entre trois et cinq mètres il est capable de repérer l'émanation d'un gibier, vous allez voir, comme je l'ai expliqué dans l'exercice concernant la quête, son allure changer. Il va donner un coup de nez caractéristique, s'arrêter en demi-mouvement, puis monter rapidement vers le faisan ou le lapin tapi. Au moment où il va accélérer son allure, vous commandez « up ». Il faut déjà un chien très bien mis. Celui-ci s'arrête. Vous relancez en disant « allez ». Le chien bourre et fait lever. Plus tard, bien plus tard, il aura pris conscience du commandement attendu et marquera un vrai temps d'arrêt. C'est ce que l'on appelle marquer. Mais cette méthode de chasse, et non de dressage, a un inconvénient. Le fait de marquer ne bloque pas le gibier qui se défile, au contraire de l'arrêt. C'est simplement une indication que vous donne le chien pour vous dire de faire attention et de vous préparer à tirer. Donc, pendant le temps où il marque, le vieux coq faisan coule à la ronce et se défile. Quand le chien pénètre comme un trait dans le bouchon épineux, sa proie a déjà fait un certain trajet et peut même à la limite vous échapper.

Je pense que maintenant vous avez bien compris la distinction entre marquer et arrêter. La première action indique un gibier, la deuxième le bloque. En ce qui me concerne, sur les sept cockers que j'utilise actuellement à la chasse, je n'ai qu'un vieux routier qui marque pratiquement naturellement. Il est vrai qu'il s'agit d'un chien de six ans, extrêmement rapide et routiné, mon vieil ami Tr. OK, du Vieux Donjon. Je crois qu'il serait capable de faire le poirier si je lui demandais, tellement nous avons l'habitude de sortir ensemble quelque trois ou quatre fois par semaine pour un petit tour de chasse. Pour les autres, je préfère les dresser à l'allemande. Vous savez qu'en France un springer ou un cocker n'est pas censé donner de la voix. En Allemagne, c'est différent. Je ne souhaite pourtant pas que mes spaniels jappent comme une meute, mais je leur demande de donner un petit coup de voix quand ils lancent un lapin. C'est pratique, cela ne fait pas perdre de temps et je suis prévenu d'autant mieux que je ne vois pas toujours mon chien dans les ronciers. Pour le dressage, je les sors avec un ancien qui donne de la voix — il y en a —, et par imitation ils en font autant. D'ailleurs, quand ils chassent à deux ou trois, dès que l'un des cockers émet un ou deux petits jappements, les autres rallient à toute allure sur le point de l'attaque. La difficulté est de les empêcher ensuite de continuer d'aboyer. Aussi, je ne vous recommande pas ma méthode. Si par hasard votre springer ou votre cocker se met à aboyer de joie et sur rien, il faut absolument l'en empêcher. Mettez-le immédiatement au « up » en disant « non ». Il finira par comprendre. La meilleure manière est, comme indiqué précédemment, de l'empêcher de japper quand vous ouvrez la porte de votre maison pour le faire sortir dans le jardin. Vous n'aurez plus d'ennuis ensuite. Un dernier commentaire sur les aboiements de votre ami. J'ai un cocker que je dresse actuellement. Vous pourriez le sortir avec une meute de chiens hurlant, il continuera à chasser sans donner de la voix. Pourquoi ? Je n'en sais rien. C'est vous dire que rien n'est absolument simple en dressage.

Mais revenons au chien d'arrêt. Un facteur important dans la quête est le vent. L'aboutissement de la quête est l'arrêt. Il faut donc que votre setter travaille à bon vent, c'est-à-dire vent debout, face à l'axe de marche. Tout cela, vous l'avez compris. Cependant, on ne fait pas toujours ce que l'on veut à la chasse. Vous êtes invité à une battue de perdreaux avec votre auxiliaire. Les tireurs sont placés en ligne, le vent poussant vers eux et vous, on vous propose de marcher puisque vous avez cet excellent chien que tout le monde connaît maintenant. Comme déjà expliqué, sitôt lâché, votre ami va prendre les grands devants en faisant un grand cercle puis revenir vers vous en croisant. S'il arrête, ce sera face à vous et vous pourrez venir tranquillement le servir en marchant vers lui et ensuite tirer la compagnie qu'il bloque. Mais il peut arriver qu'en montant à mauvais vent le chien se fige en se tournant de biais, le nez vers le vent, très souple, le corps en arc de cercle. Il arrête un couple de perdreaux par exemple. C'est ce que l'on appelle un ***arrêt retourné***. A la chasse, vous n'aurez pas le temps de le mettre au « up ». Vous n'avez jamais vu un chasseur tirer, faire son doublé, tout en levant la main en actionnant un sifflet et hurlant un commandement. Votre élève va quitter sa position dès l'envol et bourrer sur place chaude sans hésiter. Ne le grondez pas, ne le caressez pas. Dans les deux cas, vous avez mis en péril votre dressage. Il faut donc éviter que cela ne se renouvelle trop souvent. A la battue suivante, prenez l'aile droite ou l'aile gauche, celle qui est la plus avancée, et arrangez-vous pour que votre setter chasse au minimum en biais. Cela ne changera probablement pas grand-chose car vous êtes chargé, vous rabatteur, de pousser le gibier vers la ligne, mais les arrêts retournés seront moins fréquents. D'ailleurs, ceux-ci arrivent d'autant plus souvent que le chien a un nez court ou que le gibier tient. Si, par contre, il n'y a pas de ligne de battue et que vous chassiez devant vous avec quelques amis, n'hésitez pas, pour conserver votre dressage, à passer devant le nez du chien et à envoyer la compagnie dans la direction opposée de l'axe de marche. Si vous vous faites attraper, dites que vous avez été surpris, que le gibier a ses habitudes, etc. Un bon dressage et une bonne conduite ne coïncident pas toujours avec une bonne action de chasse. Priorité au chien dans le cas présent. N'allez pas maintenant m'accuser de désorganiser les chasses. Je vous assure que ce n'est pas mon cas. Mais dresser un chien prend beaucoup de temps, le défaire, très peu. Tout reprendre à chaque sortie est extrêmement fastidieux.

Je vous ai parlé du meilleur cas, c'est-à-dire de l'arrêt retourné, dans les marches à mauvais vent. Il peut vous arriver une autre mésaventure bien plus grave : votre chien d'arrêt fait sa boucle élargie, pour revenir à bon vent. Sur son passage, deux perdreaux s'envolent. Il vient de ***taper*** dedans. Dans le cas présent, je considère que c'est assez normal et cela ne m'inquiète pas. Par contre, à bon vent, si le même chien en fait autant, je me pose des questions. Il y a plusieurs hypothèses. Tout d'abord, il n'est pas déclaré. Donc rien d'anormal. Regardez quand même s'il s'est aperçu de l'envol et s'il montre de l'intérêt pour les deux volatiles. Ensuite, il est déclaré mais encore tout fou. N'oubliez pas de le bloquer par un bon « up ». Enfin, il vous fait le coup régulièrement et à chaque chasse. Donnez-le à votre belle-mère pour lui tenir compagnie. Il n'a aucun nez. Je ne vois pas de solution à vous indiquer pour le guérir. Un chien peut acquérir de l'expérience et un nez plus fin mais il faut déjà qu'au départ il ait un minimum d'odorat. Ce genre de chien d'arrêt est heureusement très rare et si j'ai déjà vu des chiens taper dans un couple de perdreaux, je l'ai plutôt mis au compte de leur inexpérience ou d'un mauvais vent que de leur manque de nez.

Un dernier cas de tape, car j'essaie de tout passer en revue, et vous en connaissez sans doute d'autres. Votre chien arrête un lièvre au gîte, bien ferme. Vous êtes assez loin et pour une raison ou pour une autre, le lièvre décide de prendre ses jambes à son cou. Vous n'avez pas eu le temps d'arriver et votre braque empaume la voie comme un vrai courant. Vous pensez alors que votre dressage n'est pas parfait. Je vous le concède mais ne vous en faites pas. Je l'ai déjà dit, peu de chiens résistent au lièvre, pratiquement aucun au chevreuil. Le tout est de savoir combien de temps la course va durer. Quelquefois, vous ne reverrez votre chien que le soir après avoir fait toutes les fermes du coin. Votre lièvre oblique donc un peu à droite. Le lévrier d'occasion va tenter de couper la voie. Ce faisant, il tape dans une compagnie de perdreaux. Pas d'énervement. Ce n'est pas son nez, mais sa mise au bouton qui est en cause. Quand il revient, s'il revient, mettez-le au « up » pendant cinq bonnes minutes et attendez qu'il se calme. Vous pouvez maintenant repartir.

Pour dresser un chien à tenir l'arrêt, certaines personnes, de préférence des amateurs comme nous, ont un système que je me dois de vous indiquer et que je désapprouve complètement et sans exception aucune. Votre chien est à l'arrêt. Vous êtes à une trentaine de mètres. Un lièvre part au bout de quelques secondes. Le chien démarre en trombe. Vous prenez votre fusil et lui fichez un coup dans les fesses. J'ai déjà vu utiliser ce système autrefois. J'ai vu d'ailleurs des chiens saigner parce que tirés de trop près. J'ai rencontré des gens qui utilisaient des cartouches à sel. En fondant, le sel finit par brûler le chien pendant très longtemps et je ne suis pas sûr qu'il fasse la relation de cause à effet. Je crois, à la vérité, que ceux qui utilisaient ce procédé tentaient de calmer leur colère plus que de dresser leur chien. Ils avaient au moins le bon sens de le tirer « en cul » et de moins risquer de lui crever un œil. Avec cette méthode, si votre chien est hypernerveux, ou s'il est un peu craintif, vous allez le voir prendre les jambes à son cou et rentrer à la maison ventre à terre. J'ai connu ce cas avec une chienne griffon korthal déjà citée. Elle s'appelait Querry et avait dû essuyer quelques coups de fusil dans sa courte carrière. Je n'ai jamais réussi, par quelque méthode que ce soit, à la récupérer et j'ai dû, à mon grand regret, abandonner le dressage. Si votre chien est fougueux et bien équilibré, il va au contraire tenter de prendre du champ, et à chaque coup de fusil vous le verrez courir comme un voleur. Vous serez alors obligé de tirer une cartouche sur le perdreau et l'autre pour lui. Il s'en fichera complètement mais vous n'aurez plus aucune chance de le récupérer à moins de le donner à un dresseur professionnel dont vous vous plaindrez ensuite avec beaucoup de mauvaise foi, car il est fort possible qu'il ne puisse plus rien faire pour vous, même avec une énorme dose de patience. Donc, pas de coups de fusil en direction du derrière du chien. Cette méthode est nulle pour un amateur. Prenez votre temps pour le dressage et conduisez en passant devant le chien chaque fois que nécessaire.

En parlant de coup de fusil, je pense qu'il est temps, à partir de l'arrêt, de parler du gibier tué après l'envol. Il faut souvent un certain temps pour que le chien comprenne la relation entre le coup de fusil et le perdreau qui tombe. Au début de votre dressage, votre chien était sage au départ du gibier. Vous étiez devant lui et vous l'empêchiez d'avancer. Maintenant, il a compris. Après un court vol, le perdreau tombe par terre et devient accessible. Au début de son dressage, votre élève n'établit pas la relation de cause à effet, celle qui existe entre l'envol et le coup de fusil qui stoppe la course ou le vol. Et puis, un jour, il va comprendre, et à ce moment-là il va devenir tout à fait intenable. Grâce à votre position devant lui, vous l'empêchez de courir et parfois de voir si le gibier tombe.

Je vous ai parlé un tout petit peu d'un chien qui patronne. Je ne serais pas complet sur le sujet si je ne développais pas rapidement cette attitude. Vous n'avez qu'un seul chien. C'est du moins ce que je suppose en écrivant ce livre. Pour qu'un chien patronne, il faut avoir deux chiens. L'un arrête ferme sur gibier, l'autre imite. Le seul cas où vous risquez de voir votre chien faire un arrêt à patron sera quand, chassant devant vous avec un ami, vous verrez votre auxiliaire tomber à l'arrêt et le vôtre en faire autant. Normalement, les deux chiens quêtent sur deux bandes de terrain bien distinctes et sont chargés tous les deux de lever du gibier. Autrement dit, vous auriez un chien complètement idiot, s'il lui fallait toujours un compagnon à imiter pour qu'il se mette à l'arrêt. Mais, même si l'exploration du territoire est consciencieuse, il peut se faire que les perdreaux, par exemple, soient sur le territoire de droite et que, vous, vous battiez le terrain de gauche. Si le setter de votre ami se met à l'arrêt, votre élève va, lui, se précipiter vers l'endroit où l'autre chien est dans une attitude figée. Ce faisant, il peut distraire celui-ci dans son action de fixation, le faire bourrer, ou pire lever la compagnie de perdreaux en venant par le travers sans retenue, et tout entier à son excitation. Pour éviter ce petit jeu, vous connaissez la méthode. Dès que le premier setter marque l'arrêt, vous mettez votre chien au « up ». Cela l'empêchera de créer de la confusion et vous le verrez très vite se mettre à patronner. Mais comment reconnaître s'il n'y a pas deux pièces de gibier à deux endroits différents, c'est-à-dire une devant votre chien et une devant celui de votre ami ? Je n'ai pas de réponse définitive à vous donner. C'est affaire d'habitude. Vous pouvez quand même, à tout hasard, regarder si les deux nez sont dans le même sens. Ce n'est pas forcé malgré tout. Vous avez néanmoins une certitude. Si l'un des setters tombe en arrêt pendant que l'autre fait un arrêt retourné dans une direction opposée, c'est que ce dernier ne patronne pas.

Vous allez cependant m'objecter que, si votre chien est bien dressé, celui du voisin ne l'est peut-être pas et que, si votre auxiliaire se met à l'arrêt, il risque d'être dérangé par un congénère impétueux. Vous vous trouverez donc dans une situation inverse de celle que j'ai décrite, à savoir que c'est votre chien qui arrête et l'autre qui rallie au lieu de patronner. Dès que vous voyez celui-ci approcher, dépêchez-vous de passer devant votre chien. Si vous êtes trop loin, mettez-le immédiatement au « up », sans hésiter, et quelle que soit la suite des événements. Votre chien y étant maintenant habitué, il ne devrait pas bouger, même si son camarade commence à battre le terrain devant son nez. Ne vous en faites pas trop si malgré tout les deux amis font lever la compagnie de perdreaux et partent sous l'aile. Votre dressage n'est pas parfait, mais c'est très dur de rester au « up » quand un quadrupède batifole devant vous. Vous rappelez immédiatement, et votre voisin en fera sans doute autant. Reprenez votre chien et faites-le asseoir au « up », exactement à la place qu'il vient de quitter. Laissez-le dans cette position au moins cinq minutes normalement, d'après ce que nous avons vu précédemment. Mais ce n'est pas possible puisque la ligne de tireurs va vouloir avancer. Ceux qui n'ont pas de chiens se fichent pas mal de votre dressage, et ceux qui en ont peuvent avoir des difficultés à tenir le leur. C'est pour cette raison qu'en action de chasse on a souvent beaucoup de peine à dresser son chien à l'immobilité. Contentez-vous dans ces moments-là de travailler le rappel. Un chien bien mis, quel qu'il soit, arrêteur, retriever ou spaniel broussailleur, n'a pas à courir sous le faisan ou le perdreau qui vole. D'ailleurs, vous, en bon tireur que vous êtes, vous allez tirer l'oiseau et le tuer. Votre élève va se précipiter dans la direction où il est tombé sans attendre votre ordre, et maintenant il va falloir qu'il le retrouve et le rapporte. Nous y voilà enfin. Nous allons passer à l'exercice concernant ce travail et qui est, comme quatre-vingt-dix pour cent des amateurs, la raison pour laquelle vous avez acheté ce livre. Je laisse François-Michel Pelletier faire ses commentaires, et tout de suite après nous attaquerons le bouquet final en matière de dressage sur le terrain pour la chasse. Avant de le faire, relisez bien les exercices précédents en vous rappelant que le « up » ou le « down » est la base de dressage amateur ou professionnel et que le rappel constitue la quasi-totalité de l'éducation de votre élève si vous voulez le conduire convenablement. Le rapport est un enchaînement logique qui viendra de lui-même, si déjà vous êtes arrivé à ce stade complet du dressage.

Commentaires du dresseur professionnel

1. Pour conduire convenablement un chien, il ne faut pas le laisser filer à cent mètres en espérant que la nature lui dictera un comportement convenable. Conduire à cette distance, ou disons au-delà de trente mètres, est déjà du travail de professionnel.

2. Je ne vois pas d'inconvénient à ce que Gérard Desjeux vous recommande de passer devant votre élève à l'arrêt. Ce n'est pas la méthode que j'emploie, vous vous en doutez. Mais, comme tout votre problème est de faire en sorte que votre chien se tienne sage dans des circonstances diverses, je pense que la méthode du mur a de nombeux avantages en dressage amateur.

3. Pour servir convenablement un chien à l'arrêt, il faut toujours avoir l'œil sur son auxiliaire et déceler au premier coup de nez la manière dont vous allez intervenir : rappeler, mettre au « up » ou monter rapidement pour bloquer le chien à l'arrêt. Plus vous serez loin de votre élève et plus vous aurez de la peine à intervenir.

4. Le rappel est quatre-vingt-dix pour cent du dressage. Ne l'oubliez jamais.

Un arrêt à patron. Taïs à droite patronne sur Perette de l'Erica à gauche.

EXERCICE N° 13

La recherche du gibier, le rapport. Travaux pratiques. Commentaires.

Le chien est à l'arrêt. Vous êtes devant lui. Vous avancez de quelques mètres. Un faisan se lève. Vous laissez un peu filer, vous tirez, il tombe derrière un roncier dans des grandes herbes. C'est un scénario assez classique et que vous connaissez bien. Quand vous tirez, vous n'avez pas le temps de mettre votre chien au « up » comme je vous l'ai déjà indiqué précédemment, mais vous êtes devant lui. Le temps que le volatile s'envole, que vous tiriez, qu'il tombe, l'élève a conservé l'arrêt quelques secondes. Il passe à votre gauche ou à votre droite, normalement assez près de vous car l'émanation est sur l'axe de son parcours à partir du moment où c'est vous qui avez fait lever. Il vient maintenant droit dans vos pieds pour fouiller la place chaude. C'est une possibilité. Mais prenons le cas d'un jeune chien pas encore débourré réellement. Vous avez sûrement déjà vu la scène que je vous décris. Sinon, observez-la une prochaine fois. Votre ami va bondir au coup de fusil, passer à toute vitesse sur l'endroit où se trouvait le gibier et commencer à faire des cercles concentriques en bondissant comme un cabri. C'est ce que fera souvent un braque ou un épagneul breton. Avant toute chose, c'est le moment de le mettre immédiatement au « up » puis de rappeler en disant « viens ». Ce n'est pas toujours facile, mais les précédents exercices vous y ont préparé. Vous le faites alors s'asseoir à côté de vous et vous le calmez. Espérons que vous avez tué net. C'est le cas de figure que nous étudions maintenant. Votre épagneul sait quêter. Il sait prendre une direction. Vous comprenez maintenant pourquoi il était si important de passer par des stades transitoires avant d'entamer les exercices de recherche et de rapport. Vous vérifiez alors le sens du vent et prenez soin de mettre votre chien vent debout pour que les effluves éventuels du gibier mort lui arrivent dans le nez quand il se rapprochera. Au besoin, passez-lui la laisse et déplacez-le de quelques mètres à gauche, à droite ou carrément en arrière, si le faisan est tombé loin derrière le point d'envol. Une fois en position, faites asseoir, défaites la laisse, et indiquez la direction de recherche du gibier avec votre bras comme pour quêter. Il sait maintenant que votre main indique une direction et qu'il n'a pas à venir la flairer pour le cas où il y aurait une récompense. Vous lui dites : « cherche ». Il démarre. S'il s'emballe à nouveau, dites : « doucement », d'une voix ferme mais sans crier. Le chien va vers le gibier en zigzaguant un peu, puis le découvre. Vous l'avez suivi pour voir sa réaction devant sa première pièce. Elle est très variable suivant les races : un retriever et parfois un springer sont capables de prendre immédiatement le gibier dans leur gueule pour vous le rapporter. Vous noterez au passage combien le rappel est utile. Certains chiens embarquent le gibier loin de vous en jouant à le porter, d'autres restent sur place en hésitant, avec le faisan dans la gueule. Ils vous regardent un peu de biais en frétillant de la queue. Avec ce genre de chien, dites « apporte » et accroupissez-vous dans la position que vous utilisiez dans les exercices précédents pour le « viens ». Votre ami comprendra et reviendra bien vite. Vous le faites asseoir et vous lui dites « donne ». Caressez, récompensez. Faites de grandes démonstrations. Ne laissez en aucun cas le chien se balader avec le faisan. Ce n'est pas du dressage. A ce sujet, chassant avec un ami qui avait un labrador, j'ai vu celui-ci se promener de long en large et par deux fois avec un hérisson dans la gueule. Notre ami lui disait de le laisser tomber, tempêtait amicalement contre son retriever et ne pensait pas à venir prendre lui-même l'animal. Un peu plus loin, dans le bois, part un faisan. Il est tiré et tué. Le labrador se précipite, retrouve en un tour de main et commence à se balader. J'ai alors entendu cet ami faire la remarque suivante : « Mais qu'est-ce qu'il a ce chien à ne pas vouloir me rapporter le faisan ? » Je n'ai pas besoin de vous faire un dessin. Vous avez parfaitement compris. Chaque fois qu'un de ces chiens au rapport quasi naturel, ce qui fait leur succès, retrouve un gibier quelconque, vous devez lui dire : « apporte », puis « donne », le faire asseoir, et lui prendre. Caressez, récompensez.

Mais vous lisez ces lignes avec stupéfaction. Vous pensez à ce cocker descendant d'une longue lignée de chasseurs et qui va droit vers le faisan mort, met le nez dessous et tente de le retourner avec ses pattes. Vous évoquez votre braque qui jette à peine un regard en plein galop sur l'oiseau immobile puis va prendre l'arrêt vingt mètres plus loin sur une poule qu'il bourre et met à l'envol. Vous vous souvenez d'un coq désailé qui avait quitté le point de chute à pattes et vous avez vu alors votre griffon korthal prendre la piste en marquant parfois des demi-arrêts. L'ayant retrouvé quatre-vingts mètres plus loin, il le laisse sur place et revient vers vous absolument ravi de son exploit et de la belle galopade. Décidément, vous ne reconnaissez rien de ce que vous avez lu. Vous avez bien raison. S'il était si facile de mettre un chien au rapport, vous n'auriez jamais acheté ce manuel.

Désolé, cher ami, il nous faut maintenant rentrer à la maison et reprendre le travail en salle. C'est la seule façon d'obtenir un rapport convenable. Auparavant, divaguons un peu. On lit parfois dans des livres de vulgarisation sur le dressage que, si vous lancez une balle à un chien qui s'ébat dans la cour, il la saisit et la rapporte gaiement. Ah bon ? Je voudrais bien voir cela. Certains essaient de l'attraper avec leurs pattes, d'autres filent en la poussant du nez, d'autres encore s'en saisissent et veulent l'enterrer, et puis les plus nombreux partent vers la balle au galop, la regardent et reprennent leur course. C'est bien ennuyeux.

Au passage, et je ne voulais pas vous en parler, certains pensent qu'un chien doit être dressé à l'arrêt. Ils utilisent pour ce faire la méthode « butterfly » (papillon) en suspendant à une canne à pêche une petite boule de plume que l'on pose par terre. Le jeune chien veut s'en saisir, se rue dessus. On relève le fil en vitesse, et après plusieurs exercices le chien, devenant très prudent, va marquer l'arrêt. Autre système, de rapport cette fois-ci. Il est utilisé par des dresseurs très sérieux, pour les spaniels. Ils prennent un gibier, le baladent au-dessus du nez du chien en montant et descendant. Puis, de temps en temps, ils laissent l'élève attraper le gibier. C'est peut-être une bonne méthode, mais elle n'est absolument pas en harmonie avec ce traité. Tous nos exercices précédents ont traité de ***l'allure réglée, de l'immobilité, de l'obéissance***. Et voilà que maintenant, après trois mois de travail intensif, vous devez tout démolir et laisser votre chien se conduire comme un fou. Vous voyez pourquoi certains ne réussissent jamais à dresser un chien. Ils empruntent recettes et conseils à droite et à gauche, et les appliquent sans méthode et sans unité de vue. Croyez-vous, par exemple, qu'un vétérinaire soigne ainsi les chiens ? Oublions donc tous ces systèmes disparates et remettons-nous au travail.

TRAVAUX PRATIQUES

Au début, travaillez avec des objets que l'on appelle des ***apportables***. Ce sont soit des petits sacs en toile de taille et de poids différents, soit, comme en utilisent les dresseurs professionnels, une petite bûche en bois munie de croisillons pour qu'elle ne repose pas à terre et que l'on peut lester avec des poids différents de part et d'autre. On l'appelle le chevalet. Vous verrez en essayant que les deux problèmes que vous rencontrerez dans la mise au rapport sont : ***la prise de l'apportable et l'équilibrage de celui-ci de part et d'autre de la gueule***. Quand votre apportable est posé par terre, il est plus difficile à prendre, et c'est la raison des croisillons. Quand il n'est pas bien pris par le milieu ou, s'il est lesté différemment à gauche et à droite, au niveau du centre de gravité, il bascule dans la gueule et le chien le laissera tomber.

Mais, pour nous amateurs, nous allons travailler à partir d'un chien assis (comme les professionnels). Je vais donc vous suggérer deux apportables faciles à confectionner ou à obtenir : une peau de lapin cousue et une autre enveloppant une bûche. C'est tout. Si vous n'avez pas de peau, sacrifiez à l'achat d'une paire de pantoufles en peau de lapin. Retournez l'une, cousez l'autre sur la bûche. Prenez de préférence la taille 46.

Le chevalet, apportable utilisé par le professionnel.

Mettez-vous dans un coin de la salle à manger et passez sa laisse au chien. Il fait face au mur, par exemple à un mètre cinquante de celui-ci, afin d'éviter qu'il ne soit distrait par ce qui se passe dehors. Placez vos deux pieds de part et d'autre de votre élève, à hauteur des pattes arrière, vous aussi faisant face au mur. Prenez l'apportable dans la main droite, le plus léger d'abord, et dites : « apporte ». Ne croyez pas que le chien va obéir. Tout d'abord, il ne va rien se passer, il va retourner la tête et vous regarder de ses bons yeux. Ouvrez-lui la gueule avec votre main gauche et glissez l'apportable dedans. Le chien va tenter de se débattre, peut-être, mais il est enserré dans vos jambes. Il peut tenter la fuite en avant, mais vous le bloquez en lui tenant la gueule, l'apportable faisant barrage, ou en tenant la laisse avec la main gauche pendant que la main droite maintient l'apportable dans la gueule. Au besoin, calmez-le en disant « up » ou en lui caressant la tête de la main gauche si vous pouvez. Au bout de dix secondes, retirez l'apportable, glissez une récompense et caressez. Vous recommencez ensuite trois ou quatre fois le premier jour.

Un chien déjà bien dressé comme le vôtre devrait venir assez vite à la main. Il vous connaît, il vous aime, il sait que vous ne lui voulez pas de mal. Mais il y a plusieurs écueils à éviter. Tout d'abord, ce n'est pas un rodéo. Vous devez agir avec douceur et sans précipitation. Pas de cris, pas de coups. Faites preuve d'autorité, pas d'autoritarisme. C'est plus facile à dire qu'à faire mais, comme tous les exercices pratiques, celui-ci doit être fait avec calme et précision. Ensuite, évitez le mot « prends ». Cela ne sert à rien. Vous ne vous en servirez plus jamais par la suite. Dites donc tout de suite « apporte », et vous vous en tirerez d'autant mieux. Présentez la peau de lapin bien au centre. Elle est légère, donc un déséquilibre n'est pas très grave, mais le chien doit apprendre à saisir l'apportable au bon endroit, pour la suite. Ne le laissez pas le recracher, ou alors pas de récompense. Et surtout n'amenez pas la récompense trop rapidement. J'ai connu des élèves qui, pour se débarrasser plus vite de la corvée, ouvraient la gueule, laissaient tomber l'apportable et dirigeaient leur nez vers la poche où j'avais mon petit sac de viande avec l'air de dire : « J'aime mieux cela que de faire le clown. » Ne laissez pas votre chien s'affaler comme j'ai vu certains chiens le faire. Je présente l'apportable, ouvre la gueule du chien, tente d'introduire l'objet, et sens le chien qui commence à se coucher. A ce moment même, très vite, prenez-le par l'échine en disant « up ». Ce n'est pas le moment de batifoler. Je crois vous avoir décrit tout ce qui peut arriver dans ce début de dressage au rapport.

J'allais oublier une réaction bien improbable du chien en début de dressage au rapport. Il saisit l'apportable et ne veut plus le lâcher. Si vous aviez la chance que cela vous arrive, reculez rapidement en disant « apporte » et en vous accroupissant. Le chien est dressé au rappel. Il vient. Vous ouvrez la gueule avec vos mains, prenez l'apportable et glissez une récompense. Pour celui-là vous aurez peut-être un problème de dents dures par la suite, mais ce n'est pas sûr. De plus, il y a un grand pas entre présenter un apportable à hauteur de nez d'un chien et lui faire ramasser par terre. C'est précisément ce que nous allons voir.

Après plusieurs jours de petites séances de deux ou trois minutes pendant lesquelles vous présentez l'apportable au ras des dents du chien, tout en lui ouvrant la gueule, s'il refuse de le faire, vous obtenez maintenant un chien qui s'assied, ouvre la gueule, tient l'apportable. Dès qu'il sait le faire, éloignez-vous un peu et laissez-le tenir votre peau de lapin pendant un temps de plus en plus long. ***Ne le faites pas venir vers vous***. Revenez vers lui, dites « donne », prenez l'apportable et récompensez par un morceau de viande et des caresses.

Pour la leçon suivante, faites deux ou trois fois cet exercice puis, le chien toujours assis, placez l'apportable à dix centimètres de son nez en disant « apporte ». Rien ne se passe. Rapprochez à cinq centimètres, rien. Placez alors votre peau de lapin devant les lèvres, mais n'ouvrez pas la gueule et n'introduisez pas votre apportable. Ce que vous cherchez c'est une cession d'encolure, comme on dit dans la cavalerie. Le chien tend le cou vers l'apportable. ***La première fois où il le fait, vous avez gagné***. Récompensez, flattez, caressez, sautez de joie, soyez très démonstratif. Votre élève va être ravi. Reprenez à cinq centimètres, puis à dix, puis un peu plus bas.

Pour l'exercice du lendemain, vous reprenez à dix ou vingt centimètres de la gueule. Puis de plus en plus bas. Vous comprenez maintenant pourquoi les professionnels utilisent un chevalet. Les croisillons maintiennent l'apportable à quelques centimètres du sol et la prise est facilitée. Tenez donc votre peau de lapin à cinq centimètres du sol. Le chien, sans bouger de sa position assise et par cession d'encolure complète, peut l'atteindre. Il devrait maintenant le faire sans difficultés, sinon remontez votre apportable. Vous placez ensuite votre peau de lapin à un mètre de lui en vous plaçant, vous, dans le même axe, à deux mètres, accroupi et en disant « apporte ». Le chien va prendre et venir vers vous. S'il ne le fait pas, reculez en vous relevant et en lui tournant complètement le dos tout en surveillant discrètement votre élève par-dessus votre épaule. Rassurez-vous, je n'écris pas un traité de gymnastique, mais il y a parfois un peu de cela. Faites l'exercice plusieurs jours de suite, toujours avec le même apportable. Ne cessez qu'à partir du moment où vous avez un rapport parfait. Placez-vous à différents endroits de la pièce, faites venir en vous plaçant à l'opposé de la table et des chaises. C'est un exercice que vous connaissez déjà.

L'exercice suivant se fait avec la bûche recouverte de peau de lapin. C'est un apportable plus lourd, mais ce n'est pas excessif, à peine le poids d'un lapin. Vous le posez par terre comme vous savez le faire. Vous appelez « apporte ». Rien. Le chien va venir vers l'apportable, mordillera éventuellement la peau ; s'il est gai, il la jettera même en l'air, puis reviendra vers vous chercher une récompense. Vous êtes consterné. Ne vous en faites pas, c'est classique. Reprenez tout depuis la position assise avec introduction de l'apportable dans la gueule. Au besoin, variez. Mais faites attention. Votre élève prendra systématiquement la peau légère et refusera la bûche enrobée. Il vaut donc mieux s'en tenir maintenant à celle-ci. J'aurais d'ailleurs pu vous indiquer de faire tous vos exercices assis, en variant les apportables successifs. C'est faisable, mais vous ne

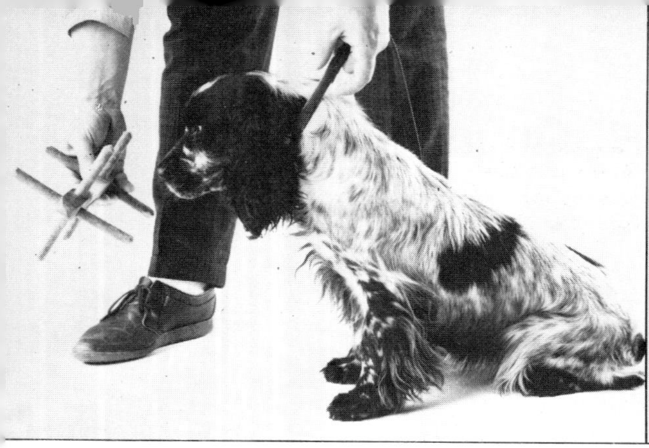

créez qu'une partie des habitudes et vous verrez votre ami prendre n'importe quoi dans sa gueule, sans pour autant bouger d'un pouce pour aller chercher celui qui est par terre. Donc tous les enchaînements se font avec le même apportable pour commencer.

Votre compagnon rapporte maintenant parfaitement en salle. Allez lui tuer un perdreau, sans oublier d'amener une serpillière ou un balai pour éviter les foudres de votre épouse quand vous commencerez les exercices avec gibier dans la salle à manger. Puisque nous avons fait des exercices sur le terrain avant d'attaquer le rapport, votre chien est déjà déclaré et c'est ce que nous avons vu précédemment. De nombreux chiens n'aiment pas le gibier froid, mais vous savez comment vous y prendre et vous recommencez : perdreau devant la gueule, etc. C'est un oiseau léger, et il a moins de plumes que le pigeon. Il est donc plus attirant pour le chien. A chaque rapport, n'oubliez pas de récompenser et de ***débarrasser la gueule des plumes qui sont restées attachées aux dents ou aux***

A gauche : l'apportable est posé par terre. F.-M. Pelletier guide la chienne sans lâcher la laisse.
Ci-dessous : Rapport au maître, laisse au cou.

De gauche à droite :
Sissi est assise. Le chevalet est à 20 cm.
Sissi commence une session d'encolure.
Sissi prend l'apportable.

lèvres. Sinon, vous pouvez très bien avoir un refus de rapport. Ce n'est pas toujours le cas, mais on ne sait jamais. Tout, dans le dressage, est affaire de détail. Je vous l'ai déjà dit.

Vous pouvez maintenant sortir dans la cour. Recommencez d'abord avec vos apportables, puis avec votre perdreau. Procédez de la manière suivante : votre chien est au « up » avec sa laisse au cou. Vous êtes à côté de lui, de préférence à droite comme pour la battue. Vous lui faites garder la position assise et vous allez poser votre gibier ou vos apportables à dix mètres. S'il bouge pendant que vous allez porter votre oiseau, remettez-le assis, à la place de départ. Votre dressage au « up » n'est pas suffisant. Quand vous avez posé votre apportable, revenez vers lui. Empêchez-le de bouger et de partir spontanément au rapport. Nous travaillons ***le rapport à l'ordre***. Vous vous replacez à sa droite, faites face à l'axe de marche puis commandez « apporte ». Le chien doit normalement aussi bien

Ci-dessous : Et voilà. Donné assis dans les mains.
A droite : Sissi ne voulait pas donner. Passer le pouce dans la gueule en arrière des molaires.

rapporter que dans la salle à manger. Mais je ne voudrais pas vous induire en erreur. Il y a de sacrés loustics en dressage. Ce beau setter irlandais part ventre à terre, il est sur le perdreau en deux bonds, le saisit puis commence à jouer avec. Accroupissez-vous et commandez « apporte ». Il ne vient pas. Très bien. Vous savez comment faire maintenant. Tournez-lui le dos complètement et partez à petits pas vers la maison. Votre chien va revenir avec le gibier. S'il ne le fait pas, c'est que votre dressage au rappel est insuffisant. Mais il arrive en trois foulées. Le brave chien ! Vous regardez par-dessus votre épaule et vous apercevez le perdreau à la place où vous l'aviez mis pendant que votre compagnon balaie de sa queue les maigres arbustes que vous veniez juste de planter pour embellir votre jardin. Faites-le asseoir. Placez-vous à sa droite, saisissez la laisse dans votre main gauche et menez-le à l'ordre vers le volatile. A un mètre de celui-ci, dites « apporte » et reculez-vous. Il devrait normalement le prendre et vous le ramener. S'il ne le fait pas, reprenez votre travail en salle. Pas de récompense, mais pas d'énervement. Demandez-vous, comme dans l'exercice de psychologie du début : « Lequel de nous deux s'est trompé ? » Essayez alors de faire mieux passer la communication. C'est long, mais c'est très faisable. Alors patience.

Toujours dans la cour, vous voulez maintenant qu'il vous rapporte un faisan mort. C'est lourd, c'est gros, c'est un tas de plumes. De plus, il est froid. Vous aller poser votre faisan, le chien ne vous le rapporte pas. Décidément, vous êtes prêt à renoncer. Tant pis pour le rapport, mon chien chasse, il m'aime. Et puis, cher auteur, qui avez tout vu, tout fait, vous oubliez les miracles. Vous avez peut-être raison, mais je préfère le dicton « aide-toi, le ciel t'aidera », ou encore mieux la formule de Jeanne d'Arc devant Orléans : « Les gens de guerre batailleront et Dieu donnera la victoire. » Vous êtes là pour en baver et je vais vous y aider. Essayez un truc. Il est souvent employé pour les cockers qui, même s'ils peuvent rapporter un lièvre, ont du mal à se mettre au rapport du faisan. Faites asseoir votre élève. Placez vos deux pieds à hauteur de ses pattes arrière et présentez le faisan par le cou, le chien vous tournant le dos. C'est un endroit facile à saisir. Continuez l'exercice jusqu'à ce qu'il garde le faisan dans la gueule sans le laisser tomber. Ensuite, continuez les exercices comme vous savez le faire. Au besoin, variez avec le perdreau ou le lapin. Ne tentez pas de lui faire rapporter un lièvre. Il n'est pas mûr et nous ne sommes pas pressé.

Vous voilà sur le terrain. Bel arrêt, beau coup de fusil. Le brave animal part au rapport à l'ordre. Il arrive sur votre faisan, le flaire, puis louvoie de droite et de gauche, se demandant s'il va chasser de son côté ou s'il doit rapporter. Il est vaguement inquiet mais pas plus que cela. Vous êtes passé d'un gibier froid à un gibier chaud. Certains élèves ne vous feront pas le coup, mais j'essaie d'être aussi complet que possible pour que vous ne vous sentiez pas trop différent des autres. Je ne tiens pas à développer chez vous une suite de frustrations qui vous amèneraient à vous enfermer dans votre chambre en refusant de manger, le bouquin sur vos genoux, répétant comme un enfant de sept ans : « Et pourtant, j'avais bien appris. » Rappelez immédiatement, mettez-le au « up », passez la laisse, et guidez-le vers l'endroit du point de chute. Si votre chien ne rapporte pas, reprenez votre travail en lui mettant le faisan dans la gueule et en reculant rapidement. C'est mieux que rien. Pourtant, une fois rentré chez vous, ou dans un coin discret de la campagne, travaillez en lui mettant la laisse et en gardant le pied dessus. Lancez un faisan froid en tirant un coup de pistolet à bouchon. Envoyez au rapport. Là, vous n'avez pas de problème. Il retrouve le cadre familier de ses exercices.

Autre variante : bel arrêt, coup de fusil modeste. Le faisan tombe mais « flaponne » encore en remuant les ailes. Certains chiens peu habitués ou parfois hypernerveux et craintifs ne veulent pas rapporter. Laissez tomber. Allez vers le faisan, assommez-le, attendez qu'il ne bouge plus, lancez-le un peu plus loin et envoyez au rapport. Vous pourriez m'objecter que j'aurais dû ramener mon chien à la place où il avait marqué l'arrêt, que j'aurais dû lancer mon faisan dans la direction où il était tombé, que je n'aurais dû envoyer mon chien qu'à l'ordre. C'est absolument vrai. Mais il y a certains cas où je suis prêt à être illogique. Pour cet exercice-ci, je préfère tenter ma chance, dans « l'action ». Mon chien a vu tomber le gibier, il y a été, il a refusé le rapport. Je sais pourquoi. Je l'ai envoyé à l'ordre, si j'ai pu, et maintenant, sur-le-champ, je lui recrée exactement la même situation qu'il y a quelques minutes. J'ai quatre-vingt-dix pour cent de chances de le voir revenir avec mon faisan, d'autant plus que, encore une fois, je lui tourne le dos et m'éloigne vers ma voiture. S'il refuse encore le rapport, repassez-lui la laisse, guidez-le vers l'endroit et commandez « apporte ». Vous verrez que vous finirez par y arriver.

Pourtant, pendant que j'écris ces lignes, je souris en pensant à mon jeune ami Tanguy des Grands Vaux de Sauldre. C'est un cocker bon garçon, aimable, toujours désireux de bien faire. Il galope quand on le lâche, va assez convenablement à la ronce, s'assied quand on lui demande, chasse par devoir plus que par goût, encore qu'il ne dédaigne pas de faire une petite course sur un lapin, ni de sortir de la main quand on ne s'y attend pas. C'est un chien sage et affectueux, exactement le genre de mari que vous aimeriez avoir pour votre fille. Je l'avais sorti à la chasse après un dressage excellent que François-

Michel Pelletier avait pris en charge quand le chien avait eu dix ou douze mois. Il était à cette époque brut de fonderie mais très adaptable. Pour sa première sortie, je lui tue un faisan qu'il avait levé. Je l'avais vu rapporter parfaitement chez le dresseur sur un faisan mort, lancé dans un pré. Tanguy se met très bien au « up », part au rapport à l'ordre, retrouve très facilement le faisan, ce qui prouve qu'il a du nez. Il le regarde, le flaire puis revient vers moi en remuant la queue sans vraiment trop y croire. Mon faisan était raide et je connaissais la musique. Vous aussi maintenant. Je le fais asseoir, lui passe la laisse, le guide vers le point de chute, lui commande « apporte ». Il le fait. J'étais assez fier de moi. Je congratule, gratouille, caresse, félicite le brillant nemrod et relance. Peu de temps après se lève un autre faisan sur lequel mon cocker a bourré. Je le tue, envoie le chien. Même scénario, refus de rapport. J'ai vu toutes sortes de polissons dans ma vie et ce n'est pas un cocker qui va m'impressionner. Ils sont tous tellement chasseurs que, même issus de chiens d'appartement, je les mets facilement à la chasse et ils ne demandent que cela. Je repasse donc ma laisse, guide le chien vers le faisan, commande « apporte » et mon élève me le rapporte. Nous avons chassé ainsi trois jours de suite sans aucun résultat autre qu'un rapport parfait avec la laisse, un refus de rapport systématique sur chaque gibier naturel. J'en ai donc parlé avec le dresseur professionnel, en toute confiance, comme vous devez le faire si pareille mésaventure vous arrive. Nous sommes arrivés ensemble à la conclusion que ce chien manquait un peu de tonus et que ces jours de chasse successifs avaient été un peu trop durs pour ses débuts. Mis au repos et avec un régime de cheval, il a rapidement retrouvé sa gaieté et je n'ai plus eu besoin du système de la laisse pour le faire rapporter. Donc, si pareil mésaventure vous arrive, réfléchissez, tout en sachant que les mêmes causes ne produisent pas toujours les mêmes effets.

Essayez de vous rappeler également qu'un chien qui sort de chez vous ou qui débarque sur un terrain de chasse sans battement de queue ou pour un spaniel un frétillement constant n'est pas en état de recevoir une leçon de dressage. Le chien doit être gai, attentif, concentré, passionné. Ce jour-là, si vous chassez, contentez-vous d'avoir un œil sur lui et tâchez de lui trouver rapidement une pièce de gibier. Il n'y a rien de tel pour détendre un chien de chasse. Quand vous battez un bois où il n'y a jamais rien, le chien est aussi lassé que vous. Il faut à chaque sortie qu'il ait quelque chose à se mettre sous la dent, si je puis dire, pour qu'il ait envie de chasser. Et puis, faites attention, comme déjà expliqué, à ne pas trop manquer. Concentrez-vous et faites en sorte de tuer aussi souvent que possible.

Vous verrez alors votre chien, en se routinant, partir en direction du coup de fusil. J'ai et j'ai eu, de nombreux chiens qui le faisaient.

Pour certains, il faut quelquefois très longtemps pour qu'ils établissent la relation entre le coup de fusil et le gibier qui tombe. Je me suis aperçu de cela quand mon ami Alain Zeller et son excellent labrador Teal, qui avait à l'époque au moins deux ans, ont commencé à vraiment communiquer. Un jour, le chien a compris et mon ami m'en a fait la remarque. Ils étaient l'un et l'autre sur la voie d'une bonne compréhension mutuelle. Le chien n'a fait que s'améliorer depuis. Par contre, dans un concours de chasse pratique, j'ai connu une petite cocker d'un an, chasseresse passionnée et redoutable, qui a perdu du temps dans sa recherche de gibier, parce que le tireur officiel qui ne connaissait pas bien la musique a tiré dans une direction différente de celle où se trouvait caché un faisan destiné à un rapport à froid. Sissi, à l'ordre, a immédiatement filé sur l'endroit où avait été tiré le coup de fusil et a été tout étonnée de ne rien trouver. Il a fallu relancer et l'éloigner pour qu'elle retrouve et rapporte convenablement. Enfin, toujours en concours de chasse pratique, j'avais sorti un cocker de quatre ans, mon vieil ami OK, avec lequel j'ai battu de nombreuses chasses dans toute l'Europe. Quand le tireur officiel a tiré pour un rapport à froid, en direction du gibier caché, mais bien trop court, OK s'est rendu rapidement à l'endroit du coup de feu. Mais, comme il avait beaucoup chassé, il s'est douté que l'oiseau avait dû tomber plus loin. Il est donc remonté au vent nez en l'air, a localisé rapidement le gibier et a bien sûr ***rapporté assis, donné dans la main***. C'est comme cela qu'un chien doit rapporter, quoi qu'on en dise. Si vous laissez le chien sur ses quatre pattes, il risque de tirer sur le gibier qu'il a en gueule, s'il est couché, il faut alors vous baisser et c'est ridicule. Un chien sera toujours plus souple que vous et je ne vois pas pourquoi certains font mettre leur retriever au « down » au lieu de lui prendre son gibier sans avoir à bouger. D'où l'expression ou la notation : rapport assis, donné dans la main.

Il y a des chiens qui « pillent » le gibier ou qui le mâchonnent en rapportant. C'est une sale habitude. Je vous ai parlé des griffons korthals qui gobaient des bécassines. J'en ai connu également qui cassaient la croûte en toute impunité. Nous avions autrefois en Sologne une très jolie propriété qui appartient maintenant à mon oncle par suite de partages de succession. Un canal faisait limite avec la propriété voisine qui appartenait à mon grand-oncle. Étant en famille, nous n'avions donc pas beaucoup de scrupules à tirer les faisans au-dessus du canal et ceux-ci, dans leur élan, tombaient bien entendu de l'autre côté. Tous les chiens chassaient très souvent à cette époque et tous nageaient comme des phoques. J'ai souvent vu les griffons de mon père, de mon grand-père et un peu moins souvent les miens, récupérer le faisan, le poser sur le chemin de halage, de l'autre côté du canal et casser ostensiblement la croûte, au grand désespoir des chasseurs. Je ne crois pas que cette maladie soit curable, tout au plus peut-on éviter qu'ils fassent le coup trop souvent. Mais vous avez peut-être une idée différente. En dressage amateur, je ne vois pas de solution.

Si le chien est à portée et de votre côté du canal, par exemple, et s'il commence à mâchonner le faisan et à le plumer, c'est-à-dire à le « piller », allez-y rapidement et, si vous n'avez pas peur, saisissez le faisan par la main droite puis tapez avec sur la gueule du chien. Vous verrez, il aura vite compris. Si vous ne savez pas faire ce que je vous dis, ne le faites pas. Rattachez votre chien, prenez le faisan et partez en le grondant sérieusement de la voix.

La prochaine fois, donnez-lui une grosse gamelle le matin. Je ne vous garantis pas une chasse agréable, mais au moins cela devrait éviter de lui faire prendre de mauvaises habitudes. Néanmoins, je ne vous certifie pas le résultat. Il y a très longtemps que je n'ai pas eu ce problème à résoudre.

Et puis, il y a le chien qui rapporte utile. Qu'est-ce que c'est ? Toujours la même situation : bel arrêt, beau coup de fusil. Le faisan tombe hors de votre vue dans un gros bouchon d'épines. Votre chien y va, retrouve et charge rapidement. Il ressort, vous aperçoit, pose son faisan et va se promener. C'est ce que l'on appelle ***rapporter utile***. Vous ne devez pas laisser faire cela, ce n'est pas convenable. Quand le chien est en vue, prenez votre parti. Tournez-lui le dos et sans rien dire partez en arrière. Il vous suivra et ne laissera pas tomber le gibier. Quand il sera un peu plus près, accroupissez-vous sans rien dire. Vous avez toutes les chances qu'il vous le donne dans la main. Il ne se mettra probablement pas assis mais laissera plutôt tomber le faisan à vos pieds ou dans votre main. Le reste viendra par la suite. Mais j'ai ajouté : « sans rien dire ». J'ai écrit cela machinalement. En effet, j'ai noté que les chiens qui rapportaient utile avaient tendance à se braquer à l'ordre. Si je m'accroupis en disant « apporte », je risque un refus. Je préfère la conviction silencieuse à l'ordre non exécuté. Voyez par vous-même.

Quand un chien charge un lapin, il le prend par le dos, bien au milieu, quelquefois par le ventre, mais toujours bien équilibré. Votre élève n'a pas à reposer son gibier au bout de deux ou trois mètres, sauf pour « recharger » convenablement. Donc, dès que vous sentez qu'il va poser son lapin, sifflez un petit coup sec et gai. Il viendra vers vous d'autant mieux.

Les amateurs ne font pas toujours attention à ces points de détail. Bien sûr, ce n'est pas grave d'avoir un chien qui pose trois fois son faisan en route pendant qu'il le rapporte. Mais c'est un encouragement au « pillage », au « mâchouillage » du gibier, à l'exercice fait à contrecœur. Je me souviens d'un ami qui, au cours d'une battue, voulait me montrer que son épagneul breton était la perle des chiens. Il lâche son chien sur un faisan qu'il venait de tuer. Le bon élève part au grand galop, bat toute la plaine à droite du point de chute, revient, se met à bon vent, charge et revient en posant trois fois. Ce n'était pas mal. Mais vous, vous saurez faire beaucoup mieux, maintenant.

Vous allez me reprocher de ne pas vous avoir parlé du rapport forcé. Je n'ai pas l'intention de m'étendre sur cette méthode. Très franchement, elle n'est pas pour vous. Vous savez qu'il s'agit d'un système coercitif pour obliger votre chien à rapporter n'importe quoi et sans hésitation. Eh bien, c'est justement un des problèmes que rencontrent les dresseurs professionnels. Quand l'amateur a tout essayé, y compris de mordre l'oreille de son élève, ce qu'aucun dresseur ne fait jamais, il vient ensuite voir le professionnel et lui indique qu'il a tout essayé mais que son chien est un incapable, un imbécile, borné, obtus, récalcitrant. C'est un mauvais début pour une entrée en matière. Le professionnel souhaite un chien ouvert, vif, entreprenant, courageux, avec un bon nez et une bonne allonge, et on lui donne une carne déjà pervertie. Bon nombre de déboires chez les amateurs viennent de là. Il faut alors perdre beaucoup de temps à remettre le chien en confiance, le faire gambader, lui permettre de sauter sur vous, le caresser, etc., pendant que toutes les semaines le nemrod impatient demande des progrès de son élève. Il faut donc savoir déléguer et attendre. Si vous n'avez pas confiance, ne donnez pas votre chien à dresser. Il n'y a aucun espoir. Si vous ne souhaitez qu'obtenir un bon rapport, ne pensez pas que le professionnel va brûler les étapes. Il va recommencer, comme vous, tous les exercices de ce manuel. Le travail en laisse, le « up », le rappel, la quête, la recherche du gibier, le rapport. Je pense que maintenant vous êtes convaincu de l'utilité des exercices précédents. Il n'y a pas de rapports possibles sans un excellent rappel, une bonne sagesse au départ du coup de fusil, un bon assouplissement général.

Tout l'enseignement de ce livre est fondé sur des enchaînements logiques, du travail en salle, des exercices dans la cour et, pour parfaire le tout, des sorties sur le terrain. Ne tirez pas sur le blé, il ne poussera pas plus vite. Si vous savez vous montrer patient et astucieux, vous aurez un jour la satisfaction d'entendre un de vos voisins de chasse vous dire : « Vous ne pourriez pas me donner l'adresse de votre dresseur ? » Ne bombez pas le torse, vous n'êtes qu'un amateur. Mais vous faites maintenant partie de ceux qui savent préserver et développer toutes les qualités de la race canine en France. A défaut d'autre chose, ce sera votre contribution au développement de la civilisation et de cela, vous pouvez être fier.

Commentaires du dresseur professionnel

1. Je ne dresse aucun chien uniquement au rapport. Tous les exercices d'assouplissement et de sagesse étant obligatoires pour obtenir ensuite un rapport parfait, je ne prends de chiens que pour un dressage complet. A noter qu'il m'arrive parfois de revoir, en accord avec le propriétaire, telle ou telle faute de dressage. Ce sont des interventions ponctuelles et limitées.

2. Quand j'envoie un chien chercher un gibier, je dis habituellement « cherche-apporte » parce que j'en ai l'habitude et que mes chiens me comprennent. Je concède volontiers que, pour l'amateur et son chien, il convient d'abord de dire : « cherche » puis « apporte ». Bien souvent, les deux actions sont confondues et notamment en terrain découvert.

3. Comme vous le savez déjà, je ne suis pas un partisan de la récompense du genre morceau de viande ou friandise. Je préfère créer chez l'élève une habitude ou si vous préférez un mécanisme naturel. De ce fait, j'insiste un peu plus longtemps que d'autres en prolongeant le nombre de lancés destinés au rapport. Un conseil : si vous tenez à la friandise, ne la donnez qu'en fin d'enchaînement et non en fin d'exercice. Un chien dressé rapporte. Je ne lui donnerai rien. Il s'assied et donne dans la main : je récompense par des caresses. Ajoutez-y votre friandise à ce moment-là, si vous y tenez.

EXERCICE N° 14

La maison.
Les voyages, l'hôtel.
Les bagarres entre chien.
Commentaires.

Vous venez d'acquérir un chiot de deux mois. Vous le ramenez fièrement à la maison, un beau collier tout neuf au cou, une petite laisse assortie complétant cet ornement inutile à cet âge : notre jeune ami n'est pas très difficile à rattraper s'il a envie de se dégourdir les jambes. Mais, à propos, à cet âge, comment allez-vous le faire descendre de voiture ? Il est sur le siège arrière. Celui-ci est protégé par une couverture pour éviter les légers vomissements éventuels dus au mal de voiture ou les « pipis » toujours à craindre, surtout si c'est un mâle. Au moment de le prendre, il risque de salir votre belle banquette. Vous ouvrez la portière, le chiot vient vers vous. C'est peu probable, à moins qu'il ne soit particulièrement déluré. Dans la plupart des cas, il va plutôt se rencoigner contre le dossier arrière, assis maladroitement, un peu dépaysé. N'allez pas en conclure qu'il est craintif. Vous venez de l'enlever à sa mère et à ses frères ou sœurs de lait, et cette nouvelle situation ne l'enchante guère. Donc il vous regarde vaguement inquiet. Votre première idée est de le prendre par la peau du cou, comme faisait sa mère. C'est une mauvaise manière. Vous ne devez jamais faire cela, car vous risquez, si vous le faites souvent, de lui détendre la peau. Et puis, rappelez-vous, c'est un signe de domination. Vous n'en avez pas besoin maintenant. Vous allez le terroriser et ce n'est pas souhaitable. Si vous ouvrez la portière arrière droite, c'est-à-dire côté trottoir quand vous vous garez dans le sens de la marche, vous passez votre main droite sous le cou du chiot pendant que votre main gauche passe sous son ventre. Si votre ami est déjà gros, cette prise est insuffisante. Vous passez donc votre bras droit sous son cou, jusqu'à hauteur du coude, et votre bras gauche sous son ventre jusqu'à hauteur du coude également. Vos bras formeront support, vos avant-bras à angle droit serviront de crochet. Vous poserez votre main droite sur le cou pour envelopper le chien convenablement. Votre main gauche viendra sur la hanche ou les reins suivant la taille du chien. Vous adopterez également cette prise quand vous allez chez le vétérinaire. Elle bloque bien le chien et ne lui fait pas peur. ***Donc, rappelez-vous, ne prenez jamais un chien par la peau du cou.***

Vous ouvrez la porte de l'entrée. Vos enfants se précipitent vers vous : « Oh, papa, je voudrais le caresser. » C'est tout à fait normal. Les garçons préfèrent en général les chiens, les filles les chats. Laissez-leur faire une petite caresse, et menez immédiatement le chiot à l'endroit tranquille que vous avez choisi comme par exemple un coin de la cuisine. Le sol est souvent carrelé et vous nettoierez plus facilement les saletés. Dans un coin, vous installerez un panier en jonc ou en osier. C'est plus propre qu'une couche en tissu molletonnée. Dedans, vous mettrez des bouts de moquette ou une vieille couverture. Posez-y votre nouvel ami et préparez tout de suite deux petites gamelles : une avec de l'eau fraîche et propre, l'autre avec des granulés que vous aura laissés l'éleveur. Si vous n'avez rien, prenez du riz et de la viande hachée. Vous ne risquez pas de vous tromper. Mettez un grand journal en plusieurs épaisseurs dans un endroit de la pièce. Refermez la porte et, si vous n'avez rien d'autre à faire, allez lire votre journal. Vous croyez l'avoir bien mérité. Votre chiot, lui, n'en sait rien. Il va commencer à pleurer et au fur et à mesure que le temps passe, hurler de plus en plus fort. Ne vous laissez pas faire. Il ne s'agit pas d'aller le voir, d'ouvrir la porte, de le prendre dans vos bras, de le laisser se promener dans le salon et dans toute la maison. A cet âge-là, si vous le faites, vous aurez dix « pipis » dans dix endroits différents, quand ce n'est pas le reste. Non, laissez-le crier et, s'il mange un peu de sa gamelle, il ne tardera pas à s'endormir. Certains jeunes un peu plus avancés que les autres vont s'attaquer au panier et commencer à mordre les joncs. Quelques propriétaires mettent de la moutarde pour dégoûter le jeune rongeur. Je trouve ce procédé inique. Il va aussi s'attaquer au journal et le déchiqueter. C'est désagréable, mais vous n'y pouvez rien. Éventuellement, mettez-lui quelques jouets comme une balle en caoutchouc, un hérisson qui couine, etc. Mais surtout, au bout d'une demi-heure, s'il fait beau et sec, menez-le dehors et mettez-le dans le jardin, sur l'herbe. Il va très rapidement faire ses besoins et commencer à courir en sautillant et en basculant comme le font en général tous les chiots. Laissez-le faire et ne l'appelez pas. Surveillez-le du coin de l'œil. Vous avez toutes les chances de pouvoir le récupérer quand vous voudrez. Vous savez maintenant comment le prendre de manière appropriée. Ramenez-le dans sa cuisine et laissez-le crier. Votre ami, passée la première nuit, ne devrait plus pleurer et par la suite s'habituer tout à fait à sa maison. Mais ne vous laissez pas faire, n'allez pas toutes les demi-heures voir s'il va bien et tenter

M. Pelletier
ntre comment
rter un chien.
gaille, l'ami de
Bachellerie, ne
ut pas tomber.

de le calmer. A tout hasard, je vous donne quelques « trucs » qui pourront servir pour les nuits suivantes. Vous achetez un gros réveil de cuisine au tic-tac sonore. Vous le posez sur un meuble. Le chien se sentira moins seul. Autre méthode : vous mettez une bouillotte d'eau tiède dans son panier. Cela lui rappellera sa mère ou ses frères. Évitez de laisser la lumière allumée. Le chiot a besoin de dormir. Vous pouvez par contre laisser dans le panier votre mouchoir ou l'une de vos chaussettes. Le chiot, qui commence à vous connaître, aimera s'endormir le nez dessus. Mais surtout, et quoi qu'il arrive, ne laissez pas votre nouvel ami se faire caresser à tout bout de champ par les enfants. ***C'est une question de vie ou de mort***. Ils peuvent le regarder, faire une petite caresse, une fois. Mais après, c'est fini.

Au matin, quand vous rentrerez dans la cuisine, vous trouverez forcément quelques flaques, peut-être des crottes. Votre compagnon est dans son panier quand vous arrivez. C'est très rare, voire improbable, qu'il fasse dedans. Prenez-le et posez-le sur un journal. Il fera très vite et prendra l'habitude par la suite de toujours venir sur le journal. Vous noterez au passage, si vous avez laissé la porte de la cuisine ouverte, que les chiens n'aiment pas, quand ils ont le choix, faire sur le carrelage ou le parquet. Ils préfèrent un tapis ou une moquette, sans doute parce que, instinctivement, ils supposent que ce sont des objets amovibles. Il faut absolument les empêcher de se promener dans toute la maison en faisant partout. Je vous ai expliqué au début du livre comment réparer les dégâts avec une bouteille d'eau Perrier et une cuilllère à café qui sert à racler. Ce n'est jamais agréable à faire. J'ai connu une charmante amie de ma femme à qui nous avions laissé pendant huit jours un jeune chien de quatre mois. Elle le faisait dormir dans sa chambre et le faisait sortir cinq ou six fois par nuit. Il faut le faire, croyez-moi. Personnellement, je m'en sens parfaitement incapable. Mais, chose étonnante, quand elle nous a rendu le brave animal, il était propre et appelait de sa cuisine quand il voulait sortir. Il s'est remis à faire sur le journal, et par la suite a attendu le matin pour aller faire ses besoins dehors. Vous verrez peu à peu le chien étendre son territoire. Il fera désormais à l'extérieur de sa pièce habituelle, par exemple dans l'entrée, puis dans la salle à manger ou le salon si vous avez le malheur de l'y laisser entrer. Dans cette dernière éventualité, évitez de lui mettre le nez dans la flaque, c'est parfaitement inutile et dégradant. De plus, vous le comprenez maintenant, ce n'est pas dans l'ordre naturel des choses. J'ai beaucoup de peine à faire comprendre ce point de vue aux amateurs de chiens, y compris à mon épouse qui pense exactement le contraire. Chaque fois qu'il fait à un endroit non permis, grondez-le avec une grosse voix, sans plus, et ramenez-le immédiatement sur son journal. C'est tout. Dans la journée, veillez à ce que les gamelles soient propres et qu'il ait toujours de l'eau fraîche en permanence. La cuisine doit être bien propre. Les chiens détestent la saleté.

Quand votre élève grandira, il voudra mettre ses pattes sur vous pour vous accueillir. Reculez-vous en disant : « non ». Il comprendra très vite que votre beau manteau neuf n'est pas sa descente de lit. Une fois sur ses quatre pattes, accroupissez-vous et caressez-le s'il est jeune, sinon restez debout, penché s'il est assez haut. Je vous ai déjà expliqué qu'avoir la tête à hauteur de celle de son chien était dangereux et peu éducatif. Chaque fois que vous pouvez, laissez le jeune chiot se promener dans le jardin ou à défaut sur un grand balcon si vous êtes en appartement. Il commencera ainsi à mieux connaître le monde extérieur. Pourtant, ne le laissez pas courir dans l'herbe mouillée au point de se tremper les poils. Un jeune ne peut pas prendre de bains sans danger avant cinq ou six mois. Vous allez trouver qu'il sent mauvais surtout quand il va pleuvoir. Cela vous servira au moins de baromètre. De plus, certaines races ont une odeur plus forte que d'autres. Vous n'y pouvez rien. Il existe cependant dans le commerce des déodorants pour chiens qui servent en même temps à chasser les puces et les tiques. Attention à ne pas en mettre trop ; vous verrez, si vous faites cela un soir quand le chien va se coucher, qu'au matin il aura vomi. Cela se produit quelquefois avec des produits qui sentent particulièrement mauvais. Réfléchissez. Ne croyez pas que votre chien soit malade. Simplement, la prochaine fois mettez-en moins et surtout pratiquez l'opération dehors. Au sujet des tiques, il faut bien sûr les enlever dès que vous les voyez. Quelquefois, la tique est invisible au départ, petite et noire. Par la suite, elle grossit en suçant le sang et devient blanche. Elle est plus facile à arracher. Il paraît qu'il ne faut pas laisser la tête de la tique accrochée à l'animal et que si vous tirez vous n'aurez pas celle-ci. C'est bien possible. Pour ma part, dès que je vois un de ces parasites, je le retire avec mes doigts. Mais, si vous êtes un puriste, en passant de l'alcool à 90° sur la tique, elle tombera d'elle-même. Au cas où votre chien aurait contracté la piroplasmose, regardez les babines orange et l'urine de même couleur puis filez chez votre vétérinaire avant qu'il ne soit trop tard. A tout hasard, enfin, pour les Solognots qui ne connaissent pas le mot « tique », je vous indique que c'est ce que nous appelons une « louache ». Vous voyez que pour élever des chiens il faut savoir parler plusieurs langues !

Dans un autre ordre d'idée, faites en sorte qu'à la maison le chien développe un caractère harmonieux. Vous connaissez tous le cas du facteur ou de l'employé de l'EDF qui relève les compteurs. Le chien les reconnaît de loin, se rue sur eux, aboie et quelquefois les mord au mollet. Quand le préposé aux PTT a déposé sa lettre, il repart et le chien considère qu'il a remporté une victoire. Elle est assez facile et peut se produire tous les matins. Prenez votre chien dans les bras, dès qu'il aboie, caressez-le pour le calmer et serrez ostensiblement la main de l'intrus. Si ce dernier connaît les chiens, tout devrait bien se passer par la suite. Sinon, rentrez votre élève à la cuisine et empêchez-le de sortir jusqu'à ce que le visiteur ait disparu. ***Ne prenez aucun risque dans ce domaine***.

N'incitez pas les passants à caresser votre ami. C'est inutile et risqué. Certains chiens ont leurs têtes, généralement les mêmes que celles du maître comme par exemple l'agent de police. Je connais des chauffeurs de taxi qui bougonnent : « Il ne peut pas voir les flics en peinture. » A chaque fois, j'ai envie de sourire. C'est un exemple de projection de soi-même sur l'animal. Je pense que le conducteur est le premier à ne pas aimer les policiers.

Ne laissez pas votre compagnon trop longtemps sans sorties. Quand il est jeune, ce n'est pas très grave. Trois ou quatre minutes plusieurs fois par jour peuvent suffire. Après, il lui faut au moins, suivant les races, un quart d'heure le matin, un quart d'heure le soir, et bien sûr des longues sorties pendant le week-end. Ce que je vous indique ici est un strict minimum. Si vous ne le faites pas, votre chien deviendra anormalement agressif. Ce sera de votre faute, pas de celle de l'éleveur ou, comme vous aurez tendance à le penser, de celle de la race, censée produire des caractériels. N'y croyez pas. Le caractériel, c'est vous : une personne d'intelligence normale mais avec un comportement anormal, genre d'individus qui existe par milliers.

Les voyages, l'hôtel

La tante Berthe vient de vous inviter à passer quelques jours chez elle sur la côte basque. Vous habitez Lille. Ce n'est pas la porte à côté. Vous décidez de prendre l'avion. En général, les compagnies d'aviation acceptent nos amis, mais vous avez intérêt à prévenir votre agence quand vous prendrez votre billet. Les petits chiens sont autorisés à voyager en cabine, à condition qu'ils soient mis dans un sac. Les chiens de taille moyenne comme les cockers y sont également autorisés mais il faut auparavant avoir l'autorisation du commandant de bord. Les chiens de taille plus grande doivent nécessairement voyager dans la soute de l'avion, dans une caisse que vous aurez achetée à cet effet ou que vous pourrez vous procurer en général à l'aéroport. Je me souviens avoir ramené de Chester, en Angleterre, un springer qui a voyagé dans une énorme caisse en bois vendue sur place pour le prix de vingt livres en 1981 ou 1982. Dans ce dernier cas, n'oubliez pas d'administrer un calmant au chien. Il est en général terrorisé et cela se comprend. Si vous pouvez, faites-le boire le plus possible avant le départ. Il est inutile de mettre une gamelle d'eau dans la caisse. Le contenu se répand rapidement au cours des manutentions. N'oubliez pas au passage de vous munir d'un certificat de vaccination antirabique ; il vous sera utile dans bien des cas au cours du voyage. Enfin, bien sûr, vous devrez payer pour le transport. En parlant de voyage en avion, si vous alliez à l'étranger au lieu de vous rendre chez la tante Berthe, en France, n'oubliez pas d'avoir votre carnet de vaccination à jour et un certificat international de bonne santé qui doit être établi peu de jours avant le départ pour être valable. Vous l'obtenez chez votre vétérinaire habituel. Ce manuel n'étant pas un traité destiné à définir toutes les réglementations nécessaires au départ de chaque pays, renseignez-vous auprès de votre agence de voyage et notamment sur les problèmes de quarantaines (de un à six mois suivant les pays) ou d'interdiction totale comme pour la Russie et l'Australie. Vous décidez de ne pas prendre l'avion et de vous déplacer en train. Là encore, les chiens de petite taille doivent voyager en panier ou en cage portable. Les autres, plus grands, doivent en principe être muselés et tenus en laisse. Le plus pratique pour les autres voyageurs est de mettre votre chien sous la banquette, vos jambes faisant barrage quand vous êtes assis. Si le chien a besoin de se dégourdir les jambes, sortez-le dans le couloir, mais n'hésitez surtout pas à lui mettre une muselière, pas trop serrée. Si vous avez un dalmatien, j'ai peur que vous ne soyez obligé de le mettre en cage dans le fourgon à bagages. Donnez-lui un tranquillisant et laissez-lui votre mouchoir. Tout devrait bien se passer.

Pour aller de la gare du Nord à la gare de Lyon, vous souhaiterez sans doute prendre le métro. Désolé, les chiens n'y sont pas admis, sauf dans le RER. Un bon conseil : vous pouvez porter des lunettes noires et une canne blanche. Les chiens d'aveugle sont admis. Vous en serez donc pour un voyage en autobus si vous pouvez mettre votre chien dans un panier fermé. Sinon, vous devrez rouler en taxi, si le chauffeur l'accepte.

Vous voyez qu'avant d'acquérir un chien, vous devez réfléchir à tous les inconvénients que cela entraîne. Rassurez-vous, beaucoup d'autres que vous ont su résoudre ces problèmes. Après tout ce que je viens de vous dire, vous décidez de descendre en voiture sur la côte basque. Il vous faudra sans doute deux jours, avec par conséquent une nuit à l'hôtel. Vos trois préoccupations pour les voyages en voiture sont, en ce qui concerne le chien : ***la nourriture, la boisson, la chaleur***. Il faut habituer votre ami, huit jours à l'avance, à la nourriture que vous allez lui donner en voyage. Il est habitué à manger de la viande et du riz. Pour deux jours, vous pouvez confectionner une gamelle avec ces deux ingrédients mais, par temps chaud, la viande risque de souffrir un peu. Vous décidez donc d'acheter un sac de croquettes d'une marque connue. Si, lors d'un arrêt, vous voulez lui faire manger cette nouvelle nourriture, vous allez le voir hésiter, bouder, reculer, flairer les environs, bref, refuser de manger. Autre situation. Il est habitué aux croquettes. Au restaurant où vous vous êtes arrêté, on vous propose une bonne gamelle pour votre ami. Vous acceptez de grand cœur. Méfiez-vous. Il n'est pas habitué à cette nourriture qui par ailleurs peut être excellente. Il aura la diarrhée dans l'après-midi ou le soir dans la chambre d'hôtel et, croyez-moi, ce n'est pas gai. Si vous le laissez la nuit dans la voiture, vous retrouverez le lendemain un vrai désastre. Inutile de le gronder. Il ne vous reste plus qu'à nettoyer et à rouler vitres ouvertes pendant quelque temps. Pensez également à l'eau. Il est bon, à tout hasard, de remplir avant de partir une bouteille d'eau et bien sûr d'emmener les deux gamelles : une pour les aliments, l'autre pour l'eau. Vous pourrez vous en servir en cours de route s'il a soif ou le soir pour son repas de la nuit. Les chiens m'ont l'air moins sujets qu'avant au mal de voiture. Ne prenez pas de risques cependant et ne lui donnez pas à manger le matin. En route, quand vous vous arrêtez pour prendre de l'essence ou pendant que vous déjeunez si vous ne le prenez pas avec vous au restaurant, profitez-en pour mettre à l'arrière de votre auto une gamelle d'eau. A l'arrêt, ***laissez les vitres entrouvertes*** pour qu'il puisse ne pas avoir trop chaud et surtout garez impérativement votre voiture à l'ombre, en prenant soin de noter dans quel sens tourne le soleil. Il est inutile de choisir un bon platane ombrageux si, votre repas terminé, le soleil a fait changer l'ombre de place. Ne laissez pas de laisse accrochée au chien. On ne sait jamais. Il peut se prendre dans une aspérité de la voiture, le changement de vitesse, le levier de positionnement des sièges, les manettes des vitres, que sais-je, et s'étrangler. En général, vous l'installez sur le siège arrière, sur sa couverture, tout en fermant les portes et en répétant un doigt en l'air : « sage, pas bouger ». Vous avez bien raison de lui parler, mais je doute qu'il suive vos consignes. Si vous observez bien, sitôt que vous aurez le dos tourné, votre ami viendra se lover sur votre place si vous êtes le conducteur et s'assurera que personne ne peut repartir sans lui. C'est désagréable, car avec votre beau costume bleu vous allez ramasser tous les poils qu'il aura laissés quand vous vous assoirez de nouveau. Pour cette raison, ceux qui ont des chiens ont en général un break avec une grille, des barres ou un filet, et quelque fois les trois, pour éviter de retrouver des poils sur les sièges. Autre avantage de ce genre de véhicule : certains amateurs se plaignent de ce que leur chien mange les garnitures, les sièges, les portes, le plafond. Cela ne m'est jamais arrivé avec aucun chien. Je ne peux donc pas vous donner de conseil sur la manière de les en guérir. Je pense que le chien se venge de rester seul. Quoi qu'il en soit, avec le système du break et des grilles, vous avez moins de chances que cela arrive. J'ai bien dit moins de chances car je connais des chiens de taille moyenne qui arrivent à passer entre les filets ou les barres comme une feuille de papier à cigarette sous une porte fermée. Allant à la chasse dans la Sarthe chez mon ami Bernard Chapron, j'avais amené en voiture depuis la Sologne ma chienne griffon korthal prénommée Ketty et qui m'adorait. Le soir, en arrivant, je cherche un endroit pour la mettre et découvre une vieille écurie désaffectée. J'y mets la chienne, ferme une première porte, une deuxième et peu de temps après, on me prévient qu'un chien se promenait dans le parc. C'était ma Ketty qui avait réussi à passer sous les portes d'une manière incroyable. Je l'ai donc fait coucher dans la voiture. Les autres cas concernent les joyeux cockers de mon épouse. Quels que soient le break et le système de barrage, il y en avait toujours deux, quelquefois trois, que nous retrouvions à l'avant du véhicule. J'ai alors fait construire une grille spéciale, ajustée au centimètre près, et depuis ce temps-là j'ai eu la paix. Si

Une voiture équipée pour le voyage avec les ustensiles nécessaires.

vous n'avez rien de tout cela, il existe des petites cages d'avion, en plastique, assez facilement transportables et dans lesquelles vous pouvez mettre votre compagnon. Je le redis : attention, malgré tout, à la chaleur. Ne laissez pas votre voiture au soleil, même les vitres ouvertes, et sortez votre chien de temps à autres pour qu'il puisse se dégourdir les jambes et respirer. S'il n'est pas en cage, dès que le chien veut passer devant pour se mettre dans les jambes du passager, une place de choix très recherchée, surtout à vitesse élevée, dites « derrière », et empêchez-le absolument de passer. Vous risquez l'accident et ce n'est pas du bon dressage. Il faut être très ferme sur ce sujet. Un chien n'a pas à vous baver dans le cou ni à vous faire des « mamours » pendant que vous conduisez. Donnez-lui une petite tape sur le nez avec un journal plié si vous en avez un, sinon avec votre main. Il faut tout de suite imposer de bonnes habitudes à votre élève. Sinon, plus tard, vous aurez les pires ennuis. Et puis, n'oubliez pas que les assurances ne vous autorisent pas à avoir votre chien à vos côtés. Si vous le faites, c'est à vos risques et périls. Enfin, pas de chien dans le coffre. Il peut en mourir à cause des vapeurs d'essence ou d'échappement.

Vous venez d'arriver à l'hôtel. Est-ce que celui-ci accepte les chiens ? Prenez le guide Michelin, par exemple. Vous y trouverez, outre le prix de la chambre ou celui du repas, un signe cabalistique avec une tête de chien barrée d'un trait. Cela veut dire que les chiens ne sont pas acceptés. C'est assez rare mais cela existe. C'est bien compréhensible en tout cas. Si votre chienne est en chaleur, laissez-la dans l'auto. Sinon, vous aurez toute la nuit une sarabande fort désagréable dans les chambres d'à côté. En général, les Sofitel, Novotel, Mercure, Ibis, etc., acceptent les chiens. Il y en a bien d'autres. Attendez-vous cependant à payer un supplément pour le logement de votre compagnon. Vous montez dans la chambre et vous vous apprêtez à redescendre dîner. Vous préparez une gamelle d'eau et une autre de croquettes, puis vous indiquez au chien que vous allez revenir. Si c'est la première fois qu'il va à l'hôtel, vous l'entendrez dans les deux minutes qui suivent votre départ commencer à gratter puis à hurler. Les voisins dressent alors l'oreille en entendant les premiers doux murmures. Pendant quelques secondes, ils imaginent que vous offrez vos hommages particulièrement réussis à votre épouse, mais comprennent vite qu'il n'en est rien. Ils saisissent alors le téléphone et se plaignent au portier. Pareille aventure m'est arrivée une fois au Sofitel Strasbourg alors que je partais chasser en Tchécoslovaquie. Le jeune chien que j'avais laissé dans la chambre a réveillé tout l'hôtel et il a fallu toute la diligence du préposé à la réception pour me retrouver et mettre fin au vacarme. Dans les couloirs de l'hôtel, tenez votre chien en laisse. Le matin, quand vous réglez votre note, commencez par sortir votre ami. Mettez-le dans la voiture, puis revenez payer. En faisant autrement, il risque de prendre plaisir à salir les tapis du hall. C'est désagréable pour tout le monde, y compris pour vous.

Enfin, il y a l'arrivée chez la tante Berthe. Normalement, vous l'avez prévenue que vous aviez un chien et que vous l'amèneriez. Ce n'est pas parce que vous êtes fou de votre labrador que tante Berthe devra en faire autant. Si elle ne s'attend à rien, vous risquez de lui causer un choc. Tout le monde va être embarrassé. A ce sujet, je voudrais vous raconter une petite anecdote qui vous amusera. Cela ne risque normalement pas de vous arriver, puisque vous n'avez qu'un chien et que vous ne faites pas d'élevage. Voici ce dont il s'agit : mon épouse se rendait avec une de mes filles chez une de ses tantes à Cannes. Elle arrive et l'on décide de mettre une chienne qui ne nous quitte jamais, Tr. Nusica de la Petite Pinochère, sur la terrasse. La chienne est donc intallée avec son panier, quand une heure après, des chiots commencent à arriver à raison d'un toutes les demi-heures. La chienne était pleine et avait choisi d'attendre l'accueil cordial pour commencer à mettre bas. Du coup, ce n'est

Un break équipé pour le transport des chiens.

pas une chienne mais cinq qu'il a fallu loger. La tante était mi-figue, mi-raisin. Tout s'est terminé dans la joie et la famille agrandie a été un rayon de soleil supplémentaire s'ajoutant à ceux des vacances. Si votre chienne est pleine, assurez-vous que l'accueil restera convenable et que vous ne dérangerez personne. Ce n'est pas toujours sûr.

Les bagarres entre chiens

Vous rentrez de voyage et vous allez dire bonjour à des amis. Vous avez un beagle et eux un basset artésien. Vous n'avez pas pris la peine d'attacher votre chien en laisse comme je vous le recommandais dans un chapitre précédent, vous n'avez pas demandé la permission de descendre de voiture, vous avez fait preuve d'imprudence et d'inconscience. A peine mis en présence, les deux congénères se sont rués l'un sur l'autre et s'empoignent l'un à la gorge, l'autre à l'oreille. Si vous avez un peu de bon sens, vous vous sentez honteux. Si vous n'en avez pas, comme tout semble le montrer dans cet exemple, vous vous précipitez pour écarter les deux antagonistes en les saisissant par l'échine. Assez curieusement, il y a très souvent des accidents chaque année avec cette méthode. L'un des deux chiens, peut-être celui qui ne vous connaît pas, sentant une prise à un endroit qui lui déplaît, va lâcher une seconde sa proie et vous mordre sans ménagement. L'autre va en profiter pour mieux consolider sa position et ce sera peine perdue pour les séparer. Ne me dites pas que ce sont des chiens doux, en qui l'on peut avoir confiance, qui ne feraient pas de mal à une mouche. Quand deux chiens se battent vraiment, ils ne font pas dans la dentelle. Vous pourriez être tenté de leur donner à chacun un coup de pied, ce qui est un réflexe naturel. Mais, mal ajusté, il peut réellement blesser l'un ou l'autre. Votre ami à qui vous rendez visite connaît les chiens. Vous allez le voir se ruer sur ***une bouteille d'eau et la verser dans l'oreille de chacun***. Je vous recommande la méthode car je l'ai vue utiliser à une exposition, à Bourges, où deux courants de maîtres différents s'étaient vraiment empoignés. L'un des propriétaires s'est rué à coups de pied sur le chien qui ne lui appartenait pas. Aucun résultat. L'autre, ayant jugé la situation, a carrément versé au moins la moitié de la bouteille dans l'oreille. Les deux adversaires se sont séparés. Il faut vous dire au passage que l'un et l'autre avaient des laisses, ce qui a rendu le « break » plus facile. On peut ainsi éloigner rapidement les deux combattants. Sans laisse, c'est plus difficile. Il ne faut pas hésiter au premier répit à saisir votre compagnon par l'échine et l'emmener tout en prenant soin de vérifier que l'ennemi n'en profite pas pour le mordre à la croupe. Il faut à ce moment-là très vite décocher un coup de pied du plat de la semelle sur le poursuivant. Mais vous feriez cela à un de mes chiens, vous auriez très vite à votre tour mon pied où je pense et la tête dans un baquet d'eau, car tout cela est de votre faute et vous devez le savoir.

Dans la rue, un berger allemand vient vers vous sans collier et sans laisse avec l'air de divaguer ou de marcher en louvoyant. Méfiez-vous, son attitude anormale peut faire penser à un cas de rage. Rentrez dans la maison la plus proche et n'hésitez pas à appeler Police-Secours. Si vous n'aviez pas le temps de le faire et que votre chien soit mordu, il faut absolument arriver à identifier l'animal pour le mettre en quarantaine. Dès que les agents de police arrivent, indiquez-leur la direction prise par le malade et aidez-les à l'identification. De votre côté, rendez-vous d'urgence chez votre vétérinaire. Il ne faut pas plaisanter avec ce genre de morsure. Si vous avez vous aussi été mordu, signalez-le au commissariat et demandez que l'on vous prévienne de l'état du coupable pour le cas où il aurait la rage. Pris à temps, vous ne risquez pas grand-chose.

Quand on parle de voyages, visites chez des amis, bagarres entre chiens, il faut nécessairement évoquer la responsabilité du maître. Le jour où vous avez un problème grave, voyez un avocat, mais auparavant je voudrais vous donner quelques indications sur vos droits et devoirs. Ce que je vous indique ci-après fait également partie du dressage amateur.

Votre responsabilité est définie par l'article 1385 du Code civil. Le texte en est le suivant : « Le propriétaire d'un animal ou celui qui s'en sert pendant qu'il est à son usage est responsable du dommage que l'animal a causé, soit qu'il fut sous sa garde, soit qu'il fut égaré ou échappé. » Vous voyez que rien n'a été laissé au hasard et que, du moment que vous êtes propriétaire d'un chien, vous en êtes responsable. Il reste cependant à la victime à prouver le lien de causalité entre le comportement du chien et le dommage qui en résulte. Il faut donc que celui qui a subi un dommage arrive à identifier le propriétaire du chien ou son gardien permanent ou occasionnel. Vous, de votre côté, vous pourrez éventuellement tenter de prouver la faute de la victime ou l'existence d'un cas de force majeur. Je peux à ce sujet vous raconter une mésaventure déjà ancienne et pour laquelle j'ai été condamné contre toute défense. Mon fils devait avoir une dizaine d'années quand un ami de la famille me proposa un magnifique setter anglais. Le chiot arrive dans la famille à deux mois, est mis dans un bon box du chenil avec un griffon korthal plus âgé. Il y trouve réconfort et affection. De temps à autre, je le sors avec mon jeune garçon qui très vite me demande de l'adopter. Le setter grandit rapidement et prend l'habitude de jouer avec un groupe d'enfants qui construit des cabanes, joue à la guerre, etc. Arrivent les vacances de Pâques, et un jeune ami en vacance chez un de mes frères se joint au groupe des joyeux lurons. Entre-temps, le setter était devenu un ami inconditionnel de mon fils. Les journées étant longues à occuper, le groupe d'amis décide de se rendre au chenil situé à l'écart de ma maison, d'en ouvrir la porte et de sortir l'animal. Le jeune étranger se montrait le plus enthousiaste. Il arrivait de Paris et n'avait, bien sûr, jamais eu de chien à lui. L'animal sort, tout le monde court, danse, rit. Le Parisien bouscule et renverse mon fils. Le chien vole au secours de l'opprimé et mord l'attaquant au visage. Sale histoire. Je n'étais pas présent, mon épouse non plus, l'enfant avait été confié à mon frère. On l'emmène en vitesse à la clinique de Gien. En rentrant de voyage deux jours plus tard, j'apprends la triste nouvelle. Je ne connaissais pas les parents du garçonnet, il ne m'avait pas été confié, peut-être avait-il ouvert lui-même la porte du chenil. Bref, vous auriez pu penser que je n'y étais pour rien. Pas du tout. L'huissier a fait son apparition, les avocats sont entrés dans la ronde, le juge a rendu son verdict. Je devais indemniser la victime. Heureusement, j'avais souscrit une bonne assurance. La compagnie s'est fait tirer l'oreille mais a fini par payer. Mon frère a perdu ses amis et j'ai subi par la suite des pressions pour faire piquer ce chien dangereux. Épilogue de l'histoire : ayant bien réfléchi, et ayant compris les motivations du setter, il a pu vieillir tranquillement jusqu'à l'âge de quatorze ans. Il est mort doucement un 31 décembre pendant un réveillon et tous ses amis lui ont rendu un dernier hommage en hurlant jusqu'au matin sans discontinuer.

Par chance, j'habite à quinze cents mètres du village, sinon j'aurais à nouveau été poursuivi pour tapage nocturne. Si vous voulez en savoir plus sur ce dernier point, consultez l'article R 34-8e du Code pénal. On dit qu'il y a tapage nocturne quand vos chiens font du bruit de neuf heures et demie du soir à sept heures du matin. Un maire peut alors prendre un arrêté interdisant à vos chiens d'aboyer, mais à vos chiens seulement, ce qui est inique vous en conviendrez. En effet, il n'a pas le droit d'empêcher globalement tous les chiens de la commune d'aboyer. Arrangez-vous donc pour être bien avec lui ainsi qu'avec la gendarmerie la plus proche, car vos voisins fatigués et irrités peuvent y déposer une plainte adressée au procureur de la République. L'aboiement est contagieux. Vous avez la chance de n'avoir qu'un chien. Vous devez absolument l'empêcher d'aboyer et nous avons déjà vu cet exercice dans un chapitre précédent. Vous voyez que tout se tient : la loi, les usages, les bonnes manières.

Pour s'épanouir, votre ami a besoin d'un environnement aimable et tranquille. Il fait partie de la vie en société. Vos voisins et vous-même ne sortez pas en hurlant tous les matins quand vous allez acheter votre pain. Faites en sorte que votre élève se conduise de manière aussi bien élevée que vous. Chacun vous exprimera sa reconnaissance et elle vous ira bien sûr droit au cœur.

Commentaires du dresseur professionnel

1. Je parcours des milliers de kilomètres par an avec de nombreux chiens dans ma voiture pour concourir dans des épreuves de chasse pratique. Suivant la taille de chacun, je mets un ou deux chiens par cage aménagée spécialement et dont chaque porte est fermée à l'aide d'un carré. Personne ne peut sortir l'un deux sans que je n'ouvre la porte moi-même.

2. Les problèmes que je rencontre en voyage sont : la chaleur, la nourriture, l'eau, la détente. Chaque soir et chaque matin, je fais sortir un par un chacun des occupants pour qu'il puisse boire, manger, courir, faire ses besoins. Même en liberté, je ne les quitte jamais de l'œil et rappelle dès qu'un de mes compagnons tente de me sortir de la main.

3. Avec tous les chiens que j'ai au chenil, je ne peux pas me permettre d'entendre des aboiements jour et nuit. Au premier vacarme, je donne un long coup de sifflet comme pour le « up ». S'il y a un récalcitrant, je l'appelle par son nom en lui disant : « tais-toi ». Il se met en général vite au pas. Le silence est aussi contagieux que l'aboiement et les chiens sont très conformistes.

4. Pour séparer deux chiens qui se bagarrent, vous pouvez utiliser une bouteille de plastique souple remplie de vinaigre blanc. Les yeux ne risquent rien mais l'odeur s'ajoute au désagrément du liquide. Visez alors la gueule.

EXERCICE N° 15

La présentation en exposition. Commentaires.

Dans la rue, tout le monde se retourne pour regarder votre ami. Il a grandi, il a maintenant un an ou plus, il marche convenablement en laisse, la tête haute, l'œil fixé sur la ligne bleue des Vosges. Il s'arrête quand vous vous immobilisez, s'assied quand vous lui demandez. Il revient chez vous avec le journal dans la gueule. Il ne court pas après les pigeons, il ne mord pas le facteur, il n'aboie pas. Un bon dressage ajoute à la beauté d'un chien. Vous vous en rendrez compte rapidement quand vous vous promènerez autour de chez vous ou quand vous irez à la chasse. Pour tout le monde, vous avez le chien le plus beau, à part celui du voisin, qui, lui, trouve le sien magnifique. L'essentiel est d'aimer votre compagnon et, si vous avez su le choisir convenablement, vous le verrez peu à peu embellir. Mais qu'en savez-vous ? Alors, un matin, accompagné de votre épouse et de vos enfants, vous allez monter en voiture pour vous rendre à l'exposition voisine. Tout le monde est au courant. A votre avis, vous êtes le gagnant. Il n'y aura jamais de prix assez grand pour récompenser la merveille que vous avez élevée. Sur la cheminée, vous avez laissé une place bien en vue pour y mettre la superbe coupe que l'on va vous remettre et que vous comptez bien faire astiquer tous les jours.

Laissez-moi vous dire tout de suite qu'à moins de vous être convenablement préparé, au retour, vous serez beaucoup moins fierot. Vous rentrerez en rasant les murs et votre épouse prendra une belle engueulade quand elle vous dira : « Je te l'avais bien dit que tu t'étais fait avoir. » Dans ces moments-là, les femmes sont de peu de réconfort. Elles sont encore plus mortifiées que vous mais réagissent différemment. C'est un peu de votre virilité qui s'en va. On vous a rasé votre crête de coq et cela fait mal. Et puis, il y a la pression sociale, les voisins, les amis, qui tous sournoisement vous attendent. Vous leur avez tellement vanté les qualités de votre animal qu'ils en sont bassinés. Ils se gaussent, ricanent en douce. Il faudra expliquer, parler d'injustice, de passe-droit, prendre un air entendu en racontant que tout est truqué, que vous ne remettrez plus jamais les pieds dans ce repaire de tricheurs. Le lundi, c'est-à-dire le lendemain de l'exposition, votre patron va vous passer un savon. Votre frustration va encore augmenter, vous allez aboyer, mordre, vous rouler par terre. Si vous le faites vraiment, on vous donnera un arrêt maladie. Si ce n'est qu'en imagination, mais que votre comportement devienne par trop agressif, vous trouverez un jour au courrier une lettre recommandée vous indiquant que vous êtes mis à pied. Vous pourrez alors vous faire pousser la barbe, vous coucher en chien de fusil dans votre lit, et baver comme un enfant de quatre ans. C'est tout cela que je voudrais éviter. Votre chien n'y est pour rien. Tout est de votre faute.

Je vais essayer de vous éviter pareille mésaventure. Vous allez me dire que le plus simple est de ne pas aller en exposition et de se contenter de ce que l'on a ou de ce que l'on voit. Je n'y vois pas d'inconvénient. Mais je tiens à vous assurer que, malgré tous vos discours, si vous adoptiez cette attitude, vous ne connaîtrez jamais rien au chien. Jamais. L'exposition a, entre autres, un rôle éducatif.

Si vous ne savez pas regarder un chien, comprendre sa morphologie propre, le situer dans le type de sa race, vous aurez beaucoup de peine à dresser convenablement votre élève. Or, pour apprendre tout cela, l'exposition est un lieu privilégié. Nous avons passé beaucoup de temps à en parler dans les exercices précédents, je vous ai soumis des photos, fait des dessins. Mais je voudrais être sûr que vous avez bien compris. Un setter n'arrête pas comme un pointer. Pourquoi ? Un springer n'est pas un grand cocker. Un labrador doit avoir une queue basse ou bien en ligne. Pour quelle raison ? C'est tout cela et bien d'autres choses que vous apprendrez en exposition. Vous regarderez alors votre compagnon différemment, vous verrez ses qualités et ses défauts. Vous l'utiliserez de manière plus adaptée à ses capacités.

Revenons maintenant en arrière. Vous vouliez un chien et vous avez écrit à la Société Centrale Canine. Celle-ci vous a donné des adresses en vous recommandant de vous adresser au club pour de plus amples détails. L'adresse de celui-ci est fournie en haut à droite du papier mécanographique que vous recevrez. Le club va vous mettre en relation avec son délégué régional ou départemental. Nous avons déjà vu comment les choses se passaient. Je vous rappelle encore simplement qu'il est utile de suivre les conseils donnés plutôt que de faire confiance à votre intuition. Je vous cite un exemple. Vous devez faire votre choix soit dans une portée issue de parents connus, soit dans une autre dont le père ou la mère appartient, disons, à un écrivain célèbre. Réfléchissez. Ce n'est pas lui qui a fait la saillie. Ce n'est pas parce qu'il est très en vue et qu'il écrit de nombreux essais ou romans qu'il a de beaux chiens. Et pourtant, bien des gens vont prendre comme garantie la notoriété du propriétaire de l'étalon, plutôt que la qualité suivie de tel ou tel élevage.

Ce n'est pas une histoire inventée, sauf pour l'écrivain que j'aurais pu appeler peintre, sculpteur ou grand industriel. Il y a aussi le snobisme anglais ou allemand. Pour vous, mieux vaut n'importe quel chien de la grande Albion plutôt qu'un très beau et bon chien issu d'un élevage que vous ne connaissiez pas en France. Vous ne pouvez pas tout connaître. A propos, je vous ai parlé d'élevage et non pas de chenil. Dans ces derniers, les chiens sont rarement élevés par les propriétaires, car ils ne peuvent s'occuper de toutes les races. Ils devront par conséquent les acquérir à l'extérieur, pour vous, et ils ne seront donc que des intermédiaires. Pensez-y.

Vous ramenez votre chiot à la maison. Il a deux mois, deux mois et demi, trois mois. Vous l'avez choisi, vous le trouvez magnifique. Tant mieux. Vous le nourrissez convenablement. Vers quatre mois et demi — cinq mois, vous avez une repousse des dents. Vérifiez que les canines s'emboîtent bien et que la mâchoire, pour un chien de chasse, est en ciseaux. Sinon, regardez le standard et n'oubliez pas d'en parler à l'éleveur avec qui vous devez rester en contact. Si quelque chose ne va pas, évitez l'engueulade, la lettre recommandée, les menaces de justice ou de voie de presse. Ramenez-lui le chien, montrez-le-lui, parlez-en avec lui. Je vais encore vous citer une exemple : mon épouse avait acquis chez un excellent ami, éleveur confirmé et amateur depuis plus de trente ans, une chienne dont la mâchoire était toute déformée d'un côté à l'âge de cinq mois. Nous étions inquiets, les vétérinaires nous disaient que cela ne s'arrangerait pas. Ensemble, avec l'éleveur, nous réfléchissions. A force de le faire, vers sept mois, la mâchoire est devenue parfaitement droite, et à l'âge d'un an cette charmante petite chienne gagnait le premier prix à l'exposition de Bourges en classe jeune. Elle devait donner par la suite une jolie portée dont nous avons conservé l'un des mâles, tellement il était réussi. Vous voyez donc qu'il n'y a pas lieu de s'affoler et que la nature fait souvent bien les choses. Les accidents de formation peuvent toujours arriver. L'éleveur n'y est pour rien. S'il le pouvait, il ne ferait croître que des premiers prix de beauté et de chasse pratique. Ce n'est bien sûr pas possible. Dans la vie, il y a des hauts et des bas et il faut savoir les accepter. Si vous ne l'avez pas encore compris, ne devenez pas acquéreur d'un chien, vous ne serez jamais capable de l'élever.

De six à dix mois, avec des variations suivant les races, vous allez voir votre ami passer par l'âge ingrat. Il monte comme une asperge, il devient plat, efflanqué, ou au contraire rondouillard. Il flotte, c'est-à-dire qu'il marche avec une arrière-main qui n'est pas en ligne avec l'avant-main. Oubliez-le. Ne le regardez pas. Je vous confesse que beaucoup d'amateurs ne s'en aperçoivent même pas. Les voisins continuent d'admirer, et puis la certitude qu'il est issu de l'élevage « des grandes beautés » vous donne tout l'aplomb nécessaire pour le trouver beau. Si vous avez, en lisant ces lignes, un chien de cet âge, observez-le sans en tirer de conclusion hâtive. Attendez encore quelques mois, surveillez bien la nourriture, donnez de l'exercice journalier sans trop forcer et vous verrez que bientôt le petit prodige va devenir un vrai chien.

La présentation en exposition

Votre chien va bientôt avoir un an. Il n'est pas encore fait. Certains mettent deux ou trois ans pour trouver leur accomplissement. Ne vous désolez pas. Vous noterez souvent que, plus un chien est long à se faire, moins vite il se défait en vieillissant. Ce n'est pas toujours vrai. C'est une remarque d'ordre général. Il est maintenant temps de songer à faire confirmer votre chien. En effet, vous avez reçu par la poste un certificat de naissance. Il convient maintenant d'obtenir le pedigree qui vous permettra par la suite soit d'avoir une belle portée, si c'est une chienne, soit de faire des saillies si c'est un mâle. Sur ce dernier point, n'ennuyez par les éleveurs en leur disant que vous avez un très beau mâle et que vous voudriez le faire reproduire. S'il est si bien que cela, on saura bien venir vous trouver. Mais l'élevage est une suite de réflexions où toutes les décisions s'enchaînent. Choisir un mâle est capital. L'éleveur y réfléchit parfois un an à l'avance et donc votre proposition ne l'enchante pas nécessairement.

Pour la confirmation, il faut savoir présenter un chien. En effet, le juge va vouloir mesurer la taille, examiner les dents, et regarder si votre ami est bien dans le type de la race. Le dresseur de chiens de chasse va rencontrer une certaine difficulté à ce stade. En effet, l'élève a appris à s'asseoir, mais il n'a pas été éduqué à se tenir immobile sur ses quatre pattes. Quand le chien va être présenté, et cela surtout pour les petites ou moyennes tailles que l'on fait monter sur une table, il va immédiatement s'asseoir. Il sait que de cette manière on va le laisser tranquille et de plus il est un peu inquiet. Il faut donc dresser votre élève au « présentez-vous ». C'est l'ordre que vous devez donner lorsque vous l'amenez à la confirmation ou en exposition. Pour ce faire, vous commencez en salle et par terre à lui dire : *« présentez-vous ».* Il a sa laisse à tout hasard et vous vous placez par exemple à sa droite, la main gauche soulevant le ventre,

Le professionnel apprend au jeune Vizir de l'Erica à se présenter pour la première fois. (Propriétaires G. Desjeux et F.M. Pelletier.)

Nouvel essai pas encore concluant. Il va falloir continuer.

la main droite soutenant le cou. Au début, au premier contact, le chien va vouloir s'asseoir. Empêchez-le de le faire. Soutenez le ventre. Après plusieurs jours d'exercice, vous n'aurez plus à mettre votre main sous le ventre mais pour un chien à queue écourtée, par exemple, vous aurez une main droite sous la tête pour la lever un peu avec un regard vers le haut du mur de la salle à manger, et la main gauche tirant sur la queue pour la mettre soit en ligne avec le dos, soit un peu plus basse, suivant la race ou la variété de chien. Un chien bien fait est capable par la suite de se présenter tout seul au simple commandement de « présentez-vous ». Vérifiez malgré tout que les antérieurs sont bien placés, c'est-à-dire, en gros, à la verticale du garrot. S'ils sont un peu déplacés, vous risquez de montrer une épaule trop droite. Au niveau où nous sommes, je ne souhaite pas trop entrer dans les détails. Pourtant, pour replacer convenablement les antérieurs, il vous suffit de passer votre main gauche sous la poitrine, de soulever légèrement le chien dont vous soutenez le ventre pour l'empêcher de s'asseoir, puis de laisser retomber doucement. Les antérieurs se placeront d'eux-mêmes. Vous voyez, vous ne connaissiez pas tout cela. Si par la suite en exposition vous étiez moins bien classé que ce que vous pensez, demandez-vous d'abord si vous avez su présenter votre chien. Certains éleveurs, après des années, ne le savent toujours pas et cela leur joue des tours. D'autres, au contraire, sont des spécialistes de la présentation. Il y a même des gens qui sont des professionnels de ce genre d'exercice. Passez maintenant du côté gauche et, toujours à terre, recommencez à présenter votre chien. En effet, en exposition, suivant la disposition des rings, vous aurez à présenter à gauche ou à droite. Quand vous avez une présentation convenable au commandement, prenez la table de cuisine, mettez dessus un tapis, un bout de moquette, quelque chose d'assez fixe pour que votre élève ne glisse pas. Son premier réflexe sera à nouveau de s'asseoir. Donnez l'ordre, soutenez le ventre et la poitrine comme sur l'exercice pratique précédent, et par la suite mettez-vous dans la position adéquate : placé à gauche, main gauche sous la tête et main droite au bout de la queue ou sous la queue comme vous l'avez fait précédemment. Vous êtes maintenant prêt pour la confirmation. Si vous voulez en faire un peu plus, allez chez votre marchand chercher une petite laisse d'exposition en toile de même couleur que les poils du cou et, si vous souhaitez prolonger l'exercice, n'oubliez pas de chanter les louanges de votre élève en répétant : « le beau chien, qu'il est beau », etc. Vous trouverez bien les mots tout seul. Vous verrez alors que votre ami mérite bien son surnom de cabot. Tous les chiens adorent les flatteries. Les humains aussi, d'ailleurs, si elles sont données à bon escient et avec le doigté voulu.

La confirmation a lieu chez le juge, dans un lieu public comme le café de la gare ou de la rotonde, et en exposition. Vous pouvez choisir l'un de ces trois endroits mais certains juges, dégoûtés par les chiens mal élevés qui font partout, et leurs maîtres qui montrent les dents, préfèrent éviter les rencontres chez eux, sauf s'ils vous connaissent et n'appréhendent pas votre comportement cavalier. Vous arrivez à l'heure convenue avec votre certificat de naissance, un tatouage lisible à l'oreille ou à la cuisse, et, si vous avez pu en demander un à la Société centrale canine ou au club, un certificat de confirmation déjà rempli avec les renseignements demandés et conformes au certificat de naissance. Sinon, le juge vous donnera un formulaire que vous remplirez devant lui.

Si vous avez décidé d'aller en exposition, écrivez à la Société Centrale Canine à Paris, vous aurez la liste des différents endroits où vous pourrez vous rendre. Autre méthode : vous contactez l'éleveur qui vous a cédé votre chien et vous aurez immédiatement les dates et les lieux dont vous avez besoin. Vous vérifiez que votre chien est bien dans les âges prévus des différentes classes indiquées sur le formulaire et vous retournez celui-ci à la date convenue, à l'adresse indiquée. Vous allez recevoir en retour de votre feuille d'engagement un carton vous indiquant que votre ami est enregistré et que vous pouvez entrer gratuitement, sur présentation du justificatif, à l'intérieur de l'exposition. De plus, votre nom figurera sur le catalogue de celle-ci. Votre chien aura un numéro dont vous trouverez copie sur la cage. Vous en aurez un autre exemplaire que vous accrocherez à votre poitrine avec une épingle de nourrice.

Il vous reste maintenant trois semaines avant de présenter votre Apollon. Baignez-le, peignez-le, retirez les poils morts, dégagez la tête si c'est l'usage, faites le tour des pieds. Bref, faites en sorte d'avoir un chien qui ressemble à une photo que vous trouverez dans n'importe quel livre sur les chiens. Si vous ne savez pas toiletter, ce qui est souvent le cas, contentez-vous de baigner et brosser votre chien. Arrivé en exposition, regardez les autres concurrents et demandez éventuellement conseil. Ne vous offusquez pas de la rebuffade d'une vieille dame concurrente ou d'un monsieur affairé. Soyez psychologue. Vous trouverez bien une personne accorte pour vous donner un avis utile. Mais n'avez-vous rien oublié ? Je pense vous l'avoir déjà indiqué : vous devez faire marcher votre chien en laisse et je vous ai expliqué comment le faire dans un exercice précédent. Avec votre dressage, vous êtes très en avance sur les autres. Vous voilà dans le ring. Tout le monde a son numéro. Vous vous placerez donc en demi-cercle avec les participants en prenant comme voisin de gauche et de droite le numéro inférieur et le numéro supérieur. Si vous avez le numéro 396, vous aurez à votre gauche le 395 et à votre droite le 397. Le ou la juge va donner un coup d'œil à la « classe ». C'est l'ensemble des chiens qui concourent dans le ring. Présentez votre chien dans le même sens que les autres, toutes les têtes tournées du même côté. L'ensemble des concurrents va ensuite se mettre en marche et tourner en rond. Regardez bien ceux qui ne connaissent pas le travail en laisse. Ils vont avoir une attache très droite, à la verticale de la nuque du chien, et celui-ci va avoir tendance à s'affaler. Vous, vous tenez votre laisse raisonnablement courte, détendue, légèrement à vos côtés. Si le chien n'a pas la tête assez levée, passez votre main libre devant son nez en claquant des doigts. Cela fixera son attention et il lèvera le nez. Tout le monde s'arrête et on vous appelle un par un. C'est votre tour de présenter votre ami. N'ayez pas peur. Il sait le faire. Commandez « présentez-vous » en plaçant le chien soit par terre, soit sur la table, suivant les instructions du juge. N'ayez pas peur. Il a souvent un air sévère, mais c'est l'habitude de la fonction. Ne parlez pas trop, sauf si l'on vous interroge. Ne dites pas : « c'est la première fois... » : cela se voit comme le nez au milieu du visage. Écoutez les commentaires sur la ligne de dos, la tête, les aplombs, l'épaule, les côtes, les reins, l'arrière-main. Le juge vous demandera ensuite de faire marcher votre chien en diagonale, à l'opposé de là où il se trouve. Il faut alors courir pour donner à votre ami une allure convenable, mais en évitant qu'il ne s'emballe dans un galop effréné. Le juge veut voir si le chien marche convenablement et vérifier tel ou tel défaut ou qualité qu'il a noté en palpant l'impétrant. Vous revenez vers le juge et regagnez votre place. Celui-ci va alors dicter à un secrétaire son jugement et passer au suivant.

La classe va éventuellement tourner et les concurrents vont être sortis un par un pour se placer dans un coin du ring jusqu'à ce qu'il n'en reste plus que quatre. Si vous êtes dans ceux qui sont sortis, vous n'êtes pas dans les quatre premiers. Tant pis. Attendez avant de vous désespérer de voir la couleur du carton qui va vous être donné. Un carton rouge est « excellent », un carton bleu « très bon ». Le premier candidat aura lui aussi un carton rouge donc le même que le votre, vous qui n'êtes pas classé. C'est ce qui importe. Vous manquiez peut-être de métier et vous n'avez pas présenté convenablement votre élève. Ou bien il était toiletté de manière convenable mais encore approximative. Enfin, il a refusé de marcher convenablement en laisse et c'est la raison pour laquelle vous êtes déclassé. Cela n'a rien à voir avec la beauté du chien. N'oubliez quand même pas que c'est une compétition et que pour le classement final tout compte, surtout dans les grandes expositions où se rencontre la fine fleur des chiens de la même race que le vôtre. Si vous recevez un qualificatif « très bon », c'est encore très convenable. En-dessous, votre chien n'a pas toutes les qualités. Il reste le « bon » et le « assez bon », très rarement décerné, mais, si cela vous arrivait, vous sauriez que vous avez un chien affectueux et dévoué certes, mais qu'il est assez éloigné des canons de beauté de la race. Cela peut aussi survenir par la suite d'une erreur de votre part. J'ai connu une pauvre dame qui dans une exposition a amené un cocker rasé comme un caniche. C'était une grosse faute de toilettage. On ne voyait même plus à quoi le chien ressemblait. Je ne l'ai jamais revue par la suite, mais je suis persuadé qu'avec les efforts considérables qu'elle avait fait pour toiletter son chien elle a conclu à l'injustice, au trucage, au passe-droit, etc. Vous aussi, vous pensez que, s'il suffit d'un mauvais toilettage pour éliminer un chien, c'est que quelque chose ne tourne pas rond dans ce bas monde. Écoutez-moi bien. Le toilettage est fait pour mettre en relief les qualités physiques d'un chien. Le mieux toiletté s'il est aussi le mieux fait a donc plus de chances d'être premier que ceux qui sont présentés de manière négligée. De même, le dressage a une grande importance. Un chien qui se présente mal ou n'arrive pas à marcher convenablement ne pourra pas décrocher le cocotier en exposition, faute d'avoir montré les qualités complètes que l'on exige de lui.

Si le qualificatif que vous recevez ne vous plaît pas, ne faites pas preuve de mauvaise humeur, ne déchirez pas le carton, ne le jetez pas au milieu du ring. Il faut savoir accepter la défaite comme la victoire. Si, par contre, vous gagnez, n'allez pas balader votre premier prix sous le nez des autres en criant que vous êtes le meilleur. Prenez une attitude modeste en vantant les qualités du producteur (l'éleveur), vous-même n'étant que le propriétaire, ce qui n'est déjà pas si mal. N'hésitez pas à consoler ceux qui ont de la peine. Rappelez-vous que ***dans le bonheur on se sent semblable aux autres, dans le malheur on se trouve différent***. Remerciez la personne qui vous a aidé à toiletter, ouvrez votre panier pique-nique et partagez avec vos voisins la bouteille que vous aviez amenée pour le cas où... Parlez-leur de leur chien, pas du vôtre. Attendez tranquillement l'heure de la confirmation, souvent l'après-midi, puis allez voir le juge. N'oubliez pas entre-temps de donner une bonne gamelle d'eau à votre ami et de lui servir quelques croquettes s'il manifeste un peu trop d'impatience.

Vous serez quelques amateurs à la confirmation et vous passerez les uns après les autres. Vous ne risquez par le refus de confirmation puisque vous avez eu un qualificatif adéquat. Pourtant, faites bien attention à l'agressivité. Certains chiens, peu caressés, mal entretenus, anormalement fatigués, vont gronder en montrant leurs dents quand le juge va les examiner. Ce n'est pas acceptable. Un chien de bonne compagnie se laisse faire facilement. Il n'a pas peur des autres, ni bien sûr de son maître. Si vous notiez un comportement anormal chez votre élève, n'hésitez pas à découvrir les dents vous-même, avec l'accord du juge. Le chien ne devrait opposer aucune résistance.

Vous voyez donc qu'à la confirmation on va examiner les qualités physiques mais également les qualités liées au comportement. Le juge peut vous demander de marcher comme le matin. Il veut essayer une fois de plus de voir votre chien au naturel. Entre la présentation magnifiquement réussie et l'allure au naturel, il y a tout un monde. Je me souviens, dans une réunion de délégation de club à Strasbourg, avoir déjeuné à une table où des gens charmants me parlaient de leur cocker doré qui allait être confirmé l'après-midi. Nous sortons dans le jardin de l'hôtel pour permettre aux chiens de faire leur besoin. Je remarque ce cocker. Il avait le fouet un peu gai, c'est-à-dire en l'air, sans plus. A la confirmation, le chien est présenté sur une table de manière très réglementaire. Le fouet tenu par la main était bien en ligne. Comme j'avais ma petite idée, ayant vu le chien au naturel, je le refais marcher. Il n'avait plus le fouet gai. C'est sans doute la présence d'une chienne en chaleur qui l'avait un peu excité. J'ai quand même tenu à revérifier par la marche ce que j'avais noté en début d'après-midi. Ne vous étonnez donc pas si l'on vous demande de remarcher alors que vous l'avez déjà fait le matin. Une fois votre chien confirmé, vous prenez le certificat de confirmation signé du juge, vous l'envoyez à la Société centrale canine avec un chèque du montant mentionné. Vous recevrez dans des délais raisonnables le pedigree que vous attendiez.

Maintenant que vous avez une idée de ce qu'est une exposition, je vous propose de revenir sur la notion de classement et de qualificatif. Le classement concerne les quatre premières places. Vous pouvez donc êtes le premier, deuxième, troisième, quatrième. En même temps que votre rang de classement, on attribue à votre chien un qualificatif : excellent, très bon, bon, assez bon. Les chiens classés ont les mêmes qualificatifs et c'est lui qui prime dans votre évaluation du chien. Il vaut mieux être non classé avec un « excellent » que premier avec un « très bon ». Simplement, vous êtes non classé parce qu'il y avait quatre chiens excellents qui étaient plus beau que le vôtre dans une exposition donnée. Je pense que c'est assez compréhensible.

L'Excellent (carton rouge) : Il est attribué à un chien qui se rapproche de beaucoup du standard de sa race, présenté en parfaite condition, réalisant un ensemble harmonieux et équilibré, ayant de la classe et une allure brillante. Il a plus de qualités que d'imperfections mineures et il possède les caractéristiques de son sexe. L'excellent n'était pas attribué autrefois en classe jeune. Vous pouvez maintenant l'obtenir à la suite d'un changement de règlement intervenu en 1984.

Le Très Bon (carton bleu) : Il est habituellement attribué à un chien parfaitement typé, bien équilibré et en bonne condition physique. On tolère quelques défauts véniels mais pas de défauts morphologiques. Les chiens qualifiés Très Bon sont confirmables.

Le Bon (carton vert) : Il est donné à un chien qui possède les caractéristiques de sa race mais qui accuse des défauts, non rédhibitoires cependant.

L'Assez Bon (carton jaune) : Il est attribué à un chien insuffisamment typé, sans aucune qualité, éventuellement en mauvaise condition physique.

Je vous ai parlé également des différentes classes dans lesquelles vous pouvez inscrire votre chien à une exposition. Vous les trouverez sur les feuilles d'engagement et vous ne savez pas très bien dans quelle classe inscrire votre chien. Je vous les cite avec quelques explications pour que vous ne m'accusiez pas de vous avoir laissé sur votre faim :

C.J.M. — C.J.F. : Il s'agit des classes jeunes mâles et femelles. En général, il faut avoir au minimum un an. Le maximum est variable suivant les races. Renseignez-vous.

C.O.M. — C.O.F. : C'est ce que l'on appelle les classes ouvertes mâles ou femelles. Vous devez nécessairement y inscrire votre chien s'il a plus de vingt-quatre mois. Mais n'y inscrivez pas votre jeune chien. Il n'est pas encore bien fait. Donc commencez par la classe jeune.

C.T.M. — C.T.F. : Ce sont les classes de travail réservées aux trialers, c'est-à-dire aux chiens de chasse ayant obtenu en épreuves de chasse pratique un qualificatif donnant droit à ce titre. Il existe d'autres classes, mais je pense que pour la simplicité de l'exposé il vous suffit de retenir ces trois-là. Enfin, je pense que je vous aurai tout dit quand j'aurai mentionné les sociétés régionales canines. Dans chaque région, les amateurs de chiens de toutes races sont réunis en sociétés régionales qui ont en charge notamment la mise en place des expositions. Si vous êtes membre de l'une de ces sociétés où se passe l'exposition, vous aurez très souvent une réduction sur le prix de l'engagement à payer. Toutes les sociétés régionales reconnues sont affiliées à la Société Centrale Canine. N'hésitez pas à vous y inscrire. Elles aussi sauront guider vos pas.

Commentaires du dresseur professionnel

1. En exposition, un chien bien toiletté et bien présenté gagne toujours des places sur les autres.

2. Le travail en laisse donne un avantage certain au concurrent bien dressé, en ce sens que le chien maîtrise déjà la plupart des exercices à faire dans le ring. La seule différence, et elle est essentielle, est que la présentation se fait devant des spectateurs et que parfois le chien se laisse distraire soit par le cordon qu'ils forment, soit par l'odeur laissée par les différents chiens passés dans le ring. Dans ce dernier cas, le chien de chasse a tendance à marcher nez en bas en flairant la piste plutôt qu'à avoir le nez en l'air avec un bon port de tête.

3. Chez certaines races, il y a peu de chiens inscrits en classe travail parce que les amateurs ne pratiquent pas beaucoup la chasse. Un chien trialer a donc plus de chances que d'autres de gagner.

EXERCICE N° 16

Quelques notions de présentation en field-trial. Les récompenses. Commentaires.

Tout au cours de cet ouvrage, j'ai préféré utiliser le terme de concours de chasse pratique, qui est un terme impropre, plutôt que de parler de field-trial qui est un mot barbare. L'usage prévaut et je vais donc vous parler des différents concours organisés suivant les races. Mais, avant de poursuivre, je voudrais insister sur le fait que, notamment dans les concours organisés pour les spaniels (springers, cockers, etc.), un chasseur n'ayant jamais participé à ce genre d'épreuve peut très bien, sans rien y connaître, arriver premier avec la plus haute qualification. Il faut qu'il amène un chien normalement dressé et qui a une bonne habitude de la chasse. C'est tout. Alors, pourquoi pas vous maintenant ? C'est une occasion unique de vérifier vos progrès et votre réussite de dresseur amateur. Si vous n'êtes pas parfait, vous ne serez pas le seul. En tout cas, personne ne vous en voudra.

Ces épreuves se rapprochent du concours hippique. Vous engagez un cheval, il saute facilement la première barre de Spa, puis les auxerres, puis la haie et la rivière. Vous avez la victoire au bout de son nez, vous manquez votre appel sur un double et crac ! vous venez de tout perdre. Parfois, c'est la cloche qui tinte ; là, en field-trial, c'est la trompette du juge. Vous soulevez votre chapeau en disant : « merci messieurs », et vous rentrez la queue basse en maudissant les cinq cents kilomètres qui vous restent à faire pour rentrer chez vous. J'aurais pu vous parler de victoire exaltante. Cela arrive aussi, mais moins souvent. J'ai une chienne qui a perdu un field où elle était gagnante sans problème parce que, dans les trente secondes qui précédaient la fin du parcours fixé à un quart d'heure, elle est partie de bon cœur sur un lapin. Eliminée, vous vous rendez compte ? Mais quel plaisir de repenser à toutes ces émotions en écrivant ces quelques lignes qui vous sont destinées.

Je vais maintenant tâcher d'ordonner un peu mes pensées et les vôtres.

La présentation en field-trial

POUR LES CHIENS D'ARRÊT

Il y a deux types d'épreuves : les concours de ***printemps*** et les concours ***d'automne***. Les premiers se font en plaine, dans les blés verts, sur couples de perdreaux sauvages, mais naturellement sans mort de gibier puisque la chasse est fermée. On peut utiliser alors un pistolet à bouchon ou mieux un revolver d'alarme pour simuler le coup de fusil. Les seconds se font en plaine, au marais et au bois et sont des épreuves qui ressemblent exactement à la chasse. Le gibier est tiré puis rapporté. Jusque-là tout est simple.

En field de printemps

Il y a deux sortes d'épreuves suivant la race des chiens d'arrêt :

Les chiens anglais :

On leur propose deux sortes d'épreuve. Il s'agit de la ***grande quête ou quête anglaise*** et de la ***quête à la française***.

La première sorte d'épreuve est jugée par trois juges, dont au moins deux qualifiés. N'allez pas en conclure que le troisième ne l'est pas. C'est une question de grade, comme dans l'armée. Vous êtes d'abord élève juge, puis juge stagiaire, et enfin juge qualifié. Ce concours est réservé aux pointers et aux setters de grande classe.

On fait courir les chiens par deux, en couple, à des distances allant parfois jusqu'à quatre cents mètres entre les deux compétiteurs. Quand un des deux chiens arrête, le deuxième doit tomber lui aussi en arrêt. Vous connaissez maintenant le terme : on dit que le chien patronne. Il doit le faire sans commandement du conducteur. C'est une épreuve très spectaculaire et elle permet de juger de la longueur du nez, de la vitesse de la quête, de la qualité du dressage, de la concentration au travail.

La seconde sorte d'épreuve est jugée par deux juges. L'allure est moins rapide que pour la quête à l'anglaise, mais surtout les chiens travaillent seuls en débutant, et à une portée n'excédant pas cent mètres. C'est ce que l'on appelle travailler ***en solo***. Ce n'est pas très difficile à comprendre pour un musicien. Quand le débutant a été classé, il peut travailler en couple comme dans la grande quête, toujours à une distance inférieure à cent mètres mais en effectuant des lacets qui repassent à chaque fois devant le conducteur et à distance de tir (vingt à trente mètres). Vous vous souvenez des diagrammes décrivant la quête des setters ou des pointers. Ce sont des quêtes d'amateur que j'ai voulu décrire. Un professionnel aura dès le départ, si possible, une quête plus régulière et surtout plus large à gauche et à droite de son axe de marche.

Si vous avez des chiens d'arrêt anglais, voilà le genre de concours auquel vous pouvez vous inscrire. Pour un chasseur, il est relativement simple de s'inscrire et de se placer honorablement dans une épreuve de quête à la française puisque, après tout, c'est pratiquement de la chasse. La seule difficulté que vous rencontrerez, si vous n'avez pas bien dressé votre chien au « up » ou au « down » pour ceux qui savent le faire, sera d'empêcher que votre chien ne parte sous l'aile d'un perdreau ou ne coure derrière un lièvre comme un voleur. Ce sont les risques du métier.

Les chiens continentaux :

Les chiens travaillent en quête à la française, en solo ou en couple. Ils sont jugés par deux juges.

Pour tous les fields de chiens d'arrêt (anglais ou continentaux), les épreuves durent un quart d'heure. Il faut donc que votre chien marque l'arrêt sur un gibier vivant. Le chien doit ensuite couler, c'est-à-dire se rapprocher du gibier arrêté, et cela je ne vous en ai pas parlé parce que je considère que c'est déjà du travail de professionnel, puis obtenir l'envol des perdreaux, et cela non plus je ne veux pas vous en entretenir, sachant d'expérience qu'un dresseur amateur ne sait ni faire couler ni mettre son chien au « down » à moins d'une longue pratique. Au coup de feu, le chien doit rester immobile. Dans la méthode que je vous ai donnée pour la chasse, vous faites le mur devant l'arrêt du chien car vous ne pouvez pas à la fois tirer et commander votre auxiliaire. Voilà la différence. Par la suite, vous pourrez donner votre chien au dresseur professionnel et je vous garantis qu'il ne sera pas déformé. Pour le dressage, celui-ci travaillera souvent avec un tireur ou avec un revolver muni de cartouches à blanc, le résultat de son tir n'ayant dans ce dernier cas aucune importance. Quand les oiseaux se sont envolés devant lui, on dit que le chien a marqué un point. Le point commence à l'arrêt. Donc ne vous en faites pas pour le coulé.

En field d'automne

Il s'agit de gibier tiré. En effet, la chasse est ouverte. Les chiens concourent en solo et les épreuves se déroulent dans des landes ou des bois. De ce fait, la quête est plus restreinte. Vous êtes le conducteur comme dans les concours de printemps, et vous êtes flanqué de deux juges assistés de deux tireurs officiels. Votre chien, pour être classé, doit bien sûr marquer un point, être normalement sage au coup de feu, mais de plus rapporter le gibier tué.

POUR LES SPANIELS

Ce sont les english springer spaniels, les welsh springer spaniels, les american cocker spaniels, les english cocker spaniels, les field spaniels, les sussex spaniels, les clumber spaniels et les irish water spaniels. Il n'existe pour eux que des épreuves sur gibier tiré. Il n'y a donc pas de fields de printemps. Les springers, les clumbers, les irish water concourent ensemble, mais un par un, les cockers et les autres spaniels concourant séparément et toujours en solo. Les épreuves sont d'un quart d'heure comme au chien d'arrêt. Vous êtes jugé par deux juges qui sont assistés en général de deux tireurs officiels. Pour marquer un point, il faut faire lever un gibier. Le spaniel doit être sage à l'envol et bien sûr rapporter le gibier mort. Pour conduire votre ami, faites exactement comme si vous chassiez et, comme il ne s'agit pas d'un chien d'arrêt, mais d'un broussailleur qui doit bourrer, vous n'avez pas à passer devant. A l'envol, mettez votre chien au « up », ce que vous savez faire. Puis, l'oiseau étant tombé, envoyez votre chien au rapport, à l'ordre. Le chien étant assis, il ne doit pas le laisser tomber à vos pieds. Toute la méthode de dressage que vous venez d'apprendre vous permet de réussir facilement dans ces concours. Vos deux difficultés seront : la sagesse au coup de fusil, puisque le chien bourre, et le rappel. La quête ne doit normalement par excéder une portée de fusil. Travaillez l'allure rapide, l'énergie, l'entreprise, le flair, l'exploration systématique du terrain. Dans tous les concours, passer un gibier est éliminatoire.

POUR LES RETRIEVERS

Il existe des concours avec des battues véritables, sur terre et à l'eau. Le nombre de pièces tuées est suffisamment important pour que l'on puisse juger valablement chaque chien. Celui-ci doit rester immobile, aux pieds du maître, sur la ligne de battue. Il ne va chercher le gibier qu'en fin de traque sur l'ordre des juges. Votre ami devra travailler seul, sans votre aide, puisque, vous, vous devez rester à votre place. Vous pouvez néanmoins, bien sûr, le guider du geste et de la voix, mais sans faire un numéro de pantin et sans hurler. Vous avez dressé votre chien à rester au « up », à retrouver et à rapporter. Vous pouvez donc vous présenter à ces épreuves sans crainte. Votre élève est normalement parfaitement au point. Habituez-le cependant à bien repérer les points de chute des faisans pour qu'il retrouve et rapporte le plus rapidement possible. Pour votre information, c'est ce que l'on appelle le ***marking***. A noter que vous pouvez présenter votre chien, suivant les concours, à la française, c'est-à-dire attaché, ou à l'anglaise, c'est-à-dire sans attache.

Cette méthode ne traite pas des chiens courants ni des terriers ou des teckels qui font l'objet d'un dressage particulier. Sachez cependant qu'il existe également des épreuves pour ces races de chiens. Elles sont bien sûr différentes de celles que je vous ai indiquées plus haut.

Je crois maintenant vous avoir tout dit sur les épreuves qui peuvent vous intéresser. Il existe un règlement détaillé et qui indique les droits et devoirs des concurrents, la manière dont les chiens sont jugés, les conditions d'attribution des prix et qualificatifs. Les récompenses ou annotations auxquelles vous pouvez prétendre seront inscrites sur un carnet de travail que vous aurez pris soin de demander à la Société centrale canine suffisamment à l'avance pour l'avoir avec vous le jour du concours.

Vous pouvez donc être premier, deuxième, troisième, etc. Mais, comme en exposition, ce qui compte c'est le qualificatif. Le nombre de classés n'est par ailleurs pas limité.

Les récompenses

L'Excellent

est donné à un chien de grand mérite, intelligent, rapide, à la quête d'une juste ampleur, bien en contact avec son conducteur et avec un excellent nez.

Le Très Bon

est donné à un chien qui aurait les mêmes qualités mais dont le parcours serait moins brillant et les qualités moins évidentes.

La MTHR

(Mention Très Honorable Réservée) est attribuée pour un parcours qui a effectivement duré quinze minutes comme prévu, mais au cours duquel un chien de grand mérite et pourvu de nombreuses qualités évidentes aura commis une faute plus ou moins grave.

Le CQN

(Certificat de Qualités Naturelles) est un peu le prix du « bon sourire », distribué à l'école primaire pour récompenser l'élève travailleur et consciencieux qui fait encore dix fautes dans sa dictée malgré son excellente écriture. Il faut avoir fait un brillant parcours, avoir marqué un point, mais avoir commis des fautes de dressage éliminatoires. Ce n'est donc pas une récompense mais un encouragement à parfaire le dressage de votre ami qui se montre par ailleurs remarquable de par ses qualités naturelles.

Si vous voulez en savoir plus, reportez-vous aux règlements officiels des field-trials, édités par la Société Centrale Canine.

Le but de tous ces concours est de permettre la découverte des chiens de grande valeur d'une race pour en faire ensuite des géniteurs recommandés qui serviront à l'amélioration et au maintien des qualités de l'espèce. C'est en tout cas l'objectif que se fixent les clubs et la Société centrale canine. Personnellement, je pense que dans bien des fields les vrais chiens de chasse ne sont pas présents. Pour beaucoup de chasseurs indépendants, qui ont acquis un chien de chasse pour leur plaisir, le monde des concours est un monde fermé. Je crois que ce qui leur fait surtout peur, c'est le problème de l'immobilité au coup de fusil. En effet, et je reviens encore là-dessus, quand on tire à la chasse, on ne commande pas son chien en même temps. Par conséquent, vous hésitez, connaissant les défauts de dressage de votre chien, à vous présenter pour recevoir une claque, ce que je comprends parfaitement. Personne ne monte au bûcher en chantant. Mais dites-vous bien que, chez les amateurs, tout le monde a le même problème, que l'habitude que vous avez donnée à votre chien d'arrêt de rester immobile derrière vous vous servira pour la suite, que certains chiens gardent l'arrêt très longtemps même après l'envol, que vous n'avez pas de fusil et que vous pouvez garder ainsi un œil sur lui, enfin qu'un grand chien de chasse a un nez souvent beaucoup plus fin, plus sélectif qu'un de ces grands trialers dont vous entendez parler. Vous pourrez ainsi parfaire le dressage que vous avez appris en regardant par vous-même comment font les grands chiens et comment chassent les moyens. Vous apprendrez à regarder un chien qui ne se livre pas, c'est-à-dire qui traîne dans les jambes de son conducteur, un emballé qui sort de la main, c'est-à-dire qui disparaît à l'horizon dès que l'on défait la laisse, un chien qui n'aime pas le gibier vivant ou qui flaponne encore. Vous connaîtrez l'importance du sens du vent, les ennuis que cause la rosée, les déboires créés dans des champs par trop odoriférants. Bref, vous ajouterez à vos qualités de chasseur celle de conducteur de chien. C'était le but de ce manuel : vous apprendrez à bien utiliser votre auxiliaire. Bientôt, à force de penser à lui, il deviendra part intégrante de votre existence. Vous vous en apercevrez quand vous ressentirez le vide causé par son départ vers le paradis des chasses éternelles. Ce jour-là, vous serez devenu le véritable amateur que chacun souhaite devenir. Mais, j'oubliais, vous venez d'acquérir un chiot de deux mois chez un excellent éleveur... Reprenez le manuel et recommencez tout. La vie est un serpent qui se mord la queue.

Commentaires du dresseur professionnel

1. Le but de ce manuel est de vous apprendre à conduire un chien et de faire équipe avec lui. En venant en field-trial, vous pourrez vérifier si vous avez réussi.

2. Sachez que tous les professionnels membres de l'Association des dresseurs professionnels français sont toujours à votre disposition pour vous conseiller quant à l'avenir de votre chien et en particulier en field-trial.

Conclusion

Xénophon avait coutume de dire que, s'il connaissait les chevaux, il connaîtrait les hommes. J'ai l'impression que pour les chiens il en est de même. Leurs réactions sont souvent empreintes de bon sens, leur attachement sans bornes. Il y a des inventifs, des ingénieux, des calmes, des posés, des entreprenants, et puis malheureusement, aussi parfois, des dingues. L'espèce humaine n'est pas différente, si ce n'est qu'elle a d'autant plus de responsabilité envers les autres que son niveau d'intelligence et sa capacité de réalisation sont guidés par une réflexion plus élevée. Elle a mieux son existence sous contrôle, en général, et peut concevoir un but, donc tendre vers un idéal. Les chiens ne sont pas des esclaves ou des robots mais des amis, des compagnons de route, des auxiliaires, des adjuvants. C'est en ces termes que vous avez pensé au vôtre en entreprenant son éducation et en apprenant à le conduire.

Bien sûr, en terminant l'ensemble des exercices, vous serez tenté de vous dire que j'aurais pu écrire le livre autrement, que certains travaux pratiques auraient pu être mis à une autre place, que des enchaînements pourraient se faire dans un ordre différent. Je vous le concède bien volontiers. Il y a sûrement des imperfections, des erreurs, des contresens, des contre-vérités. J'en suis désolé. Vérifiez par vous-même et réécrivez cet essai autrement. J'espère un jour vous rencontrer à la chasse et vous demander à mon tour comment vous avez réussi l'excellent dressage de votre ami. Nous aurons certainement des idées à échanger. Maintenant, je vous laisse. Un de mes camarades, un cocker impatient, a un besoin impérieux de sortir. Il me regarde de ses bons yeux noirs, s'approche, pose une patte sur mon pantalon, arrose le pied du fauteuil et me glisse à l'oreille : ***il faut faire ce que l'on sait faire***. Il a bien raison. Mais moi, il ne me reste plus qu'à prendre la bouteille de Perrier, la petite cuillère, un chiffon sec et... à réapprendre le manuel.

Achevé d'imprimer en septembre 1985
par l'imprimerie Offset-Aubin
pour le compte des Editions GARNIER

N° Editeur : 3378
Dépôt légal : septembre 1985
N° d'impression : P 13630